計量経済学の第一歩

実証分析のススメ

FIRST STEPS IN ECONOMETRICS

著・田中隆一

有斐閣ストゥディア

はしがき

実証分析とは

　私たちの日々の生活は，選択と行動の連続で埋め尽くされています。朝何時に起きるのか，何時何分に家を出て，どのようなルートで学校や職場まで行くのか，午前中に何をどのようにして，お昼はどこで何を食べるのか，午後に何をするかを決めて，何時までに家に帰ってくるのか等々，皆さんが気づこうと気づくまいと，すべての行動は選択の結果になっていると言えます。

　「選択」とは複数の可能な選択肢の中から1つを選ぶことですが，その選択の結果，何が起きるのかを予想することなしに日々の行動を選んでいる人はおそらくいないのではないでしょうか。たとえば，学校や職場に行く方法はたくさんありますが，その中から一番良いルートや方法は，所要時間が一番短いものだったり，交通費が最も安いものだったりします。そして，1つのルートを選択する際には，かかる時間や費用を予想したうえで選んでいるはずです。また，レストランで何を食べるのかを選ぶ際にも，それを食べるとどのような味がするのかを想像してメニューを選んでいるのではないかと思います。

　そのような選択の例として，受験する大学の決定について考えてみましょう。皆さんが大学を受験する際に，その大学に行けばその後どのような人生が待っているのか想像しなかった人は，多分いないのではないでしょうか。進学を希望する大学を受験して，入学できたらどんな大学生活が待っていて，さらに卒業後にはどんな出会いや人生が待っているのだろうかということに，誰でも一度は思いを馳せたことがあるのではないかと思います。そして自分の理想にできるだけ近い人生を送ることができそうな大学を選び，受験して，うまくいけば進学したのではないかと思います。

　もちろん，受験した大学に進むことができたとして，その後どのような人生を送るのかを「完全に」知ることができるのは，皆さんがすべての人生を終えてこの世を去るその瞬間を待つほかにはないのですが，受験する大学を選んでいるときに，それを待っていられるはずがありません。そこで，皆さんは過去にその大学を卒業した先輩たちがその大学で何を学び，どのような人生を歩ん

だのかを見ることで，自分の未来を予想することになります。たとえば，将来，会社の社長になりたいと思っている人は，過去に社長になった人が卒業生の中に傾向として多い大学を選ぶかもしれませんし，政治家になりたいと思う人は，出身者に政治家の多い大学を選ぶかもしれません。

　これらの例のように，過去に実際に起きたことから未来の予想を行うためには，まず過去に起こったことの傾向をしっかりと押さえることが大切です。さまざまな大学の過去の卒業生についての情報やデータを調べることができれば，どこの大学がどのような傾向を持っているのかを知ることができるはずです。そこから，どこの大学出身者はどのような職業や人生を送っている人が多いのか，その傾向を知ることができるようになるでしょう。

　このようにデータから傾向を探ることは一般に「実証分析」とよばれます。「実」際のデータを使って，論や説を「証」明する「分析」という意味です。たとえば，「A大学出身者には社長が多い」という説を，実際にその大学の卒業生は他大学に比べて社長になった人が多いかを調べることで証明しようというわけです。こうした分析があってはじめて，まだ起きていないことについて予想することができ，きちんとした予想ができて初めて良い選択ができるようになります。「実証分析なくして良い選択はなし」といっても過言ではありません。

計量経済学は役に立つ

　実証分析の主な目的は，"ある説"が傾向的に正しいかどうかを調べることです。たとえば，「理系学部出身者は文系学部出身者より生涯年収が高い」「研究開発投資が活発な企業の株価は高い」「経済格差の大きな国では犯罪が多い」といった"説"が正しいかどうかを調べるという具合です。そしてこのような説を実証するうえでとても役に立つのが，本書で学ぶ「計量経済学」というツールです。

　計量経済学は数的な情報としてのデータを統計的な手法を使って調べる実証分析方法の1つです。自分が調べたいと思う「説」と，それを調べるための「データ」を準備して，計量経済学という鍋の中に入れてかき混ぜると，その説が正しいかどうかを統計的に判断して「答え」を出してくれる，いわば便利な調理器具のようなものです。

本書のねらいと特徴

　本書のねらいは，この計量経済学という便利な「鍋」の中を覗いてみることを主な目的としています。そして単に鍋の中を覗くだけではなく，鍋の中で何が起きているのかをきちんと理解し，さらには鍋のかき混ぜ方までも身につけてしまおうということを目的としています。鍋の中で何が起きているのかわからなければ，鍋から出てきた答えは魔術によるお告げにすぎません。鍋の仕組みをきちんと理解してはじめて，その答えを「科学的な証明」とよぶことができるようになります。その意味で，この仕組みを理解するのはとても大切なことです。

　計量経済学というツールは統計的な手法の応用ですので，確率や統計の基本的な考え方を知っておくことは，計量経済学を使ううえでとても役に立ちます。本書では確率や統計の初学者でもわかるように，できるだけ丁寧にゼロからの説明を心がけています。とくに計量経済学を使って実証分析ができるようになることを目的としていますので，そのために必要最小限の内容をカバーするようにしています。また，中学校までに習う算数・数学の内容を超える部分については Column で丁寧に説明をしていますので，Column を活用すればまったくの初学者でも計量経済学の第一歩を踏み出すことができるようになっていま

す。

　本書は計量経済学を使って実際のデータを分析できるようになることも目的としていますので，実際にデータを使った分析例や練習問題も用意しています。本書のウェブサポートページ，

「有斐閣ストゥディア　ウェブサポートページ」内の「計量経済学の第一歩」
`http://www.yuhikaku.co.jp/static/studia_ws/index.html`

（「有斐閣ストゥディア　ウェブサポート」で検索）

では，本文中の例題や練習問題で使うデータと，練習問題の解答をダウンロードすることができます。とくに，例題や練習問題のプログラム例として，統計ソフトウェア「Stata（ステータ）」のプログラムも用意しています。Stata は計量経済学の大変便利なソフトウェアなのですが，これ以外にも誰でも無料で手に入れることができる「gretl（グレーテル）」や「R（アール）」による分析の案内も用意しています。料理の腕を上達させる最良の方法が実際に調理してみることであるのと同じように，実証分析手法を身につける最善の方法は，自分で手を動かして分析してみることです。ぜひチャレンジしてみてください。練習問題に取り組むことによって本書の内容の理解がより深くなることは間違いありません。

　さらに，本書のウェブサポートページでは本書ではカバーしきれなかった補足説明，分析に用いる統計ソフトの簡単なチュートリアルおよび参考文献も紹介しています。また，実証分析に役立つデータの入手先についても記載していく予定ですので，皆さん自身の実証力を高めるためにも，このウェブサポートページをぜひ活用してください。

　本書のもう1つの特徴として，巻末の索引では用語の英語もあわせて収録した点があります。これから計量経済学を学んでいくうえで，おそらく皆さんがいままで聞いたことのない言葉が数多く登場します。これらの言葉の多くは，もともと英語の用語ですので，これらの用語が英語では何とよばれているのかを索引で紹介しています。本書では，統計ソフトウェア Stata を使った分析例を紹介しますが，分析結果の表は英語で表示されます。Stata の結果の読み方は **Column** で詳しく紹介しますが，索引から英語の意味を調べれば，簡単に分

析結果を自分で読むこともできますので，ぜひ活用してください．

本書の構成

　本書は3部・11章構成になっています．まず第1章で，なぜ計量経済学が必要なのかを見たうえで，第1部では，計量経済学で使う基本的な確率と統計のおさらいをします．次に第2部では，計量経済学の中心的ツールである回帰分析について見ていきます．基本的な統計学の授業を履修したことのある方は，第1章の後に第2部から読んで，必要なときに第1部を参照するというので十分です．

　最後の第3部では，操作変数法をはじめとする政策評価のための発展的方法をいくつか紹介します．そこではとくに労働や教育政策に関連した事例を取り上げつつ，因果推論の方法およびそれらの応用例を紹介します．第3部の各章はそれぞれ独立しているので，興味のある章からつまみ読みするというのでもよいでしょう．

本書の対象

　本書は計量経済学や統計学の知識を前提とはしていませんので，統計学をいままで学んだことのない方々にも手に取っていただける内容になっています．また，本書は主に経済学系の学部初級者を対象にしていますが，公共政策系の大学院における統計学および実証分析の入門にも使える内容になっています．さらに，実務において費用効果分析の活用を考えている方々や，政策効果の評価方法がどの程度信頼のおけるものなのかの判断を必要としている方々にも，本書を手に取ってもらえると幸いです．学部・大学院の学生，政策形成に携わっている実務家の方々を問わず，本書を手に取ることによって政策効果の実証分析に興味を持ち，その重要性の理解が普及するのであれば，著者としてこれ以上の喜びはありません．

本書を作成するにあたって

　本書は，私が政策研究大学院大学で2013年から2015年まで担当していた「計量経済学」の講義資料をもとに大幅に加筆修正をしながらまとめたものです．とくに，本書を作成するにあたって例題や練習問題を大幅に追加し，東京

大学社会科学研究所パネル調査（東大社研パネル調査）プロジェクトの若年パネル調査，および壮年パネル調査をもとに，練習問題用の擬似データを新たに作成しました。本書で用いるデータは，とくに断りがない限りは東大社研パネル調査の 2007 年分をもとに作成した擬似データです（第 9 章のみ，2007 年と 2009 年のデータを使っています）。擬似データの作成と利用をお許しいただいた東京大学社会科学研究所附属社会調査・データアーカイブ研究センター（SSJDA），とくに石田浩先生，佐藤香先生，石田賢示先生に感謝いたします。

本書の草稿を読んでくれた政策研究大学院大学 2014 年度「計量経済学」の受講生の皆さん，政策研究大学院大学博士課程の大石陽子さん，ウォーリック大学博士課程（当時）の高山遥さんからは数多くの有益なコメントをいただきました。また，有斐閣の担当編集者である尾崎大輔さんと岡山義信さんからは多岐にわたる的確かつ丁寧なアドバイスを数多くいただきました。本書が少しでも読みやすいものになっているのであれば，それはコメントとアドバイスをくれた皆さんのおかげです。ここに記して感謝いたします。

  2015 年 10 月

田　中　隆　一

著者紹介

田 中　隆 一（たなか　りゅういち）
　現職：東京大学社会科学研究所教授
　略歴：1996年3月，東京大学経済学部卒業，1998年3月，東京大学大学院経済学研究科修士課程修了，2004年5月，ニューヨーク大学大学院経済学研究科博士課程修了（Ph. D. in Economics）。大阪大学大学院経済学研究科 COE 特別研究員，大阪大学社会経済研究所講師，東京工業大学大学院情報理工学研究科准教授，政策研究大学院大学准教授，東京大学社会科学研究所准教授を経て，2017年より現職。
　専攻：教育経済学，労働経済学，応用計量経済学
　主な著作：
　　"Do Teaching Practices Matter for Students' Academic Achievement? A Case of Linguistic Activity,"（with Kazumi Ishizaki），*Journal of the Japanese and International Economies*, 50: 26-36, 2018.
　　"Immigration and the Public-Private School Choice,"（with Lidia Farre and Francesc Ortega），*Labour Economics*, 51: 184-201, 2018.
　　"Does the Diversity of Human Capital Increase GDP? A Comparison of Education Systems,"（with Katsuya Takii），*Journal of Public Economics*, 93(7-8): 998-1007, 2009.
　　「教員加配の有効性について」『会計検査研究』第59号，105-121頁，2019年。
　　「出産育児一時金は出生率を引き上げるか――健康保険組合パネルデータを用いた実証分析」（河野敏鑑との共著）『日本経済研究』第61号，94-108頁，2009年。
　読者へのメッセージ：「最後まで駆け抜けて」。そんな思いでこの教科書を書きました。読んでいて，わからないことが少しくらいあっても，気にせず実証分析問題をやってみる。そのくらいの気持ちで第一歩を踏み出してみませんか。自転車に乗れるようになった日のように，気がついたら計量経済学を使った実証分析ができるようになっている日がきっと来ると信じて。

目 次

はしがき ——————————————————————— i
　実証分析とは（i）　計量経済学は役に立つ（ii）　本書の
　ねらいと特徴（iii）　本書の構成（v）　本書の対象（v）
　本書を作成するにあたって（v）

CHAPTER 1　なぜ計量経済学が必要なのか　　　　　　　　　　1

1　政策の「効果」とは？ ·· 2
2　証拠（エビデンス）に基づく政策 ····························· 4
3　エビデンスへの実験的アプローチ ····························· 6
4　観察データを使った計量経済学的アプローチ ················ 9

第 1 部　確率と統計のおさらい

CHAPTER 2　データの扱い方　　　　　　　　　　　　　　14
数字に隠された意味を読み取る

1　データを整理して情報を読み取る ···························· 15
　データの整理（17）　データの代表（18）
2　観測されたデータから全体の傾向を知るには？ ············· 22
　母集団と標本（22）　統計的推論（23）
3　2つの事柄の関係を調べる ···································· 26
　相関係数（26）　例2.1：修学年数と年収の相関係数（28）
　相関係数と因果関係（28）

CHAPTER 3　計量経済学のための確率論　31
不確かなことについて語る

1　物事の起こりやすさを表すツールとしての「確率」 …… 33
「確率」とは（33）　例 3.1：年収の事象，標本空間，および確率（34）　確率のお約束（34）　例 3.1（続き）（35）　同時確率（38）　例 3.2：年収と学歴の同時確率（38）　条件付き確率（39）　例 3.3：学歴による年収の条件付き確率（40）　独立（41）　例 3.4：年収と学歴が独立となる場合（42）　確率変数（42）　例 3.5：確率変数としての学歴（43）　離散と連続（43）

2　確率の性質を表す確率分布 …… 44
離散確率分布（44）　例 3.6：年収の期待値（47）　期待値と平均（48）　分散と標準偏差（48）　例 3.7：年収の分散と標準偏差（49）

3　2 つ以上の事柄の確率変数 …… 49
例 3.8：学歴と年収の共分散と相関係数（51）　確率変数の独立性（52）　条件付き期待値（53）　例 3.9：学歴による年収の条件付き期待値（54）　条件付き期待値の性質（55）　条件付き分散（57）

4　連続確率分布 …… 58

5　計量経済学で使う代表的な確率分布 …… 64
正規分布（64）　カイ 2 乗分布（67）　t 分布（69）　F 分布（70）

CHAPTER 4　統計学による推論　74
観察されたデータの背後にあるメカニズムを探る

1　統計的推論とは？ …… 75
標本と母集団（75）　標本平均の平均と分散（77）

2　標本平均の性質 …… 78
不偏性（79）　一致性（80）　大数の法則と中心極限定理（82）

3　標本分散と効率性 …… 84
標本分散（84）　効率性（84）

4 仮説検定 ······ 86
帰無仮説と対立仮説（86） 例 4.1：夏期講習の効果（87）
標準化（89） t 検定（90） 両側検定と片側検定（93）
まとめ（94）

第2部 計量経済学の基本

CHAPTER 5 単回帰分析 98
2つの事柄の関係をシンプルなモデルに当てはめる

1 単回帰モデル ······ 99
相関関係から因果関係へ（99） 関係のモデル化（100）
因果関係を示すための条件（103）

2 最小2乗法 ······ 106
回帰パラメターの推定方法（106） モーメント法（107）

3 傾きパラメターをどう解釈するか？ ······ 110
例 5.1：学歴と年収の関係（112）

4 最小2乗法の別解法──残差2乗和の最小化 ······ 116
決定係数（118） 例 5.2：決定係数（119）

5 最小2乗推定量は良い推定方法か？ ······ 121
最小2乗推定量の不偏性のための4つの仮定（122） 最小2乗推定量の分散（124） 誤差項の分散の推定法（125）
例 5.3：誤差項の分散（126）

CHAPTER 6 重回帰分析の基本 129
外的条件を制御して本質に迫る

1 外的条件を制御する重回帰モデル ······ 130
重回帰モデル（131） 例 6.1：教育の収益率（ミンサー方程式）（133） 重回帰モデルの推定（133） 例 6.2：教育の収益率の推定（135） 重回帰分析における決定係数 R^2（135） 例 6.3：教育の収益率の推定における決定係数と自由度調整済み決定係数（136） 重回帰分析における最小2乗法の性質（137）

2 欠落変数によるバイアス ・・・・・・・・・・・・・・・・・・・・・・・・・・・・・・・・・ 139
   例 6.4：親の教育水準が子どもの修学年数に与える影響（141）

3 最小 2 乗推定量の分散 ・・・・・・・・・・・・・・・・・・・・・・・・・・・・・・・・・・・ 144
   分散均一の仮定（144）　傾きパラメターの最小 2 乗推定量
   の分散（144）　例 6.5：教育の収益率の推定における分散
   （146）　ガウス＝マルコフ定理（146）

4 回帰分析後の検定――推定された効果は統計的に意味のあるものか？ 147
   古典的線形モデルの仮説検定（147）　例 6.6：t 検定（152）
   複合仮説検定（153）　例 6.7：複合仮説検定（155）

5 大標本理論 ・・・ 156

CHAPTER 7　重回帰分析の応用　160
本質に迫るためのいくつかのコツ

1 変数の単位と傾きパラメターの解釈 ・・・・・・・・・・・・・・・・・・・・・ 161

2 より複雑な政策効果をモデル化する ・・・・・・・・・・・・・・・・・・・・・ 162
   2 乗項の導入と限界効果（162）　例 7.1：経験年数の年収へ
   の効果（164）

3 ダミー変数を使った分析 ・・・・・・・・・・・・・・・・・・・・・・・・・・・・・・・・・ 166
   説明変数にダミー変数を入れた分析（166）　交差項の導入
   （168）　グループ間の違いの検定（169）　例 7.2：教育の
   収益率の男女差（170）　チョウ（Chow）検定（171）
   例 7.3：教育の収益率の男女差をチョウ検定で調べる（172）
   被説明変数としてのダミー変数：線形確率モデル（174）
   例 7.4：女性の労働供給関数（175）　非線形確率モデル
   （176）

4 分散が不均一なときの頑健な標準誤差 ・・・・・・・・・・・・・・・・・・・ 178
   分散が不均一な場合の標準誤差の求め方（179）　頑健な標
   準誤差（180）　例 7.5：頑健な標準誤差と通常の標準誤差
   の比較（181）

5 誤差項の分散が均一かどうか調べる――分散不均一性の検定 ・・・・・ 182
   ブルーシュ＝ペーガン検定（182）　ホワイト検定（183）
   まとめ（185）

第3部 政策評価のための発展的方法

CHAPTER 8 操作変数法 190
政策変数を間接的に動かして本質に迫る

1 内生性の問題と対応 ・・・・・・・・・・・・・・・・・・・・・・・・・・・・・・・・・・・・・・・ 191
説明変数の内生性（**191**） 操作変数による対応（**192**）

2 操作変数のモデル ・・ 194
単回帰モデルにおける操作変数法（**194**） 例 8.1：単回帰モデルの操作変数法（**197**） 重回帰モデルにおける操作変数法（**199**） 例 8.2：重回帰モデルの操作変数法（**200**）

3 誤った操作変数を用いたら？ ・・・・・・・・・・・・・・・・・・・・・・・・・・・・・・ 202
例 8.3：誤った操作変数を使ったら（**203**）

4 2 段階最小 2 乗法 ・・・・・・・・・・・・・・・・・・・・・・・・・・・・・・・・・・・・・・・ 205
例 8.4：重回帰モデルにおける 2 段階最小 2 乗法（**207**）

CHAPTER 9 パネル・データ分析 210
繰り返し観察することでわかること

1 複数時点の観測されたデータ ・・・・・・・・・・・・・・・・・・・・・・・・・・・・・・ 211

2 差の差の推定量 ・・・ 214
政策の効果だけを取り出すことの難しさ（**214**） 2 つの差から政策効果を調べる（**215**） より精度の高い差の差の推定法（**218**） 自己選択によるバイアス（**219**）

3 2 期間パネル・データ ・・・・・・・・・・・・・・・・・・・・・・・・・・・・・・・・・・・・ 221
1 階差分法（**221**） 例 9.1：2 期間パネルを使った生活満足度と喫煙本数の関係（**224**） 2 期間パネル・データを用いた政策評価（**226**） 例 9.2：2 期間パネルによる政策評価（**227**） 平均差分法（**229**） 例 9.3：平均差分法による政策評価（**230**）

4 変量効果モデル ・・・ 232
例 9.4：変量効果モデルの推定（**233**） 固定効果か変量効果か（**233**） まとめ（**235**）

CHAPTER 10 マッチング法 237
似た人を探して比較する

1 実験的手法の導入 ………………………………… 238
観察データによる準実験（**238**）　マッチング法（**240**）

2 傾向スコア・マッチング ………………………… 243
例 10.1：傾向スコア・マッチング（**244**）　便利な傾向スコア・マッチング（**247**）　例 10.2：職業訓練プログラムがその後の賃金に与える効果の評価（**248**）

CHAPTER 11 回帰不連続デザイン 253
「事件」の前後を比較する

1 「制度」の特徴を利用する ………………………… 254
例 11.1：制度を利用した実証研究の例（**256**）　シャープかファジーか（**259**）　例 11.2：操作変数法での推定（**260**）

2 ま と め ………………………………………… 261

おわりに ─────────────────── 265

本書で学んだこと（**265**）　自分で分析してみよう（**266**）
データの入手方法（**266**）　ソフトウェアの紹介（**267**）
これからの学習のために（**268**）　実証分析（**269**）

索　　引　270

本文イラスト　有留　ハルカ

Column一覧

1. シグマ記号　21
2. サンプリング法いろいろ　25
3. 排反事象，和事象，積事象　36
4. 関　　数　45
5. 極限，微分，偏微分　65
6. 積　　分　66
7. 自然対数　68
8. t 分布表の調べ方　92
9. Stata の出力表の読み方　114
10. 最小化問題と1階条件　120
11. 自由度調整済み決定係数　137
12. 誤差項の正規性　149
13. 線形確率モデルの分散不均一性　177
14. 操作変数の例　197
15. ハウスマン検定　234

インフォメーション

- **本書の構成**　本書は3部11章で構成されています。まず第1章で実証分析の役立ちと計量経済学を学ぶ意義を説明し，第1部では計量経済学で使う基本的な確率と統計をおさらいします。第2部では計量経済学の中心ツールである回帰分析について詳しく解説します。第3部では操作変数法やパネル・データ分析をはじめとする発展的方法をいくつか紹介します。

- **各章の構成**　各章には，INTRODUCTION（章の概要），CHECK POINT（節ごとのまとめ），Column（コラム），EXERCISE（練習問題）が収録されています。Column では，計量経済学を学ぶうえで最低限必要な数学の補足や，本文の内容の補足，計量経済学に関するやや発展的な内容を掲載しています。EXERCISE は各章の内容を整理・定着させるための「確認問題」と実際に手を動かして実証分析に取り組んでもらうための「実証分析問題」に分かれており，解答例はウェブサポートページに掲載しています。

- **ウェブサポートページ**　以下のウェブサイトにて，本書の解説，例題，練習問題で利用したデータ（csv 形式），発展的な内容についての補論，練習問題の解答・解説，統計ソフトのガイドと分析コード（Stata, R, gretl）を提供しています。また，本書を授業でご採用頂いた先生方への資料提供のご案内も行っています。

    http://www.yuhikaku.co.jp/static/studia_ws/index.html

CHAPTER 第 1 章

なぜ計量経済学が必要なのか

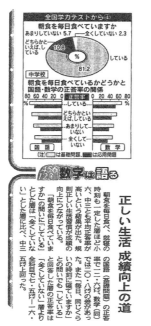

『日本経済新聞』2008年10月13日付

INTRODUCTION

本章では計量経済学とは何かを簡単に説明し,実証分析においてなぜ計量経済学が必要なのかを説明します。また,相関関係と因果関係の違いを説明し,政策について考えるためには因果関係の特定が必要不可欠であることを理解します。

1 政策の「効果」とは？

　あなたは学校運営のコンサルタントで，ある小学校から6年生の算数の学力を伸ばすためにはどうすればよいのかという相談を受けているとします。算数の学力を伸ばすための方法としては，1クラス当たりの生徒数を少なくする，習熟度別少人数指導を導入する，副担任を配置する，またはコンピュータを整備してインタラクティブな授業を導入するなど，いくつかのやり方が考えられます。これらの方法（**政策的介入**とよばれることがあります）はそれぞれ効果がありそうですが，これらのうち，どのやり方が一番良いのかがわかりさえすれば，その方法を提案することができます。さらに，その最善な方法に必要な費用と，それによって予想される効果がわかれば，あなたの提案は相談をもちかけてきた小学校にとってとても魅力的なものになるでしょう。

　しかし，学力を高めるこれらのやり方にはそれぞれ一長一短があるので，学力を伸ばす効果や費用を比較するのは容易ではありません。また，効果そのものの大きさや，そのためにかかる費用もまちまちなので，そもそも直接これらの方法を比較してもあまり意味がなく，どれが一番良い方法かという判断がつかないかもしれません。

　そこで異なる方法を統一的な基準で比較するやり方の1つとして，「算数のテストの点数を1点伸ばすために必要な費用が最も低いやり方」を一番良い方法とすることが考えられます。また別の同じような考え方として，「費用1円当たりのテストの点数の伸びが一番大きいやり方」を一番良いやり方とすることもできるでしょう。これらのどちらの比較方法をとるにせよ，これらの方法によって選ばれたやり方とその費用対効果がわかれば，「算数のテストの点数を1点伸ばすために，一番良いやり方をやればこれだけの費用がかかる」ということが数字として目に見えるようになります。そして，政策の目的とその実行のための予算の関係がよりわかりやすいものになります。この費用1単位（1円）当たりの政策の「効果」を比較する方法は，**費用効果分析**とよばれます。

　いま，政策の「効果」という言葉が出てきました。ここで言う**政策の効果**とは，「この政策によって引き起こされた結果」という**因果関係**としての効果を

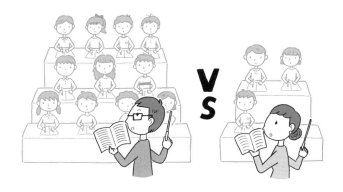

意味しています。政策の効果を計測するためには，それぞれの政策が因果の意味で引き起こす結果をできるだけ正確に把握することが必要になってきます。たとえば，習熟度別少人数指導を導入することの効果は，それによって算数のテストの点数が引き上げられたときにはじめて「効果あり」と言えます。逆に政策が直接引き起こした結果ではなく，たまたま起きる変化や，別の原因によって変化が起きている場合には因果関係としての効果とは言えません。習熟度別少人数指導を導入したクラスには別の共通点があり，その別の理由でテストの点数が高かったのであれば，習熟度別少人数指導の効果とは言えないと言うことです。

　この**因果効果**を計測することの重要性について理解するために，別の例として「朝ご飯と成績の関係」について少し考えてみましょう。文部科学省が小学校6年生と中学校3年生を対象に毎年行っている「全国学力・学習状況調査」では算数（数学）と国語のテストとともに，いくつかのアンケート調査を実施しています。そのアンケートの調査項目の1つとして，「朝食を毎日食べてい」るかどうかを問う質問があります。この質問の意図の1つは，朝ご飯をしっかりと摂ることは学力の向上に対して効果があるのかどうかを知りたいというものがあるのではないかと思われます。

　実際にこのアンケート調査の結果とテストの点数とをつきあわせてみると，「朝ご飯を毎日食べている生徒はテストの点数が高い」ということがわかります（冒頭の新聞記事参照）。さて，このことから，「朝ご飯を食べると学力を伸ばすことができる」として，「学力向上のための朝給食」という政策を支持することができるでしょうか。

「朝ご飯を毎日食べている生徒はテストの点数が高い」というのは，朝ご飯を毎日食べている生徒のほうが，そうでない生徒に比べてテストの点数が高い「傾向」があるということを意味しているにすぎません。たとえば，毎日朝ご飯を食べている生徒の家庭では，親が朝ご飯だけではなく子どもの勉強の面倒を見ていたり，塾に通わせていたりするといった子どもへの関心の高い家庭であり，それが傾向的に高いテストの点数として表れているのかもしれません。もし朝ご飯を毎日食べているということが，こういった家庭環境の違いを反映しているにすぎず，この家庭環境の違いこそがテストの点数の違いの本当の原因であったとするのであれば，いままで朝ご飯を食べていなかった子どもに給食で朝ご飯を食べさせたとしても，家庭環境が変わらない限りテストの点数は以前と変わらないことになります。このような「傾向」としての関係は因果関係とは区別して**相関関係**とよばれるものですが，相関関係は必ずしも政策の効果を表しているとは限りません。政策の効果とは，因果効果でなければならないのです。

CHECK POINT 1

- [ ] 政策の「効果」とは，政策を行うことによって結果を変えることができるという意味で，因果関係でなければなりません。

証拠（エビデンス）に基づく政策

　小学校へのコンサルティングの例や，朝ご飯と学力の関係についての例で見たように，政策が何らかの効果を生み出すことを期待するためには，その政策が望ましい結果をもたらす**証拠（エビデンス）**が必要です。そして近年，さまざまな政策決定の場において，エビデンスに基づく政策形成の重要性が高まってきています。たとえば，独立行政法人科学技術振興機構の研究開発戦略センターがまとめたレポート「エビデンスに基づく政策形成のための『科学技術イノベーション政策の科学』構築——政策提言に向けて」によると，「エビデンスに基づく政策形成は，エビデンスに基づく複数の政策メニューが意思決定者

に提示されることにより，意思決定の質を可能な限り科学的な客観性を持つものとすること，また透明性を高めることを目指している。さらに，政策形成の際に社会と対話し，政策の説明責任を果たしていくための議論のツール・共通言語としても，体系化されたエビデンスの蓄積の重要性がますます高まっている」とあります。このように，政策決定の根拠として科学的な証拠を活用することは，政策決定の質を高めるうえで大変重要なものと考えられてきています。

　ここで用いられるエビデンスという言葉は，一定の方法によって収集されたデータや，それに基づいた科学的な推論の結果から導き出された政策の効果を意味しています。より具体的には，政策の効果を評価する際に参考とする類似の取り組みや事前に行われた実験やアンケート調査の結果であったり，その政策を実行することによって得られる便益と費用の試算結果だったりします。前節で見た「費用効果分析」や，その金銭換算版である「費用便益分析」といわれるものは，そういった試算方法の1つの例です。

　では，このような試算に基づいて選ばれた政策はすべてエビデンスに基づいた政策とよぶことができるのでしょうか。費用効果分析は，前節の例で見た教育政策に限らず，高速道路や港湾の建設といった公共事業の選定や，医療や社会保障政策の選択など，さまざまな政策決定の場で目にするものです。しかしながら，それらの政策決定の場において提示される費用対効果の分析の数字は，比較可能な数字として表現されているため理解しやすく感じるがゆえに，その背後にある計測方法や効果の測定方法などへの注意がそがれてしまうことがしばしばあります。また，単に費用対効果の数字だけを並べられても，どんな前提に基づいたものかがわからない限りは，これらの数字があやふやなものとして目に写ります。これらの試算はあくまでも試算として，無限にある可能性から1つを適当に選んでいるにすぎないのであれば，それを「エビデンス」とよぶことに違和感を感じる人も少なくはないのではないでしょうか。

　これらのやり方によって選ばれた政策がエビデンスに基づいた政策であると言えるかどうかは，「エビデンス」が可能な限り客観性のある科学的な方法（再現可能性のある方法）によって計測されているかどうかにかかっています。同じデータを使って同じ方法を行えば誰でも同じ結論を導き出すことができるという意味の再現可能性は，科学的方法にとって重要な部分であり，これが分析手法の透明性を高めてくれていると言えます。政策の効果を推測する手法そ

のものに問題がある場合もあるかもしれませんが，再現可能な方法を使っている限りは，どこにどのような問題があるのかが効果を測定した人たち「以外」の人々にも見えるようになっているため，その問題が結論に対してどのような影響を与えるのかを簡単に調べることができます。費用効果分析や費用便益分析において提示される数字の説得力にとっても，その背後にある政策評価の精度が大切であり，評価の精度を見極める力はエビデンスに基づいた政策決定にとっても不可欠ですので，この評価方法の透明性というのは政策評価の説得力にとってとても大切なものと言えます。

　エビデンスに基づいてより良い政策の選択が行われるようになるためには，政策の効果をいかに正確に計測できるかにかかっています。前節で見た朝給食の例からもわかるように，エビデンスに基づく政策決定において必要とされているものは，政策と成果の間の単なる相関関係ではなく，因果関係にほかなりません。さらに，政策の評価を定量的に行うためには，成果に対してその政策がどれだけの影響を与えることができるかを把握することが必要不可欠です。「朝ご飯を食べると成績がよくなる」という例をはじめとして，「クラスサイズが小さくなると成績がよくなる」「副担任を配置すると児童の問題行動が減る」といった関係が単なる相関関係ではなく，因果関係であるとわかってはじめて，これらの効果をその政策の「効果」とよぶことができ，これこそが政策決定のための「エビデンス」の基礎となるものなのです。

CHECK POINT 2

□　エビデンスとは，同じことをやれば誰がやっても同じ結果が出るという再現可能性を持つ科学的手法によって手に入れた知恵のことです。近年，政策形成の場においてその重要性は高まっています。

3　エビデンスへの実験的アプローチ

　それでは，この政策と成果の因果関係はどのようにして知ることができるのでしょうか。実は，厳密に言うと，政策と成果の因果関係を完全に知ることは

基本的に不可能です。いきなりこのようなことを言うとがっかりしてしまうかもしれませんが，「厳密に言うと」という意味をもう少し詳しく説明しましょう。厳密に言う因果関係は，ある人やグループに対して政策を実施（施策）したときの成果と，まったく同じ人や同じグループに対して政策を実施しなかったときの成果の違いを比較してはじめて知ることができます。そしてその成果の違い（差）を政策の因果効果とよびます。ある人に対する政策の因果効果を知ることができる理想的な状況は，同じ人のクローンを作ることができる場合です。クローンを作ることができれば，1人には施策し，もう1人のクローンには施策をせずにその後の成果を比較することができるので，その「2人」の成果を後から比べることでその人に対する政策の因果効果を知ることができるわけです。しかしながら，政策効果の評価のためにクローンを作るというのは空想小説でもない限り現実的ではありません。

　厳密には政策の因果効果を知ることはできないと言いましたが，実際の政策評価においてはすべての人に対する効果を事細かにすべて知る必要はなく，政策を実施したときに似たような人々に対して平均的にどの程度の効果が見込まれるのかを知ることで十分な場合も多いと思います。そして，似たような人々に対する平均的な政策効果を統計的に推測すること自体は決して不可能ではありません。さらに，統計的なやり方をうまく工夫することができれば，クローンを作らなくても政策の因果効果に迫ることができます。

　では，この政策と成果の（平均的な）因果効果はどのようにして調べる，あるいは推測することができるのでしょうか。一番手っ取り早い方法は，実験をやってみることです。ここでいう実験とは，科学実験のことを意味しています。**科学実験**とは，一般に複雑な諸条件のもとで起こっている自然現象を理解するために，さまざまな条件（**外的条件**といいます）を一定にしたり，外的な要素が影響しないように諸条件を**制御**（**コントロール**）したりしたうえである現象を起こし，それによって引き起こされる変化を観測する方法です。わかりやすい例として，植物の生育にとって日照量がどれだけ大切なのかを調べる実験があります。気温や湿度といった外的条件を制御しながら，日照量（政策）だけを変化させることで生じる生育（成果）の変化を観察すれば，日照量の影響を測ることができます。それと同じように，政策以外の条件をできるだけ制御しつつ施策することで成果にどのような影響が表れるのかを調べることができます。

また，外的条件を直接制御するのが難しい場合には対照実験を行うこともできます。**対照実験**とは外的条件の同じ2つのグループの片方のみに施策し，そのあとで生じるグループ間の違いを観測することから政策の効果を見ようとするやり方です。このやり方は新薬の臨床試験において用いられる方法で，年齢や性別，体重といった外的条件が同じ2つのグループの片方には効果を調べたい新薬を与え（新薬を与えられるグループのことを**処置群**といいます），もう一方のグループには効果のない偽薬を与えます（偽薬を与えられるグループのことを**対照群**といいます）。もし新薬に効果があるとすれば，処置群のみに変化が表れるはずであり，両方のグループに共通に起きる変化は薬の効果とは見なされません。さらに，処置群と対照群の外的条件を揃えるために処置群と対照群への割当をくじで決める無作為化（ランダム化）実験法などもよく用いられる方法です。

　このように，実際の政策評価においても，諸条件を制御したうえでデータを観測することができれば，政策と成果の間の因果関係は容易に推測することができます。なぜならば，2つのグループの間でその他の外的条件が変化しない中で，政策のみが変化したときに成果が変化したのであれば，それは政策が引き起こした効果以外には考えられないからです。朝ご飯と学力の例では，朝ご飯を食べるという条件（政策）が変化すると同時に家庭環境という外的条件が変化していたため，因果効果としての推論が困難になっていたのです。もし家庭環境を制御したうえでも朝ご飯を毎日食べるグループのほうが，そうでないグループよりもテストの点数が高いのであれば，それは朝ご飯の効果と言えるでしょう。

CHECK POINT 3

□ 政策と成果の因果関係を調べる最も良い方法は，実験です。実験によって処置群と対照群を作ることができれば，それらを比べるだけで因果効果がわかります。

4 観察データを使った計量経済学的アプローチ

　因果効果を調べるうえで一番手っ取り早い方法は実験だと言いましたが，現実の政策評価においては実験が困難な場合が多いです。まず，実験を行うためには綿密に設計された実験環境が必要になり，実験を実施するためにはさまざまな費用がかかるため，大規模な実験を行うことが予算的に難しい場合があります。また，実験を行うこと自体に問題があると思われている場合も多くあります。たとえば，教育政策において，外的条件を制御したデータを入手することや，対照実験を行うこと自体に倫理上の問題があると考えられる場合などです。このように実験を行うこと自体にはさまざまな困難が伴うこともありますが，政策の因果効果を計測するうえで最も強力で理想的な方法であるという点はもう一度強調しておきます。

　それでは，実験が難しいとき，次にできることは何でしょうか。実験ができない場合には，処置群と似た人を探してきて擬似的に対照群を作るマッチング法や，自然条件の変化や制度の変更を利用して処置群と対照群を見つけるなど，擬似的に実験的な状況を作り出す方法（自然実験）があります。たとえば，無作為化実験で処置群と対照群を作れないときには，処置群とできるだけ外的条件が似ているグループを探してきて，それを擬似的な対照群と考えます。この擬似的な対照群を処置群と「マッチ」して比較することで効果を推測することができます。また同じような外的条件を持っているのだけれども自然条件や制度の変化によってその影響を受けるグループと受けないグループが見つかる場合には，影響を受けるグループを処置群，受けないグループを対照群と見なして効果を測定することもできます。こういった方法は，擬似的に実験的状況を作り出すという意味において**準実験的方法**とよばれますが，その代表的な方法のいくつかについては第3部で取り上げます。

　実験的方法や準実験的方法は，政策の効果を知るうえでとても大切な情報を与えてくれるのですが，私たちが知りたい政策の効果は，多くの場合において人間や社会経済を対象としているため，実験や準実験的な方法によるデータを使うことが困難な場合が多くあります。この場合には，観察されたデータから

なんとかして政策の因果効果を推論していくしかないのですが，そのときに威力を発揮するのが計量経済学です。実際に教育政策をはじめ，社会保障政策や医療政策に関するデータの多くは**非実験的データ**であり，これらは実験的データと区別して**観察データ**とよばれるものです。国勢調査をはじめとする政府統計や，年金加入状況データ，医療費データ等はすべて観察データです。この観察データを用いる一番大きな問題点は，観察された事柄が起きた状況や環境の制御（コントロール）ができていないことです。外的条件が制御できていないデータから政策の因果効果にアプローチするためには，さまざまな工夫が必要ですが，計量経済学は，観察データを使って因果関係にアプローチしていくうえで非常に役に立つ方法といえます。

　先に見た朝ご飯と学力の関係の例は，アンケートによって収集された観察データでは，家庭環境をはじめとする外的条件が制御できていない良い（悪い？）例だと言えます。外的条件の制御されていないデータを使って政策の効果を調べるときには，観測できる外的条件をできるだけ考慮しながら政策の因果効果を推測するアプローチがとられます。観測できる外的条件を考慮する方法の1つとして，**重回帰分析**があります。この重回帰分析については第2部でしっかりと学びます。また外的条件が十分に制御できない場合，想定される外的条件とは無関係な要素を使って政策を間接的に操作し，その影響を分析する**操作変数法**を使えば，因果効果に迫ることができる場合もあります。この操作変数法は近年の計量経済学を使った実証分析において，中心的な位置を占めている方法で，第3部の第8章で詳しく学びます。

　重回帰分析や操作変数法は，観察データから因果関係に迫ることを目的とする計量経済学の特徴を象徴する分析手法です。もともと計量経済学はミクロおよびマクロレベルの経済データを使って経済理論を検証する，あるいは理論に基づいてデータを分析する統計的方法について研究する経済学の一分野として誕生し発展してきましたが，その応用可能性は経済学という枠組みをはるかに超え，今日では観察データから因果関係に迫ろうとする社会科学一般において幅広く用いられています。因果関係を調べるうえで観察データしか利用できない社会科学の数多くの場面において，計量経済学的アプローチが必要とされているのです。

CHECK POINT 4

- [ ] 実験が難しいときには，計量経済学を使って観察データから政策と成果の因果関係に迫ることができます。

EXERCISE ●練習問題

◎確認問題

1-1 次の2つの事柄の関係は因果関係でしょうか，それとも相関関係でしょうか。あなたの考えを述べてみてください。なお，相関関係と因果関係のどちらかが正しいというわけではありませんので，自分はどう思うのかを説明してみてください。

(1) 2つの事柄：両親の所得，子どもの学力
　　関係：両親の所得が高いと，子どもの学力が高い
(2) 2つの事柄：クラブ活動への参加，友だちの数
　　関係：クラブ活動へ参加している人は，友だちの数が多い
(3) 2つの事柄：一国内の所得格差，経済成長率
　　関係：所得格差の小さな国は，経済成長率が高い
(4) 2つの事柄：友人の喫煙率，自身の喫煙
　　関係：友人の喫煙率が高い人は，喫煙しやすい
(5) 2つの事柄：都市の貧困率，犯罪率
　　関係：貧困率の高い都市の犯罪率は高い
(6) 2つの事柄：都市の凶悪犯罪発生率，1人当たり警察官数
　　関係：1人当たり警察官数の多い都市の犯罪発生率は高い

1-2 問題 **1-1** で見た関係が因果関係とすると，次の目標のためにどのような対策（政策）をとることができるでしょうか。また，これらの関係が相関関係であるときに，これらの対策は効果を持つでしょうか。6つそれぞれの関係について，あなたの考えを説明してみてください。

(1) 目標：子どもの学力を高める
(2) 目標：友だちの数を増やす
(3) 目標：一国の経済成長率を高める
(4) 目標：喫煙率を下げる
(5) 目標：都市の犯罪率を下げる
(6) 目標：凶悪犯罪発生率を下げる

第 1 部
確率と統計のおさらい

PART 1

　計量経済学は統計的手法を応用することで，データの背後にある因果関係に迫る方法です。第 1 部では計量経済学の入門に必要な確率と統計を，できるだけ簡単に復習します。

CHAPTER
2　データの扱い方──数字に隠された意味を読み取る
3　計量経済学のための確率論──不確かなことについて語る
4　統計学による推論──観察されたデータの背後にあるメカニズムを探る

CHAPTER

第 2 章

データの扱い方

数字に隠された意味を読み取る

INTRODUCTION

本章ではデータを整理してその特徴をつかむ方法を理解します。平均や分散，共分散といったデータの全体的な傾向をつかむためのいくつかの方法について学びます。

ある政策を行うかどうかを決定するときに，その政策の効果を考えないことはありません。また，効果があると判断した場合でも，その政策は費用に見合った効果を生み出すことができるかは常に議論の対象となります。このような効果と費用の関係についての分析は，費用効果分析や費用便益分析とよばれますが，どのような費用効果分析においても，政策の効果をしっかりと計測することは必要不可欠です。

　政策の効果を計測すると一言でいっても，その政策の効果は常に一定であるとは限りません。同じ政策でも，実施された時や場所によってその効果は異なるかもしれません。また，政策の効果を測るためにはデータが必要になってきますが，政策の対象者全員を調べることができないときには，収集したデータの偏りによって計測される政策効果の値そのものが影響を受けるかもしれません。

　たとえば，クラスサイズを1人分小さくすることによって，そのクラスの半分の生徒は算数のテストの点数が2点上がったけれども，残りの半分には影響がないということもあるでしょう。また，去年行ったテストでは全員のテストの点数が2点上がったけれども，今年のテストではまったく効果が見られないということもあるかもしれません。このようなときに，「クラスサイズ縮小の効果」をどのように評価するのがもっともらしいやり方なのでしょうか。

　観測される効果に「揺らぎ」がある場合に威力を発揮するのが統計的手法です。たとえば，上の例では「クラスサイズ縮小の効果」は平均すれば1点として評価することができます。この評価方法はごく自然なやり方のように思えますが，平均を計算することでその効果を評価するという方法は，テストの点数のデータを統計的手法によって分析していることにほかならないのです。

1 データを整理して情報を読み取る

　いま，「データ」という言葉を使いましたが，ここでいう（数的）データとは，ある事柄についての数値的な情報のことをいいます。たとえば，ある小学校のクラス40人分の算数のテストの点数（100点満点）が**表2.1**のようになっていたとします。

CHART 表2.1 ある小学校のクラス40人分の算数のテストの点数(100点満点)

学籍番号	点数	学籍番号	点数	学籍番号	点数	学籍番号	点数
1	59	11	66	21	36	31	78
2	78	12	36	22	78	32	46
3	95	13	95	23	71	33	38
4	46	14	78	24	68	34	64
5	38	15	86	25	82	35	49
6	56	16	25	26	61	36	67
7	68	17	64	27	85	37	51
8	64	18	68	28	53	38	59
9	58	19	65	29	98	39	47
10	49	20	89	30	55	40	29

　このテストの点数はデータの例ですが，私たちの生活において数値的情報としてのデータをたくさん見ることができます。毎日のニュースで必ず取り上げられる株価や為替レート，気温や湿度などはすべて数値的情報としてのデータとよばれるものになっています。

　データは，それがどのような性質の情報かによってよばれ方が異なります。**表2.1**で見た40人それぞれのテストの点数のデータは，個別の生徒の情報（票）を集めたものなので，**個票データ**または**マイクロ・データ**とよばれます。東京都に住んでいる1000人それぞれの家計所得や，東京証券取引所に上場している企業それぞれの売上額なども個票データの例です。一方，40人分の生徒の平均点を計算し，複数のクラスの平均点を集めたデータは，それぞれのクラスのテストの点数を集計したデータなので，**集計データ**とよばれます。各都道府県の平均所得や平均学歴などは集計データの典型的な例です。

　さらに重要なこととして，データがどのようにして集められたかによってもよばれ方が異なります。上で見た40人分のテストの点数のデータは，ある1時点において40人が同時にテストを受けた結果と見ることができます。このように，1時点において複数の対象の情報を横断的に集めたデータは，**クロスセクション・データ**（または**横断面データ**）とよばれます。本書における分析のほとんどはクロスセクション・データを使ったものです。

　また，日経平均株価や日本円の対ドル為替レートはそれぞれ1つの対象につ

いてのデータですが，これらのデータは時間を通じて変化します。このように，1つの対象についての時間を通じた変化を記録したデータは**時系列データ**とよばれます。時系列データを使って分析を行う際には，いくつかの特別な注意が必要であり，本書の範囲を超えるため扱いませんが，マクロ経済についての集計データの分析などでは時系列データを使うことがよくあります。

最後に，クロスセクション・データと時系列データのハイブリッド版データは**パネル・データ**とよばれます。パネル・データには，複数の対象の時間を通じた変化が記録されています。たとえば，上で見たテストの点数の例で，同じ40人の生徒の小学1年生から6年生までのテストの点数を追跡記録したデータはパネル・データになります。パネル・データは，クロスセクション・データや時系列データよりも豊富な情報量を持っているため，より精度の高い分析に使うことができます。パネル・データを使ってより精度の高い分析を行う方法については，第9章で詳しく説明します。

データの整理

データそのものは情報の宝庫ではありますが，それ自体は数字の羅列にすぎないので，それを眺めるだけでは全体的な傾向をつかむことは難しいかもしれません。とくに情報量の多いデータの場合，1つひとつのデータを吟味しても，全体的なメッセージをつかむことは難しいでしょう。そこで，データの持つ情報を何らかの形で集約することによって，データの特徴をわかりやすくします。たとえば，データの散らばり方をごく簡単に「見える化」するために**分布**とよばれるものを作ることができます。本来は数字の羅列にすぎないデータを，似た値をとるものどうしで，ある程度まとめて視覚情報にするだけでも，全体の傾向や特徴を見るうえで大変役に立ちます。たとえば，上のテストの点数のデータを，10点刻みでまとめてみると，**表2.2**の**度数分布表**とよばれる表を作ることができます。

10点刻みの窓のことは**階級**とよばれ，その階級に何人分の生徒が含まれるかを集計したものがその階級の**度数**です。この表を見れば度数がどのようにばらついて（分布して）いるのかを見ることができるので，この表は「度数分布表」とよばれます。また，全観測値数に占める各階級の度数の割合は**相対度数**，その階級までの相対度数を足し合わせたものは**累積相対度数**とよばれます。な

CHART 表 2.2 度数分布表

階級（単位：点）	度数	相対度数	累積相対度数
20 以上 30 未満	2	0.050	0.050
30 以上 40 未満	4	0.100	0.150
40 以上 50 未満	5	0.125	0.275
50 以上 60 未満	7	0.175	0.450
60 以上 70 未満	10	0.250	0.700
70 以上 80 未満	5	0.125	0.825
80 以上 90 未満	4	0.100	0.925
90 以上	3	0.075	1.000

CHART 図 2.1 ヒストグラム

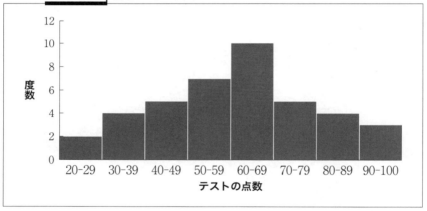

お，階級の幅は 10 点刻みである必要はなく，階級の幅がバラバラであってもかまいませんので，データが見にくくならない範囲で自由に階級の幅を変えてもよいでしょう。

度数分布表をさらに図を使って**図 2.1** のような形で「見える化」したものは**ヒストグラム**とよばれます。

それぞれの階級ごとに「棒」が描かれていますが，その棒の高さがその階級の度数を表しています。

データの代表

テストの点数のデータから度数分布表やヒストグラムを作ると，何点の人が

一番多いのかや，最高点と最低点はどのくらいなのか，データの散らばり具合はどの程度なのか，といったデータの特徴を視覚的に捉えることができます。しかしながら，先のクラスサイズのテストの点数への効果の例で見たように，平均点が気になる場合もあるでしょう。また，テストの点数がどの程度ばらついているのかを何らかの数値（指標）で表すことができれば，テストの点数のばらつきの程度を他のクラスと比較したりすることもできるようになります。このようなデータの特徴を表す数値は**代表値**とよばれます。まずは代表値の1つである**平均**について，意味をはっきりと定義しておきましょう。

> **定義2.1 平　均**
> n 個の観測値からなるデータ $(x_1, \cdots, x_n)$ の平均 $\bar{x}$（「エックス・バー」と読みます）は，
> $$\bar{x} = \frac{1}{n}(x_1 + \cdots + x_n) = \frac{1}{n}\sum_{i=1}^{n} x_i$$

Σ はシグマ記号とよばれ（Σ はギリシャ文字，シグマの大文字です），$\sum_{i=1}^{n} x_i$ は，「x_1 から x_n までの値をすべて足す」という意味です（シグマ記号について，詳しくは **Column ❶** を参照してください）。つまり，平均とは n 個の観測値をすべて足して，それを観測値の数である n で割ったものです。

次にデータがどの程度散らばっているのかを数値で表した**分散**についても定義しておきましょう。

> **定義2.2 分　散**
> データ $(x_1, \cdots, x_n)$ の分散 σ^2（「シグマ2乗」と読みます〔σ はギリシャ文字，シグマの小文字です〕）は，
> $$\sigma^2 = \frac{1}{n}\{(x_1 - \bar{x})^2 + \cdots + (x_n - \bar{x})^2\} = \frac{1}{n}\sum_{i=1}^{n}(x_i - \bar{x})^2$$

つまり，分散は「各観測値から平均を引いて，2乗した値を合計し，それを観測値の数である n で割ったもの」ということになります。

それにしても，なぜこれがデータの散らばり度合いの指標になっているのでしょうか。データの散らばり方を測る1つの方法として，「平均から離れた観測値がどの程度あるのか」に着目するのは自然なことだと思います。実は観測

値から平均を引いて2乗したものは各観測値の「平均からの距離（の2乗）」になっています。そしてそれをすべての観測値について足し合わせて，観測値の数nで割れば，「平均からの距離（の2乗）」の平均となります。もしすべての観測値が平均と同じで，ばらつきが一切ないならば，この距離は0になるので，分散も0になります。また，データのばらつきが大きく，平均から離れた観測値が多いと，分散は大きくなります。なお，当たり前のことですが，分散は距離（の2乗）の平均なので，必ず0以上の値になります。

　分散の例を1つ見てみましょう。平均所得が100円の国が2つあり，それぞれの国に2人ずつ住んでいるとします。片方の国では2人とも平均所得と同じ100円の所得を持っています。もう一方の国では1人の所得は200円で，もう1人の所得は0円とします。この2つの国は，平均所得こそ同じなのですが，所得格差という点ではまったく異なる国です。それを分散で表すと，平等な国では分散は0，所得格差のある国では分散が，

$$\sigma^2 = \frac{1}{2}\{(200-100)^2 + (0-100)^2\} = 10000$$

となります。つまり，分散が大きいということは，データの散らばりが大きい，つまり所得格差が大きいということになります。

　なお，分散の計算にはもう1つ別の方法があり，これをs^2とすると，

$$s^2 = \frac{1}{n-1}\{(x_1-\bar{x})^2 + \cdots + (x_n-\bar{x})^2\} = \frac{1}{n-1}\sum_{i=1}^{n}(x_i-\bar{x})^2$$

Column ❶ シグマ記号

　足し算の記号としてシグマ記号Σがでてきました。この"シグマ"はギリシャ文字（大文字）で，足し算の記号としてよく用いられるものです。$\sum_{i=1}^{n} x_i$ のように表記し，意味は単に「x_i を $i=1$ から $i=n$ まで足す」というもので，「$x_1 + \cdots + x_n$」です。たとえば，正の奇数の列，

$$x_1 = 1, \; x_2 = 3, \; x_3 = 5, \; x_4 = 7, \; x_5 = 9, \cdots$$

については，

$$\sum_{i=1}^{5} x_i = 1 + 3 + 5 + 7 + 9 = 25$$

$$\sum_{i=1}^{3} x_i = 1 + 3 + 5 = 9$$

$$\sum_{i=3}^{5} x_i = 5 + 7 + 9 = 21$$

となります。
　この足し算の記号（和記号）は次のような性質を持っています。

$$a \text{ を定数とすると，} \sum_{i=1}^{n} a x_i = a \sum_{i=1}^{n} x_i$$

つまり，「それぞれの x_i を a 倍して足したものは，x_i を足したものを a 倍したものと等しい」ことになります。たとえば，$a = 2$ とすると，

$$\sum_{i=1}^{3} 2 x_i = 2 + 6 + 10 = 18 = 2(1 + 3 + 5) = 2 \sum_{i=1}^{3} x_i$$

となります。さらに，2つの数字の列 x_i と y_i について，

$$\sum_{i=1}^{n} (x_i + y_i) = \sum_{i=1}^{n} x_i + \sum_{i=1}^{n} y_i$$

　つまり，「x_i と y_i をそれぞれ足したものの和は，x_i の和と y_i の和を足したものと等しい」ことになります。たとえば，y_i を正の偶数の列

$$y_1 = 2, \; y_2 = 4, \; y_3 = 6, \cdots$$

とすると，$x_1 + y_1 = 3, \; x_2 + y_2 = 7, \; x_3 + y_3 = 11, \cdots$ ですが，$n = 3$ までの足し算をすると，$3 + 7 + 11 = 21$ となります。これは $1 + 3 + 5 = 9$ と $2 + 4 + 6 = 12$ を足したものと等しくなっていることがわかります。

1　データを整理して情報を読み取る

とすることもあります。nで割る代わりに，ここでは$n-1$で割っているところが先ほどの分散との違いです。これらの2つの分散は観測値の数nが大きい場合はほとんど同じ値になりますので，違いを気にする必要はほとんどありません。しかしながら，$n-1$で割った分散s^2は，「不偏性」とよばれる観測値から全体の傾向を推測するうえで良い性質を持つことが理論的に知られていますので，こちらを使うこともあるのです（不偏性については第4章で詳しく説明します）。

分散の平方根（ルート）をとったものは**標準偏差**とよばれます。たとえば，分散が4であれば，標準偏差は2，分散が10000であれば，標準偏差は100となります。標準偏差と分散はいずれも大きければ大きいほどデータのばらつきが大きい，つまり平均から離れた観測値が多いことを意味しています。

上で見た40人分のテストの点数の例を使ってこれらの代表値を計算すると，平均は$\bar{x}=62.45$点，分散はそれぞれ$\sigma^2=333.35$，$s^2=341.89$となります。また標準偏差はそれぞれ$\sigma=18.26$と$s=18.49$になります。

CHECK POINT 5

□ データは情報の宝庫ですが，そのままでは扱いにくいことがあります。そんなときは，度数分布表やヒストグラムを作ったり，平均や分散といったデータの代表値を使って整理したりするとはっきりします。

観測されたデータから全体の傾向を知るには？

母集団と標本

平均や分散といったこれらの代表値は，観測されたデータの情報を集約する自然な方法です。これらの代表値は，観測されたデータに含まれている対象についての情報をもとにしてその特徴を教えてくれます。調査の対象となっているすべての要素（人や企業）からなる集団のことは**母集団**とよばれ，この母集団のすべてを調査することは**全数調査**（センサスまたは悉皆調査）とよばれます。

全数調査データを使って計算した平均や分散は，調査対象の特徴についての正確な情報となっています。

しかしながら，全数調査データを使うことができない場合は，調査対象の一部の人たちについて観測されたデータから，母集団を推測することになります。たとえば，ある特定のクラスの40人分の成績を使ってクラスサイズ縮小の効果を調べる理由は，その（観測された）学級でのクラスサイズ縮小効果を知りたいというよりも，より一般的にクラスサイズ縮小は学力を高めてくれるのかどうかを知りたいという場合が多いと思います。つまり，観測されたクラスにおけるクラスサイズ縮小効果から，一般的なクラスサイズ縮小の効果を推し量ろうということになります。

調査の対象そのものである母集団に対して，母集団の一部を切り取ったデータのことは，**標本（サンプル）** とよばれます。たとえば，クラスサイズの縮小が日本の小学生全員の学力に与える効果を調べたいとすると，母集団は「日本の小学生全員」ということになります。また，ある特定の学校の特定のクラスに属する生徒のテストの点数を集めたデータは，「日本の小学生全員」という母集団の一部という意味で標本になります。

統計的推論

本来は「日本の小学生全員」という母集団におけるクラスサイズ縮小の効果を知りたいのに，母集団の一部である標本としての観察データしか使えないとしましょう。この場合に，標本を分析することで母集団の性質について知ることはできるのでしょうか。

標本を見て母集団の性質を推測することは**統計的推論**といわれます。たとえば，ある特定のクラスのテストの点数の平均点を見ることで，それを日本全体の平均と見なすことは，標本を見て母集団を推測するという意味において立派に統計的推論を行っていることになります。

しかしながら，たった1クラス40人の平均をもってして日本全体の小学生の平均と推論することには，若干無理があるように思うことでしょう。しかし，それなりの個数の観測値からなるデータ（観測値の個数を**標本サイズ**とよびます）が利用可能であり，その標本が母集団の姿（分布）を正しく反映しているのであれば，標本から母集団分布の形を正しく推測することができます（標本が母

CHART 図2.2 母集団と標本

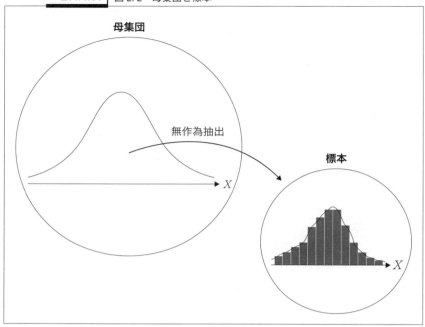

集団を正しく反映していることを，標本が母集団分布の性質をうまく代表してくれているという意味で「標本に代表性がある」ということがあります）。

　それでは，母集団の姿を正しく反映してくれる標本を得るためには，どうすればよいのでしょうか。そのような標本を得るためには，標本の**抽出方法（サンプリング）** に気をつけなければなりません。母集団分布の形を正しく表現してくれる標本を得る方法としては，**無作為抽出（ランダム・サンプリング）法**があります。これは，母集団に含まれる調査対象のそれぞれが標本として選び出される可能性（確率）を等しくしたうえで，標本を選ぶ方法です（**図 2.2** 参照）。

　なぜ無作為抽出法だと母集団分布の形を正しく反映してくれることになるのでしょうか。この点を理解するために，無作為抽出法は母集団のミニチュアを作る方法だとイメージするとわかりやすいかもしれません。標本に含まれるデータがくじによって母集団から無作為に選ばれているのであれば，標本は母集団のミニチュアになります。たとえば，100万人の母集団から，1万人をくじ引きで選ぶとします。どの人もくじの当たりやすさは同じ（この場合の"当選"

> **Column ❷　サンプリング法いろいろ**
>
> 　標本から母集団分布について推測するためには，標本が母集団分布のミニチュア・モデルになっていることがとても重要です。このような抽出法は無作為抽出法とよばれます。本文で見た，母集団分布のそれぞれが選ばれる可能性が等しくなる抽出方法は，「単純ランダム・サンプリング法」です。このほかにも代表性のある標本を得る抽出法として，多段抽出法，層化抽出法などがよく使われます。
>
> 　「多段抽出法」とは，いきなり母集団分布からの無作為抽出を行うのではなく，何段階かに分けて標本の抽出を行う方法です。たとえば，日本全国の有権者から1万人を標本として抽出したいときに，まずは市町村を無作為に選び，選ばれた市町村から無作為に標本を選ぶというように多段階（この場合は2段階）で抽出を行う方法です。母集団分布が広範囲に分布している場合は，直接無作為抽出するのが大変なので，多段階での抽出を行うことがほとんどです。
>
> 　そのような方法の1つに「層化抽出法」とよばれる方法があります。多段階で抽出するときに，最初の市町村の選び方に少し工夫をこらします。たとえば，各市町村を大都市，中小都市，郡部と「層化」します。そして，市町村を無作為に選ぶ際には，単純ランダム・サンプリングではなく，各層の大きさに応じたウェイトをつけて選びます。たとえば，大都市，中小都市，郡部の比率が5：3：2ならば，1段階目で選ばれる市町村の大都市，中小都市，郡部の比率が5：3：2になるように選ぶというやり方です。この抽出方法は，国の行っている家計を対象とする調査において用いられている抽出方法で，「層化2段抽出」とよばれます。

可能性〔確率〕は100分の1です）とすると，標本に選ばれた人たちの分布は母集団分布の100分の1ミニチュア・モデルになります。標本が母集団のミニチュア・モデルになっているので，そのミニチュア・モデルを見れば，もともとの母集団の形を知ることができるわけです。

　無作為抽出法にはいま見た手法（単純ランダム・サンプリング）のほかに，**多段抽出法**や**層化抽出法**などがあります。いずれのやり方も母集団のミニチュアとしての標本を得るという基本的な考え方は同じです（その他のサンプリング法については，**Column ❷**を参照してください）。

　図2.2は母集団と標本の関係を表したイメージ図です。左側の「母集団」は

調査したい対象全体から作られた分布で，右側の「標本」は母集団の一部を無作為に抽出したデータから作ったヒストグラムです。標本の分布は少しびつな形をしているかもしれませんが，無作為抽出がうまくできていれば，母集団分布に近い形をしています。

このように，標本は本来の調査対象である母集団のミニチュアと見ることもできますが，母集団それ自体を標本（データ）を生み出す「母」と見ることもできます。母集団をこのように見ると，統計的推論というのは，子（標本）を見て親（母集団）がどんな人なのかを推測するのに似ているようにも思えます。もし子どもが親にそっくりであれば，親がどんな人なのかもわかるはずです。

統計的推論の別の例として，日本人全体（母集団）の平均身長（母集団の平均）を調べることを考えてみましょう。一番正確な方法は日本人全員の身長を測ることですが，日本人全員の身長を測るのは莫大な手間暇がかかるため，現実的ではありません。そこで，無作為に抽出された1000人（標本）の平均身長は，日本人全体の平均身長に近いと考え，標本の平均を母集団の平均（**母平均**とよびます）の**推定値**とすることで統計的に推測できます。

標本データから母集団の形を推測する統計的推論は，第2部以降で学ぶ計量経済学の中心的な話題となります。また，統計的推論については第4章でさらに詳しく学びます。

CHECK POINT 6

☐ データ（標本）を見ると，その背後にある全体像（母集団）の形が見えてきます。統計的推論とは，このデータから全体像を推測する作業のことです。

3　2つの事柄の関係を調べる

相関係数

統計的推論というのは，標本から母集団を推測する作業ですが，政策の効果を統計的に推論するためにはどのようにすればよいのでしょうか。先に見た平

均や分散という指標は1つの変数のデータ（たとえばテストの点数）の情報をまとめる代表値でしたが，政策の効果を見ようとすると，政策と成果（たとえば，クラスサイズと算数のテストの点数）という少なくとも2つの事柄（変数）の関係をチェックする必要があります。たとえば，「朝ご飯を毎日食べる」という事柄と「算数のテストの点数」の間にどのような傾向があるのかを数値的に調べたいときには，まず**相関係数**とよばれる指標を見ることから始めます。この相関係数を計算するのには，2つの変数の「方向性」を表す**共分散**というものを使いますので，ここで定義しておきましょう。

> **定義 2.3　共 分 散**
> データ $\{(x_1, y_1), \cdots, (x_n, y_n)\}$ の共分散 σ_{xy} は
> $$\sigma_{xy} = \frac{1}{n}\sum_{i=1}^{n}(x_i - \bar{x})(y_i - \bar{y})$$

つまり，x と y のそれぞれの観測値からそれぞれの平均を引いたものを掛け合わせ，それをすべての観測値について足し合わせて，観測値の数 n で割ったものです。1つ注意しておきたい点としては，x と y が同じ「方向」に動くのであれば共分散は正の値になり，逆の方向に動くのであれば負の値になるということです。たとえば，x を学歴（修学年数），y を年収とします。学歴が平均よりも高い人は，年収も平均より高いという傾向があるのであれば，共分散は正の値になります。

さて，いよいよ相関係数の登場です。まずは相関係数を定義しておきましょう。

> **定義 2.4　相 関 係 数**
> データ $\{(x_1, y_1), \cdots, (x_n, y_n)\}$ の相関係数 ρ（ギリシャ文字で「ロー」と読みます）は
> $$\rho = \frac{\sigma_{xy}}{\sigma_x \sigma_y}$$
> ただし，σ_x および σ_y は $(x_1, \cdots, x_n)$ と $(y_1, \cdots, y_n)$ それぞれの標準偏差 $\sigma_x = \sqrt{\sigma_x^2} = \sqrt{(1/n)\sum_{i=1}^{n}(x_i - \bar{x})^2}$, $\sigma_y = \sqrt{\sigma_y^2} = \sqrt{(1/n)\sum_{i=1}^{n}(y_i - \bar{y})^2}$ である。

相関係数はもう1つの分散の定義 s^2 を使っても計算できます。その場合に

は共分散を

$$s_{xy} = \frac{1}{n-1} \sum_{i=1}^{n} (x_i - \bar{x})(y_i - \bar{y})$$

とし，標準偏差についてもそれぞれ $s_x = \sqrt{s_x^2} = \sqrt{(1/(n-1)) \sum_{i=1}^{n} (x_i - \bar{x})^2}$ と $s_y = \sqrt{s_y^2} = \sqrt{(1/(n-1)) \sum_{i=1}^{n} (y_i - \bar{y})^2}$ としてやれば，$s_{xy}/(s_x s_y) = \rho$ となり，σ を使って計算した相関係数とまったく同じ値を得ることができます。つまり，相関係数に関してはどちらの分散の計算方法を使ってもまったく同じ値になります。

相関係数は，2つの事柄（政策と成果）の間の統計的な傾向を1つの数字で表現してくれる指標です。この指標は－1から1までの値をとり，プラスであれば2つの事柄の間には正の関係が，マイナスであれば負の関係があることになります。また0の場合は関係がない，ということになります。たとえば，「1クラスの生徒数」と「算数のテストの点数」の相関係数がマイナスであれば，「クラスサイズが小さいと算数のテストの点数が高い傾向がある」といえますし，相関係数がプラスであれば，「クラスサイズが大きいと算数のテストの点数が高い傾向がある」ということになります。

例2.1：修学年数と年収の相関係数

修学年数と年収の関係を調べるために，10人に聞き取り調査を行ったところ，**表2.3**のようになりました。

修学年数の平均は13.8年，年収の平均は607万円です。年収と修学年数の相関係数を計算すると，0.69となり，修学年数と年収の間には正の相関があることがわかります。

相関係数と因果関係

ここで注意が必要なのは，相関係数はあくまでも統計的傾向であって，必ずしも因果関係ではないということです。1クラスの生徒数と算数のテストの点数の相関係数がマイナスだからといって，必ずしも「クラスサイズを小さくすることで算数の学力を向上させることができる」わけではありません。クラスサイズ縮小政策の効果を知るためには，政策の因果効果を計測する必要があり，

CHART 表2.3 修学年数と年収

ID	修学年数	年収（万円）	ID	修学年数	年収（万円）
1	12	480	6	10	370
2	16	520	7	14	690
3	18	760	8	16	950
4	16	620	9	12	610
5	12	590	10	12	480

因果効果の計測方法については第2部以降で詳しく説明する計量経済学の各章において見ていくこととします。

CHECK POINT 7

□ 相関係数は2つの事柄の間の統計的な傾向を数値で表したものです。相関関係があるからといって，必ずしも因果関係があるとは限りません。

EXERCISE ●練習問題

◎確認問題

2-1 偶数の列，

$$x_1=2, \ x_2=4, \ x_3=6, \ x_4=8, \ x_5=10$$

について，$\sum_{i=1}^{5} x_i$, $\sum_{i=1}^{3} 3x_i$, $\sum_{i=2}^{4}(2x_i+3x_i)$ をそれぞれ求めましょう。

2-2 表2.3で見た修学年数と年収のデータを使って以下の問題に答えましょう。
(1) 修学年数の平均と年収の平均をそれぞれ求めましょう。
(2) 修学年数の分散と，年収の分散をそれぞれ求めます。本文で見た2種類の分散の計算方法を使って，求めてみましょう。

2-3 修学年数と年収の数値例で，x と y の共分散を $s_{xy}=(1/(n-1))\sum_{i=1}^{n}(x_i-\bar{x})(y_i-\bar{y})$ とし，相関係数を $s_{xy}/(s_x s_y)$ として相関係数を計算してみましょう。この方法で求めた相関係数は，本文中の相関係数 ρ と同じになります。

◎実証分析問題

本書のウェブサポートページにあるデータセット「2_income.csv」は，

2007 年に東京大学社会科学研究所が実施した「東大社研パネル調査」をもとにして作ったデータです。このデータと統計ソフトウェア（Excel や Stata など）を使って，次の問題の解答を考えてみましょう（東大社研パネル調査および統計ソフトウェアについては，本書末に収録してある参考文献およびウェブサポートページを参照してください）。

2-A 2007 年における，所得の平均と分散（σ^2 と s^2 の 2 種類）を計算しましょう。

2-B 2007 年調査に含まれた人々の学歴（修学年数）の平均と分散（σ^2 と s^2 の 2 種類）を計算しましょう。

2-C このデータにおける所得と学歴の共分散（s_{xy}）を計算しましょう。

2-D このデータにおける所得と学歴の相関係数を計算しましょう。所得と学歴の間にはどのような関係がありますか。

CHAPTER

第 **3** 章

計量経済学のための確率論

不確かなことについて語る

INTRODUCTION

　標本としてのデータは，すでに起きたことについての情報ですが，母集団分布から偶然生み出されたもの（結果）と見ることもできます。母集団分布がどのくらいの確からしさでどんなデータを生み出すのかがわかれば，標本を見ることで母集団の性質を知ることができます。本章ではデータを生み出す「母」としての母集団分布について語る（モデル化する）ためのツールである「確率」についておさらいします。とくに，政策と成果の関係を表すモデルである条件付き期待値についてしっかりと理解しましょう。

政策の効果を評価する際に，政策と成果の因果関係をいかに正確に計測できるかが評価の質にとって鍵であると第1章で述べました。さらに，この因果関係をいかにして計測するのかが計量経済学の中心的な問いであるとも述べました。2つの事柄の統計的な傾向（相関関係）は相関係数を見ればわかりますが，政策の因果効果を知るためには，相関関係を見るだけでは不十分な場合がほとんどです。統計的手法において，因果関係を意識しながら2つの事柄の関係を表す方法として，**条件付き期待値**に着目することがよくあります。詳細は後ほど見ていきますが，条件付き期待値を正しくモデル化し推測することができれば，2つの事柄の因果関係に迫ることができます。

　まずは，条件付き期待値を直感的に理解するために1つ例を見ることからはじめましょう。「朝ご飯を毎日食べる」かどうかで算数のテストの点数に違いがあるかに興味があるとすると，「条件」は「朝ご飯を毎日食べるかどうか」になります。この条件ごとに期待（予想）される算数のテストの点数が，「朝ご飯を毎日食べるかどうかで条件付けた，算数のテストの点数の条件付き期待値」となります。この場合は，「朝ご飯を毎日食べる」という条件のもとで期待（予想）される（平均的な）テストの点数，および「朝ご飯を毎日は食べない」という条件のもとで期待されるテストの点数それぞれを調べれば，条件付き期待値がわかることになります。当たり前のことですが，もし朝ごはんを毎日食べることと成績に何らかの関係があれば，「朝ご飯を毎日食べるかどうか」という条件が変わると，期待されるテストの点数も変わります。さらに，テストの点数に影響を与えると考えられる家庭環境をはじめとする外的条件が制御されていれば，毎日朝ご飯を食べることのテストの点数への因果効果はこの2つの条件付き期待値の差を見ることでわかります。

　2つの事柄の関係を表す統計的方法として，相関係数と条件付き期待値の2つが出てきました。政策の因果効果を調べるうえで圧倒的に便利なのは条件付き期待値ですが，条件付き期待値がわかれば因果関係がわかるということでは必ずしもありません。2つの事柄の関係を因果関係として見ることができるかどうかは，「外的条件が制御されている」かどうかにかかっています。詳しくは第6章の重回帰分析で見ていきますが，条件付き期待値を使うと，「外的条件が制御されている」という条件をはっきりとさせたうえで，2つの事柄の因果関係を調べることができます。こういった理由から，2つの事柄の因果関係

を調べる際には，条件付き期待値に着目するのがとても便利です。

　前述の朝ご飯とテストの点数の例で出てきたように，ある条件のもとで期待される値は「条件付き期待値」とよばれますが，まずは**期待値**とは何かをしっかりと理解することが大切です。期待値の詳細な定義は後述しますが，本章では期待値とは何かを理解するために必要な，基礎的な確率論を復習しておきたいと思います。計量経済学を使ってデータを分析する際の基本的な考え方として，観測されたデータの1つひとつは母集団の分布に従う確率変数の実現値と見ることがあります。さらにこれらの実現値を調べ，母集団分布の形を推測することで因果効果を含めた本質に迫るということになるわけです。そのため，必要最小限の確率論の基礎をおさらいしておくことは，計量経済学的手法を理解するうえで大変役に立ちます。

1　物事の起こりやすさを表すツールとしての「確率」

「確率」とは

　確率という言葉を聞くと一瞬身構えてしまう人もいるかもしれませんが，実は私たちの日常生活は確率論の例であふれかえっています。たとえば，テレビのニュース番組では必ずお天気コーナーがあり，「明日東京で雨が降る確率は30％です」といったときには，「明日東京で雨が降る」という「事象」が起きる「確からしさ」が30％と言っていることにほかなりません。そのほかにも，「A大学の合格確率は75％」とか，「日本人作家がノーベル文学賞を受賞する確率は35％」といったように，いくらでも例を見つけることができます。

　ここで見た**確率**とは，それぞれの事象がどの程度「確からしい」のかを0から1の数字で表したものです。**事象**というのは，起こりうる結果を指しています。天気の例を挙げると，「晴れる」「曇りになる」「雨が降る」といった起こりうる結果それぞれを事象とよびます。また，天気は「晴れる」「曇りになる」「雨が降る」「雪が降る」のいずれかしか起こらないとすると，これで起こりうる事象のすべてを網羅したことになります。起こりうるすべての事象をまとめたものは**標本空間**とよばれます。さらに，もしこの4つの事象が起きる「確からしさ」がすべて同じならば，「晴れ」の確率は4分の1，「曇り」の確率も4

分の1,「雨」の確率も4分の1,そして「雪」の確率も4分の1となります。

例3.1:年収の事象,標本空間,および確率

通りを歩いている人を1人つかまえて,その人の年収を尋ねるとします。その人の年収は,必ず次の3つの事象のどれかに当てはまります。

事象:「1000万円以上」「500万円以上1000万円未満」「500万円未満」

たとえば,年収が600万円だと「500万円以上1000万円未満」に,また年収が0円だと「500万円未満」となります。これら3つの事象は年収のとりうる値のすべてを網羅しているので,標本空間は次のようになります。

標本空間
　=(「1000万円以上」,「500万円以上1000万円未満」,「500万円未満」)

日本人全体の年収の割合が「1000万円以上」の人は2割,「500万円以上1000万円未満」の人は3割,「500万円未満」の人は5割だとします。すると,通りを歩いている人を1人(無作為に)つかまえて,その人の年収が3つの事象のいずれかになる確率Pはそれぞれ次のようになります。

$$P(\text{「1000万円以上」}) = 0.2,$$
$$P(\text{「500万円以上1000万円未満」}) = 0.3,$$
$$P(\text{「500万円未満」}) = 0.5$$

確率のお約束

確率には(ある意味当たり前の)お約束があり,このお約束は「公理」とよばれます。確率の公理は以下の3つの性質で表されます。

> **確率の公理**
> (1) どのような事象についても,その事象が起きる確率は0以上1以下となる。
> (2) 標本空間の事象のうちのいずれかが起きる確率は1となる。
> (3) 排反事象の和事象が起きる確率は,それぞれの事象が起きる確率の和となる。

確率の公理の意味を確認しましょう。まず，確率はそれぞれの事象がどの程度「確からしい」のかを 0 から 1 の数字で表したものですので，確率の公理(1) はこのことを言い換えているにすぎません。次に確率の公理 (2) を見てみましょう。標本空間とは起こりうる事象（結果）をすべて集めたものですので，当然これらの事象のいずれかが必ず結果として起きることになります。確率の公理 (2) はこのことを言い換えたにすぎません。

最後に確率の公理 (3) について見ておきましょう。ここで「排反事象」と「和事象」という言葉が出てきました。**排反事象**とは，一方が起これば他方は起こらないという関係にある事象のことです。たとえば，「年収が 1000 万円以上」であれば，その人の年収が「500 万円以上 1000 万円未満」になることも，「500 万円未満」になることもないので，年収の例の 3 つの事象はお互いに排反事象となっています。また，**和事象**とは，複数の事象を足し合わせた事象という意味です。たとえば年収が「500 万円以上」の人々は，年収が「500 万円以上 1000 万円未満」の人々か，年収が「1000 万円以上」の人々になります。つまり，年収が「500 万円以上」という事象は，年収が「500 万円以上 1000 万円未満」と「1000 万円以上」という 2 つの事象を足し合わせたものといえます。複数の事象を足し合わせたものという意味で，年収が「500 万円以上」という事象を 2 つの事象の「和事象」と見ることができるわけです。(排反事象および和事象については，**Column ❸** も参照してください)。確率の公理 (3) は，互いに排反な事象を足し合わせた（和）事象の起こりやすさは，それぞれの事象の起こりやすさを足したものと同じになるということを意味しています。

例 3.1（続き）

年収の確率がこれらの公理を満たしているか確認してみましょう。まず，それぞれの事象が起きる確率について見ると，

$$P(\lceil 1000\text{ 万円以上}\rfloor) = 0.2,$$
$$P(\lceil 500\text{ 万円以上 }1000\text{ 万円未満}\rfloor) = 0.3,$$
$$P(\lceil 500\text{ 万円未満}\rfloor) = 0.5$$

となっていて確率は 0 以上 1 以下になっていることが確認できます。

次に，標本空間のすべての事象全体（**全事象**とよばれます）が起きる確率が 1

Column ❸ 排反事象，和事象，積事象

排反事象とは，一方が起これば他方は起こらないという関係にある事象です。たとえば，年収が「1000万円以上」であれば，「500万円以上1000万円未満」になることも，「500万円未満」になることもないので，例 3.1 の年収の 3 つの事象は排反事象となっています。逆に，年収が「1000万円以上」という事象と「500万円以上」という事象は，年収が「1000万円以上」の人は「500万円以上」でもあるので，排反事象ではありません。

和事象とは，複数の事象を足し合わせた事象です。たとえば，年収が「500万円以上」という事象は，年収が「1000万円以上」という事象と，年収が「500万円以上1000万円未満」という 2 つの事象の和事象です。この和事象は，年収が「1000万円以上，または500万円以上1000万円未満」ということもできます。この「または」を表す記号として，「∪」（日本では「カップ」と読むこともあります）を使うこともあります。年収の例では，「500万円以上」=（「1000万円以上」∪「500万円以上1000万円未満」）となります。

2 つ以上の事象が同時に起きる事象は，掛け算の意味で**積事象**とよばれます。積事象を表すとき，「かつ」と言う代わりに，「∩」（日本では「キャップ」と読むことがあります）という記号を使うこともあります。また，「∩」の代わりにただ単に「,」と書くこともあります。

排反，和事象，積事象のイメージをベン図とよばれる絵を使って見てみます。イメージしやすくするために，高校の野球部員とサッカー部員の 2 つのグループについて考えてみましょう。事象 A は「野球部に所属している」，事象 B は「サッカー部に所属している」とします。ベン図では，A と B の 2 つのグループ（事象）がそれぞれ円として描かれています。

複数の運動部への掛け持ちでの所属が認められていないのであれば，野球部に

になっていることを確認します。標本空間は（「1000万円以上」，「500万円以上1000万円未満」，「500万円未満」）ですので，どんな人でも年収はこの 3 つの事象のいずれかになります。つまり，全事象「1000万円以上，または500万円以上1000万円未満，または500万円未満」が起こる確率は 1 になり，2 つ目の公理が満たされていることがわかります。

最後に，3 つ目の公理も満たされることを確認しましょう。3 つの事象はそれぞれの事象が他の事象と同時に起きることはない（たとえば，「1000万円以上」でかつ「500万円未満」ということはありえない）という意味で「排反事象」にな

ベン図

1. 排反

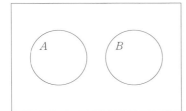

2. 排反ではない

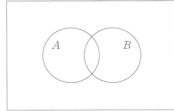

3. 和事象

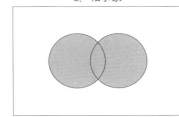

4. 積事象

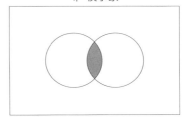

所属していればサッカー部に所属することはないという意味で，事象 A と事象 B は排反になります（図の1）。逆に，両方の部に掛け持ちで所属している人がいれば事象 A と事象 B は排反ではなくなります（図の2）。

「野球部に所属している，またはサッカー部に所属している」グループは，事象 A と事象 B の和事象になります（図の3）。最後に，掛け持ちで所属している人は，事象 A と事象 B の積事象のグループに入ります（図の4）。

っていることはすでに確認しました。そこで，「500万円以上」という和事象について3つ目の公理が満たされているかどうかを見てみます。年収が「500万円以上」という事象の起きる確率は，

$\quad$ P(「500万円以上」)
$\quad\quad$ = P(「1000万円以上」または「500万円以上1000万円未満」)
$\quad\quad$ = P(「1000万円以上」) + P(「500万円以上1000万円未満」)
$\quad\quad$ = 0.2 + 0.3 = 0.5

となっています。このような関係が他のすべての組合せについても満たされることは簡単にチェックできますので，3つ目の公理も満たされていることがわかります。なお，この関係を使うと，

P(「1000万円以上」，または「500万円以上1000万円未満」，
　　または「500万円未満」)
　＝P(「1000万円以上」)＋P(「500万円以上1000万円未満」)
　　＋P(「500万円未満」)
　＝0.2＋0.3＋0.5＝1

となっているので，2つ目の公理が満たされていることも確認できます。

同時確率

ここまではある人の年収がある範囲に入る確率といった1つの事柄の起こりやすさについて見ましたが，2つ以上の事柄の起こりやすさについても同じように確率を考えることができます。2つ以上の事柄についての起こりやすさは，同時に2つ以上の事柄が起きる確からしさという意味で**同時確率**とよばれます。

たとえば，「明日の東京の天気が晴れて，同時に日本がサッカー・ワールドカップで優勝する」確率や，「ある生徒が朝ご飯を毎日食べていて，かつ算数のテストの点数が50点以上になる」確率といったように，複数の事柄が同時に起きることの実現のしやすさも0から1の数字で表現することができます。

2つの事象AとBが同時に起こる確率（同時確率）はP($A \cap B$)と書きます。この「2つの事象AとBが同時に起こる」という事象は，「AとBの**積事象**」とよばれ，「Aが起きて，かつBも起きる」という意味です。また，同時確率P($A \cap B$)の中の記号「$\cap$」は日本では（帽子に形が似ているから？）「キャップ」とよばれることもありますが，意味は「かつ」です（積事象についてはColumn ❸も参照してください）。

例 3.2：年収と学歴の同時確率

年収と学歴の関係を使って同時確率を見ていきましょう。年収の区分は例3.1と同じとします。また，もう1つの事柄として，最終学歴を考えます。最終学歴は簡単化のために「大卒」または「高卒」のいずれかであるとします。

学歴と年収のそれぞれの事象が同時に起こる確率は次のように書くことができます。

$$P(\text{「1000 万円以上」かつ「大卒」}) = 0.1$$
$$P(\text{「500 万円以上 1000 万円未満」かつ「大卒」}) = 0.2$$
$$P(\text{「500 万円未満」かつ「大卒」}) = 0.2$$
$$P(\text{「1000 万円以上」かつ「高卒」}) = 0.1$$
$$P(\text{「500 万円以上 1000 万円未満」かつ「高卒」}) = 0.1$$
$$P(\text{「500 万円未満」かつ「高卒」}) = 0.3$$

条件付き確率

同時確率は 2 つ以上の事柄について，それぞれの事象が同時に起きるのはどのくらい確からしいかを数値化したものですが，「ある事柄のある事象が起きたという条件のもとで，別の事柄のある事象が起きる確からしさ」を知りたいこともあります。たとえば，「『毎朝ご飯を食べている』という条件のもとで『算数のテストの点数が 50 点以上になる』確からしさ」や，「『今日の天気は晴れ』という条件のもとで，『明日の天気が晴れ』になる確からしさ」といったような場合です。このように，ある条件のもとである事象が起きる確率は**条件付き確率**とよばれます。

> **定義 3.1　条件付き確率**
>
> 2 つの事象 A, B について，A が起きたという条件のもとで B が起きる条件付き確率 $P(B \mid A)$ は
>
> $$P(B \mid A) = \frac{P(A \cap B)}{P(A)}$$
>
> ただし $P(A) > 0$ とする。

つまり，A で条件付けしたときの B の条件付き確率は，「A と B が同時に起きる確率」を「A が起きる確率」で割ったものになっています。この意味を理解するために，この条件付き確率の式の両辺に $P(A)$ を掛けて書き直してみると，

$$P(B \mid A)P(A) = P(A \cap B)$$

となることに注意してください。これは，「A と B が同時に起きる確率」は「A が起きたという条件のもとで B が起きる確率」に「A が起きる確率」を掛けたものと等しいという，いわば当たり前のことを意味しています。この式を書き直すことによって，定義で見た条件付き確率を求めることができます。

例 3.3：学歴による年収の条件付き確率

学歴による年収の違いがあるかどうかを調べる方法の 1 つとして，大卒と高卒での年収の実現確率の違いを見ることがあります。例 3.2 において，大卒と高卒がちょうど半分ずついる，つまり大卒確率と高卒確率がそれぞれ 0.5，

$$P(「大卒」) = 0.5, \quad P(「高卒」) = 0.5$$

だとします。すると，「大卒」であるという条件のもとでの年収の実現確率はそれぞれ，

$$P(「1000 万円以上」 \mid 「大卒」)$$
$$= \frac{P(「1000 万円以上」 かつ 「大卒」)}{P(「大卒」)} = \frac{0.1}{0.5} = 0.2$$

$$P(「500 万円以上 1000 万円未満」 \mid 「大卒」)$$
$$= \frac{P(「500 万円以上 1000 万円未満」 かつ 「大卒」)}{P(「大卒」)} = \frac{0.2}{0.5} = 0.4$$

$$P(「500 万円未満」 \mid 「大卒」)$$
$$= \frac{P(「500 万円未満」 かつ 「大卒」)}{P(「大卒」)} = \frac{0.2}{0.5} = 0.4$$

となります。また，「高卒」であるという条件のもとでの年収の実現確率は，

$$P(「1000 万円以上」 \mid 「高卒」)$$
$$= \frac{P(「1000 万円以上」 かつ 「高卒」)}{P(「高卒」)} = \frac{0.1}{0.5} = 0.2$$

$$\mathrm{P}(\lceil 500\,\text{万円以上}\,1000\,\text{万円未満}\rfloor\,|\,\lceil\text{高卒}\rfloor)$$
$$=\frac{\mathrm{P}(\lceil 500\,\text{万円以上}\,1000\,\text{万円未満}\rfloor\,\text{かつ}\,\lceil\text{高卒}\rfloor)}{\mathrm{P}(\lceil\text{高卒}\rfloor)}=\frac{0.1}{0.5}=0.2$$

$$\mathrm{P}(\lceil 500\,\text{万円未満}\rfloor\,|\,\lceil\text{高卒}\rfloor)$$
$$=\frac{\mathrm{P}(\lceil 500\,\text{万円未満}\rfloor\,\text{かつ}\,\lceil\text{高卒}\rfloor)}{\mathrm{P}(\lceil\text{高卒}\rfloor)}=\frac{0.3}{0.5}=0.6$$

となります。

この例では，大卒であるという条件のもとでは年収が500万円以上になる確率は$0.2+0.4=0.6$，つまり60％であるのに対して，高卒であるという条件のもとでは年収が500万円以上になる確率は$0.2+0.2=0.4$，つまり40％になっています。この例では，大卒のほうが高卒に比べ年収が高い雰囲気を感じ取ることができます。

独　立

例3.3では，学歴と年収の間には何らかの関係がありそうでした。一方，今日の天気が晴れであろうと雨であろうと，ある人のテストの点数が平均点以上になる確率には何ら影響はないというような場合には，今日の天気とテストの点数が平均点以上になるという事象は**独立**であるといいます。

> **定義3.2　独 立 性**
> 2つの事象A, Bの確率について，
> $$\mathrm{P}(A\cap B)=\mathrm{P}(A)\mathrm{P}(B)$$
> となっていることを「事象Aと事象Bは独立」という。

つまり，「AとBが同時に起きる確率」が，AとBそれぞれが起きる確率を掛け合わせたものに等しいときには，「AとBは独立」ということになります。この点を理解するために，独立性の別表現を見てみましょう。独立性を条件付き確率で表現すると，$\mathrm{P}(B\,|\,A)=\mathrm{P}(B)$といえます（条件付き確率の式と独立性の式を並べて比べてみてください）。これは「Aで条件付けしてもBの起きる確率は変わらない」ということを意味しています。つまり，「Bの起こりやすさはAが起ころうが起こるまいが変わらない」ということですので，直観的にはこ

ちらのほうが理解しやすいかもしれません。先ほどの天気とテストの点数の関係の話では，A が天気となり，B がテストの点数になります。もしテストの点数の実現確率が天気とは無関係であれば，A と B は互いに独立となります。

例3.4：年収と学歴が独立となる場合

年収と学歴の条件付き確率が次のようになっていたとします。

$$
\begin{aligned}
&\mathrm{P}(\text{「1000万円以上」}|\text{「大卒」}) \\
&\quad = \mathrm{P}(\text{「1000万円以上」}|\text{「高卒」}) \\
&\quad = \mathrm{P}(\text{「1000万円以上」}) = 0.2 \\
&\mathrm{P}(\text{「500万円以上1000万円未満」}|\text{「大卒」}) \\
&\quad = \mathrm{P}(\text{「500万円以上1000万円未満」}|\text{「高卒」}) \\
&\quad = \mathrm{P}(\text{「500万円以上1000万円未満」}) = 0.3 \\
&\mathrm{P}(\text{「500万円未満」}|\text{「大卒」}) \\
&\quad = \mathrm{P}(\text{「500万円未満」}|\text{「高卒」}) \\
&\quad = \mathrm{P}(\text{「500万円未満」}) = 0.5
\end{aligned}
$$

この場合，年収の学歴での条件付き確率は，学歴によらず同じものになっています。つまり，この例では学歴と年収は確率的な意味で独立となっています。

確率変数

以前見た天気の例において，起こりうる事象は「晴れ」「曇り」「雨」「雪」の4つでしたが，それぞれの事象に数字を割り振ると便利な場合があります。たとえば，「晴れ」は1,「曇り」は2,「雨」は3,「雪」は4ということにして，これらの4つの値をとりうる変数を X としてやれば，$X=1$ は「晴れ」，$X=2$ は「曇り」といったように事象を数字で簡潔に表すことができます。さらに，「晴れ」「曇り」「雨」「雪」となる確率がすべて4分の1だとすると，$X=1$ となる確率は4分の1,$X=2$ も4分の1といったように，変数のそれぞれの値が起きる確率を割り振ってやることもできます。このように，それぞれの数字が実現する確率が割り振られている変数のことを**確率変数**とよびます。

例 3.5：確率変数としての学歴

いままで見てきた学歴と年収の例では，学歴に関する事象は「大卒」または「高卒」のいずれかとなっていました。この 2 つの事象に「大卒ならば $X=1$，高卒ならば $X=0$」というように数字を振ってやれば「X」は「確率変数」となります。

離散と連続

例 3.5 の確率変数 X は 0 か 1 といった「飛び飛びの値」しかとりません。このように，飛び飛びの値しかとらず，その中間的な値をとる場合がないときは，（それぞれの事象がお互いに離れているという意味で）事象が「離散的」であると言われます。学歴の例で言えば，X が 0.5 という人はいないという意味で離散的になっています。このように，離散的な事象に割り振られた確率変数は**離散確率変数**とよばれます。

一方，気温や湿度といったように中間的な値にも意味のある変数や事象のことは，変数や事象の意味がつながっているという理由で「連続的」とよばれます。たとえば，気温の場合は 20 度と 21 度の間の 20.5 度という値にも意味があるという具合です。このように連続的な事象に割り振られた確率変数は**連続確率変数**とよばれます。

ある事象を離散的と見るか，それとも連続的と見るかは人それぞれの考え方によるところもあり，必ずしもどちらが正しいとは言えません。実際に，離散的な事象を連続確率変数で表現することもあれば，その逆に連続的な事象を離散確率変数で表現することもできます。たとえば，年収そのものの値は連続的な値をとると見ることもできますが，それと同時に 1 円単位の飛び飛びの離散的な値しかとらないと見ることもできます。事象が離散的と考えるか，それとも連続的と考えるかは，分析者次第であり，便利なほうを好きなように選べばよいとも言えるでしょう。

CHECK POINT 8

- ☐ 事象の起こりやすさを 0 から 1 の数字で表したものが確率で，確率の割り振られた変数が確率変数です。
- ☐ 条件付き確率とは，ある事象が起きたという条件のもとで，別の事象が起きる確率のことです。

2 確率の性質を表す確率分布

離散確率分布

　天気の例で見たように，事象を数字で表し，その起こりやすさ（確率）を割り振った変数のことは確率変数とよばれますが，確率変数（大文字の X）が特定の実現値（小文字の x）をとる確率を与えてくれる関数のことを**確率関数**とよびます（関数については Column ❹ を参照してください）。

　この確率関数を具体的にイメージするために，日本中から無作為に 1 人選んで，その人の学歴を聞くということを考えてみましょう。話を簡単にするために，学歴は「中卒」「高卒」「大卒」の 3 つしかないとします。「中卒」を 0，「高卒」を 1，「大卒」を 2 とすると，学歴の確率変数 X は 0，1，2 のいずれかの（飛び飛びの）実現値をとる（つまり $x=0$ または $x=1$ または $x=2$）ことになるので，X は離散確率変数になります。日本全体で 10 分の 1 の人が中卒，2 分の 1 の人が高卒，5 分の 2 の人が大卒だとすると，たまたま選ばれた人の学歴が $X=0$ になる確率（$P(X=0)$ と書きます）は 10 分の 1，$X=1$ になる確率 $P(X=1)$ は 2 分の 1，$X=2$ になる確率 $P(X=2)$ は 5 分の 2 になります。

　実現値 x に具体的な数字を入れずに，そのまま $P(X=x)$ と書くと，これは「確率変数 X の実現値が x になる確率を与えてくれる関数」という意味で，x の（確率）関数となります。この確率関数は $P(X=x) = p_X(x)$ と書くこともあります。離散的な確率変数とその確率関数については，次のように定義されます。

Column ❹ 関数

ある値に対して，ある1つの値が対応する関係を**関数**といいます。たとえば，$y=2x+1$ は1次関数とよばれるものですが，x が3のときには y が7となるように，x にある値を入れると，それに対応して y の値が1つ決まるので，関数となっています。x という「インプット」を決めれば，y という「アウトプット」が1つ決まるので，「x の関数」とよぶこともあります。$y=2x+1$ のように x そのもの（1次の項といいます）だけを含む関数を1次関数とよびます。また，$y=-x^2+4x+1$ のように x の2乗の項（2次の項といいます）まで含む関数は2次関数とよばれます。一般に n 次の項まで含む関数は「n 次関数」となります。さらに，x と y の一般的な関数を $y=f(x)$ と書くこともあります。

1次関数と2次関数

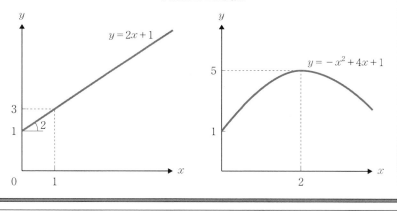

定義 3.3 離散確率変数とその分布

確率変数 X が M 個の離散的な値 $(x_1, \cdots, x_M)$ のいずれにしかならないとき，X は「離散的確率変数」という。それぞれの値が実現する確率は $p_X(x_1), \cdots, p_X(x_M)$ と表され，すべての i について $0 < p_X(x_i) \leq 1 \, (i=1, \cdots, M)$ であり，$p_X(x_i)$ の総和は

$$\sum_{i=1}^{M} p_X(x_i) = 1$$

となる。

M 個の飛び飛びの値しかとらない離散確率変数 X について，それぞれの値

x に対して,その値が実現する確率は $p_X(x)$ になっていますが,それぞれの確率は必ず 0 より大きく 1 以下になっています ($p_X(x)=0$ となっている x は実現しないので,実現値に入れません)。さらにすべての確率を足し合わせると 1 になっています。

上の学歴の例だと,確率変数 X は 0,1,2 の 3 つの値のうちのいずれかになるので,$M=3$ となり,$(x_1=0, x_2=1, x_3=2)$ となります。さらに,それぞれの値が実現する確率は $p_X(x_1)=\frac{1}{10}$,$p_X(x_2)=\frac{1}{2}$,$p_X(x_3)=\frac{2}{5}$ となりますので,$p_X(x_1)+p_X(x_2)+p_X(x_3)=\frac{1}{10}+\frac{1}{2}+\frac{2}{5}=1$ となり,すべての確率を足し合わせると 1 になっていることも確認できます。

この確率関数 $p_X(x)$ を使うと,確率変数がある実現値「以下」になる確率を考えることができます。たとえば,学歴の例では,学歴が高卒以下である確率は X が 0 か 1 になる確率になりますので,中卒の確率 10 分の 1 と高卒の確率 2 分の 1 を足した 5 分の 3 ということになります。このことを確率関数で書くと $P(X\leq1)$ ということになり,高卒までの確率を累積する(積み重ねる)という意味で**累積分布関数**(または単に分布関数)とよばれます(**図 3.1** 参照)。

定義 3.4　累積分布関数

離散確率変数 X のとりうる値を小さい順に $(x_1, \cdots, x_M)$ とすると,累積分布関数は

$$F_X(x) = P(X\leq x) = p_X(x_1) + \cdots + p_X(x_J)$$

となる。ただし $x_J \leq x < x_{J+1}$ である。

さて,確率変数と確率関数が手に入ると,その確率変数が平均的にどのくらいの値をとるのかの予測値を求めることができます。この予測値は確率変数 X がとることが期待される平均的な値という意味で**期待値**とよばれます。この章の最初にテストの点数の例を使って「期待されるテストの点数」について触れましたが,これがまさにテストの点数の期待値とよばれるものです。

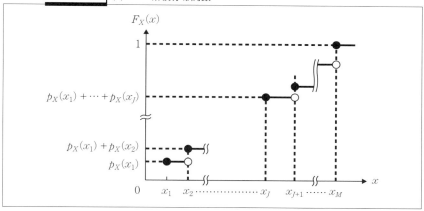

CHART 図3.1　累積分布関数

定義3.5　期待値

$(x_1, \cdots, x_M)$ の値をとりうる離散確率変数 X の確率関数を $p_X(x)$ とすると，X の期待値 $\mathrm{E}[X]$ は，

$$\mathrm{E}[X] = x_1 \times p_X(x_1) + \cdots + x_M \times p_X(x_M) = \sum_{i=1}^{M} x_i \times p_X(x_i)$$

つまり，離散確率変数 X の期待値はそれぞれの実現値とその実現確率を掛け合わせたものをすべて足したものになります。これによって，X の実現値は平均的にどの程度の値になることが期待できるのかを知ることができます。この点の理解を深めるために，具体的な例を見てみましょう。

例3.6：年収の期待値

年収を確率変数 X とし，年収の実現値は $x = 1000$ 万円，500 万円，0 円のいずれかの値しかとらないとします。さらに，それぞれの年収が実現する確率は $\mathrm{P}(X = 1000\text{ 万円}) = 0.2$，$\mathrm{P}(X = 500\text{ 万円}) = 0.3$，$\mathrm{P}(X = 0\text{ 円}) = 0.5$ とします。このとき，年収の期待値は，

$$\mathrm{E}[X] = 1000\text{ 万円} \times 0.2 + 500\text{ 万円} \times 0.3 + 0\text{ 円} \times 0.5 = 350\text{ 万円}$$

になります。

期待値と平均

この期待値は第2章で見た平均にとてもよく似ているのですが，基本的に違うものです。第2章で見た平均は標本（データ）のみを使って計算していました。一方，期待値はそのデータを生み出す母集団の確率分布を使って計算されます。つまり，期待値は標本（データ）が手に入るさらに前の，標本を生むメカニズムを使って計算されるものです。

期待値と平均は基本的に違うものですが，平均と期待値の間にはある一定の関係があるので，データから計算した平均は母集団分布における期待値を推測するのに使うことができます。次章以降で見るように，実は入門的な計量経済学における統計的推論の多くは，平均から期待値を推測する作業となっています（確率変数の期待値を「平均」ともよびますので，標本から計算した平均はそれと区別するときには「標本平均」とよびます。標本平均の性質については第4章で詳しく見ていきます）。

分散と標準偏差

さて，確率変数を使って計算した期待値と，標本データを使って計算した平均の間には一定の関係があると言いましたが，第2章の分布の代表値のところ（19ページ）で見たデータのばらつきを表す指標である分散や標準偏差についても，期待値と同じように確率分布を使って考えることができます。ここでは，確率変数の分散と標準偏差について定義しておきましょう。

定義 3.6　確率変数の分散と標準偏差

$(x_1, \cdots, x_M)$ の値をとりうる離散確率変数 X の確率関数を $p_X(x)$ とし，X の期待値を $\mathrm{E}[X] = \mu$ （ギリシャ文字で「ミュー」と読みます）とすると，X の分散 $\mathrm{V}[X]$ は

$$\mathrm{V}[X] = \mathrm{E}[(X-\mu)^2] = \sum_{i=1}^{M}(x_i - \mu)^2 \times p_X(x_i)$$

であり，標準偏差は $\sqrt{\mathrm{V}[X]}$ である。

離散確率変数の分散は，「確率変数 X のそれぞれの実現値 x_i と X の期待値 μ との距離（の2乗）の期待値」で与えられます。標本を使って計算する分散

と同じように，期待値から離れた値が実現しやすい確率分布は，ばらつきの大きな分布と見ることは自然だと思います。期待値から遠く離れた値が実現し，期待値から離れた値の実現確率が大きいと分散も大きくなります。

例3.7：年収の分散と標準偏差

確率変数 X を年収として，その実現値は $x=1000$ 万円，500 万円，0 円のいずれかだとします。さらに，それぞれの年収が実現する確率は，

$$P(X=1000\text{万円})=0.2, \ P(X=500\text{万円})=0.3, \ P(X=0\text{円})=0.5$$

とします。年収の期待値は 350 万円なので，年収の分散は，

$$\begin{aligned}V[X]&=(1000\text{万円}-350\text{万円})^2\times 0.2+(500\text{万円}-350\text{万円})^2\times 0.3\\&\quad+(0\text{円}-350\text{万円})^2\times 0.5=152500\end{aligned}$$

となります。また，年収の標準偏差は分散の平方根ですので，$\sqrt{V[X]}\fallingdotseq 391$ 万円になります。

CHECK POINT 9

 事象の起こりやすさ（確率）のばらつきをまとめたものが確率分布です。確率分布がわかれば，期待値を計算することによって，平均的にどんな結果が実現するかを知ることができます。

3 2つ以上の事柄の確率変数

いままで見てきた離散確率変数の期待値，分散および標準偏差は，1つの事柄（変数）についてのものでした。2つ以上の事柄の事象が同時に起きる確率である同時確率についても，同様に確率関数を考えることができます。

定義 3.7　同時確率関数

2つの離散確率変数 X, Y のうち，X は M_X 個の離散的な値 $(x_1, \cdots, x_{M_X})$ のいずれかを，Y は M_Y 個の離散的な値 $(y_1, \cdots, y_{M_Y})$ のいずれかをとるとする。X が x_i の値をとり，それと同時に Y が y_j の値をとる同時確率関数は $\mathrm{P}(X=x_i, Y=y_j)$ と書く。

この X と Y の**同時確率関数**で，X と Y の実現値を決めずに書く場合は $p_{X,Y}(x, y) = \mathrm{P}(X=x, Y=y)$ と書くことができます。

離散確率変数 X, Y の同時確率関数を使うと，X と Y それぞれの確率関数を次のように求めることができます。

$$p_X(x) = \sum_{j=1}^{M_Y} p_{X,Y}(x, y_j), \quad p_Y(y) = \sum_{i=1}^{M_X} p_{X,Y}(x_i, y)$$

これらの確率関数は**周辺確率関数**とよばれます。つまり，$X=x$ となる確率は，$p_{X,Y}(x, y_j)$ を Y のとりうるすべての値 $(y_1, \cdots, y_{M_Y})$ について足し合わせたものになります。同様に，$Y=y$ となる確率は $p_{X,Y}(x_i, y)$ を X のとりうるすべての値 $(x_1, \cdots, x_{M_X})$ について足し合わせたものになります。

X と Y が確率変数の場合でも，この2つの確率変数の関係を共分散および相関係数から調べることができます。

定義 3.8　確率変数の共分散

離散確率変数 X は $(x_1, \cdots, x_{M_X})$ のいずれかの値を，Y は $(y_1, \cdots, y_{M_Y})$ のいずれかの値をとるとし，同時確率関数を $p_{X,Y}(x, y)$ とする。また，$\mathrm{E}[X] = \mu_X$, $\mathrm{E}[Y] = \mu_Y$ とすると，共分散 $\mathrm{Cov}[X, Y]$ は

$$\mathrm{Cov}[X, Y] = \mathrm{E}[(X-\mu_X)(Y-\mu_Y)] = \sum_{i=1}^{M_X} \sum_{j=1}^{M_Y} (x_i - \mu_X) \times (y_j - \mu_Y) \times p_{X,Y}(x_i, y_j)$$

となる。

第2章の相関係数のところ（27ページ）で見た共分散と同じように，確率変数を使って求められる共分散も，2つの確率変数が同じ方向に動くときには正の値を，逆の方向に動くときには負の値をとります。この共分散 $\mathrm{Cov}[X, Y]$ を，確率変数 X と Y それぞれの標準偏差で割ったものが相関係数になります。

定義 3.9　確率変数の相関係数

離散確率変数 X, Y の分散をそれぞれ $V[X]$, $V[Y]$ とし，共分散を $Cov[X, Y]$ とすると，X と Y の相関係数 $\rho_{X, Y}$ は，

$$\rho_{X, Y} = \frac{Cov[X, Y]}{\sqrt{V[X]}\sqrt{V[Y]}}$$

相関係数も第 2 章ですでに見ましたが，次の例でわかるように 2 つの確率変数の関係を見るときにも使うことができます。

例 3.8：学歴と年収の共分散と相関係数

学歴と年収の相関関係を調べるために，相関係数を計算してみましょう。

学歴は（離散）確率変数 X とし，その実現値は $x = 1$（高卒），2（大卒）とします。また，年収は（離散）確率変数 Y とし，その実現値は $y = 0$, 500, 1000（万円）のいずれかとします。

いままで出てきた学歴と年収の例における確率を，確率変数 X, Y を使って書くと，次のようになります。

$$P(X=1) = 0.5, \ P(X=2) = 0.5$$
$$P(Y=0) = 0.5, \ P(Y=500) = 0.3, \ P(Y=1000) = 0.2$$

さらに，学歴と年収の同時確率は以下の通りだとします。

$$P(X=1, Y=0) = 0.3, \ P(X=1, Y=500) = 0.1, \ P(X=1, Y=1000) = 0.1$$
$$P(X=2, Y=0) = 0.2, \ P(X=2, Y=500) = 0.2, \ P(X=2, Y=1000) = 0.1$$

これらの同時確率を表にまとめると，**表 3.1** のようになります。

このとき，X と Y の期待値は，

$$E[X] = 1.5, \ E[Y] = 350$$

$$\begin{aligned}
Cov[X, Y] &= (1-1.5) \times (0-350) \times 0.3 + (1-1.5) \times (500-350) \times 0.1 \\
&\quad + (1-1.5) \times (1000-350) \times 0.1 + (2-1.5) \times (0-350) \times 0.2 \\
&\quad + (2-1.5) \times (500-350) \times 0.2 + (2-1.5) \times (1000-350) \times 0.1 \\
&= 25
\end{aligned}$$

CHART 表 3.1　学歴と年収の同時確率

学歴 X	年収 Y（万円）			周辺確率 $P_X(x)$
	0	500	1000	
1	0.3	0.1	0.1	0.5
2	0.2	0.2	0.1	0.5
周辺確率 $P_Y(y)$	0.5	0.3	0.2	

になります。さらに X と Y のそれぞれの分散は，

$$V[X] = 0.25, \quad V[Y] = 152500$$

なので，X と Y の標準偏差はそれぞれ 0.5 と 391 となります。これらを組み合わせることで相関係数を求めると，

$$相関係数 = \frac{25}{0.5 \times 391} = 0.13$$

となり，この例では学歴と年収の間には正の相関関係があることがわかります。

なお，共分散は

$$\text{Cov}[X, Y] = E[XY] - E[X]E[Y]$$

と書けることに注意すると（章末の確認問題 3-9 を参照してください），XY の期待値

$$E[XY] = 500 \times 0.1 + 1000 \times 0.1 + 1000 \times 0.2 + 2000 \times 0.1 = 550$$

を使うことで求めることもでき，

$$\text{Cov}[X, Y] = 550 - 1.5 \times 350 = 25$$

となることが確認できます。

確率変数の独立性

条件付き確率のところで天気とテストの点数の例を使って確率変数の独立性について見ました。この確率変数の独立性は，同時確率関数を使うと次のようにすっきりと定義することができます。

> **定義 3.10　確率変数の独立性**
>
> 2つの離散確率変数 X, Y のうち，X は $(x_1, \cdots, x_{M_X})$ のいずれかの値を，Y は $(y_1, \cdots, y_{M_Y})$ のいずれかの値をとるとする。すべての i と j について $p_{X,Y}(x_i, y_j) = p_X(x_i) \times p_Y(y_j)$ であるならば，X と Y は互いに独立である。

つまり，X，Y それぞれのすべての実現値に対して，2つの確率変数 X，Y の同時確率関数が，それぞれの実現確率の掛け算（積）となっていれば，X と Y は互いに独立ということになります。

条件付き期待値

同時確率関数を使うと，「確率変数 Y が y の値をとるという条件のもとで確率変数 X が x の値をとる確率」である条件付き確率関数を書くこともできます。それを使えば条件付き期待値，つまり「確率変数 Y が y の値をとるという条件のもとでの確率変数 X の期待値」を求めることが可能です。本章の冒頭でも触れたように，これは政策効果の計測の基礎となるもので，「ある政策を実施するという条件のもとでの成果の期待値」と「政策を実施しないという条件のもとでの成果の期待値」の差が（外的条件が制御されていれば）政策の効果となります。

この点をしっかりと理解するために，例を見ましょう。ある学校の生徒を1人（無作為に）選んで「朝ご飯を毎日食べているか」と「算数のテストの点数」を聞くとします。変数 Y は算数のテストの点数で，0から100までの値をとります。また，変数 X は朝ご飯を食べていれば1，そうでなければ0となる変数（このように0と1の2つの値しかとらない変数は**ダミー変数**とよばれます）とします。この学校の生徒の3分の2は毎日朝ご飯を食べていることがあらかじめわかっているとすると，変数 X は3分の2の確率で1となり，3分の1の確率で0となる確率変数となります。同様に算数のテストの点数も確率変数だとすると，「朝ご飯を毎日食べている」という条件のもとでのテストの点数の期待値 $\mathrm{E}[Y \mid X=1]$ を計算することができます。また同様に「朝ご飯を毎日は食べていない」という条件のもとでのテストの点数の期待値 $\mathrm{E}[Y \mid X=0]$ を計算できます。外的条件が制御されているのであれば，朝ご飯を毎日食べることで算数のテストの点数を引き上げるという因果効果はこの2つの条件付き期

待値の差 $\mathrm{E}[Y \mid X=1] - \mathrm{E}[Y \mid X=0]$ となります．

条件付き期待値を計算するのには条件付き確率関数を使います．

定義 3.11　条件付き確率関数

離散確率変数 X は $(x_1, \cdots, x_{M_X})$ のいずれかの値を，Y は $(y_1, \cdots, y_{M_Y})$ のいずれかの値をとるとすると，$Y = y_j$ という条件のもとでの離散確率変数 X の条件付き確率関数は，
$$p_X(x \mid y_j) = \frac{p_{X,Y}(x, y_j)}{p_Y(y_j)}$$

この条件付き確率関数は，すでに出てきた条件付き確率と基本的に同じものです．以前出てきたときは2つの事象についての条件付き確率でしたが，ここでの条件付き確率関数は X と Y の確率変数について，確率関数を使って書き直したものにすぎません．

さて，ついに条件付き期待値を定義するときがやってきました．

定義 3.12　条件付き期待値

離散確率変数 X は $(x_1, \cdots, x_{M_X})$ のいずれかの値を，Y は $(y_1, \cdots, y_{M_Y})$ のいずれかの値をとるとすると，$Y = y_j$ という条件のもとでの離散確率変数 X の条件付き期待値は，
$$\mathrm{E}[X \mid Y = y_j] = x_1 \times p_X(x_1 \mid y_j) + \cdots + x_{M_X} \times p_X(x_{M_X} \mid y_j) = \sum_{i=1}^{M_X} x_i \times p_X(x_i \mid y_j)$$

$Y = y_j$ という条件のもとでの X の条件付き期待値は，$Y = y_j$ の条件付き確率を使って計算した X の期待値になっています．また，条件となる変数 Y の実現値をまだ決めていないときには $\mathrm{E}[X \mid Y = y]$ または単に $\mathrm{E}[X \mid y]$ と書くこともあります．さらには，条件とする変数を確率変数のままにして，$\mathrm{E}[X \mid Y]$ と書くこともできます．このように条件付き期待値はさまざまな書き方ができますが，基本的にはどれも同じものを表していると考えてよいです．

例 3.9：学歴による年収の条件付き期待値

例 3.8 において学歴と年収の関係を調べるために，条件付き期待値を計算してみましょう．まず学歴で条件付けた年収の条件付き確率は，

$P(Y=0 \mid X=1) = 0.6$, $P(Y=500 \mid X=1) = 0.2$, $P(Y=1000 \mid X=1) = 0.2$
$P(Y=0 \mid X=2) = 0.4$, $P(Y=500 \mid X=2) = 0.4$, $P(Y=1000 \mid X=2) = 0.2$

となっています。この条件付き確率を使って条件付き期待値を計算すると，

$$E[Y \mid X=1] = 0 \times 0.6 + 500 \times 0.2 + 1000 \times 0.2 = 300$$
$$E[Y \mid X=2] = 0 \times 0.4 + 500 \times 0.4 + 1000 \times 0.2 = 400$$

となり，この例では大卒のほうが高卒よりも平均的に高い年収が期待されることがわかります。

条件付き期待値の性質

少し先取りをしますと，計量経済学における回帰分析の最初に出てくる単回帰モデルは，この条件付き期待値を政策変数の1次関数としてモデル化したものです。単回帰モデルの詳細は第5章で述べますが，回帰モデルを扱うときに知っておくと便利な期待値計算のルールがありますので，ここで紹介しておきます。

> **期待値の性質**
> aを定数とし，XとYを確率変数とする。
> (1) $E[a] = a$
> (2) $E[X+Y] = E[X] + E[Y]$
> (3) XとYが独立であれば，$E[XY] = E[X]E[Y]$
> (4) $E[aX] = aE[X]$

(1) は定数aの期待値はやはり定数aになることを意味しています。このことを理解するためには，定数aが「確率1でaの値が実現する確率変数A」と同じものであることに注意してください。すると，確率変数Aの期待値は

$$E[A] = a \times P(A=a) = a \times 1 = a$$

となりますので，定数aの期待値は定数aそのものになることがわかります。

(2) は2つの確率変数XとYを足したものの期待値$E[X+Y]$は，それぞれの期待値$E[X]$と$E[Y]$を足したものと同じになることを意味しています。

(3) は確率変数XとYが独立であれば，XとYを掛けたものの期待値E

$[XY]$ はそれぞれの期待値 $\mathrm{E}[X]$ と $\mathrm{E}[Y]$ を掛けたものと同じになることを意味しています。この性質は，確率変数 X と Y が独立の時にだけ成り立ち，独立でない時には一般的に成り立たない性質である点に注意してください。

最後の（4）は，定数 a と確率変数 X を掛けたものの期待値 $\mathrm{E}[aX]$ は定数 a と確率変数 X の期待値 $\mathrm{E}[X]$ を掛けたものと等しいことを意味しています。定数 a は「確率 1 で a の値が実現する確率変数 A」なのですが，確率変数 X の値によらずに必ず $A = a$ となる確率が 1 となりますので，確率変数 A と X は独立でもあります。先に紹介した性質（1）と（3）を組み合わせて，

$$\mathrm{E}[AX] = \mathrm{E}[A]\mathrm{E}[X] = a\mathrm{E}[X]$$

とすれば，（4）の関係を確認することができます。「定数は期待値記号の外に出すことができる」と言葉で覚えておくと良いでしょう。

また，条件付き期待値についても覚えておくと便利なルールがありますので，あわせて紹介します。

条件付き期待値の性質

a を定数とし，X, Y, Z を確率変数とする。
(1) $\mathrm{E}[a \mid X] = a$
(2) $\mathrm{E}[X \mid X] = X$
(3) $\mathrm{E}[aX \mid X] = aX$
(4) $\mathrm{E}[X + Y \mid Z] = \mathrm{E}[X \mid Z] + \mathrm{E}[Y \mid Z]$
(5) $\mathrm{E}[XY \mid X] = X\mathrm{E}[Y \mid X]$
(6) $\mathrm{E}[\mathrm{E}[X \mid Y]] = \mathrm{E}[X]$

（1）は期待値の性質（1）と同じで，「定数の条件付き期待値は定数」となることを意味しています。

（2）は「確率変数 X による確率変数 X の条件付き期待値は X」ということを意味しています。これはややわかりにくいので，詳しく説明します。この条件付き期待値を実現値 x を使ってもう少し詳しく書くと，$\mathrm{E}[X \mid X = x]$ となります。これは，「確率変数 X の実現値が x の時の，確率変数 X の期待値」となりますが，これは当然 $\mathrm{E}[X \mid X = x] = x$ となります。たとえば，$x = 1$ とすると，確率変数 X の値が 1 だった時に，確率変数 X に期待される値は当然 1 になるということです。「条件付けの確率変数は定数として扱うことができる

ので，期待値記号の外に出せる」と言葉で覚えておくと良いでしょう。

(3) は性質 (1) と (2) を組み合わせることから確認できます。条件付けの確率変数は X なので，期待値の中の確率変数 X は定数として扱うことができ，aX を期待値記号の外にそのまま出すことができます。

(4) は期待値の性質 (2) と同じで，条件付き期待値の時にも同じように足し算の期待値を分解することができることを意味しています。

(5) は，性質 (3) の応用です。条件付けの確率変数 X は定数として扱うことができるので，X だけを期待値記号の外に出すことができます。

最後の (6) は「繰り返し期待値の法則」と呼ばれるものです。左辺内側の条件付き期待値 $\mathrm{E}[X \mid Y]$ は確率変数 X の条件付き期待値ですが，外側の期待値記号は条件付けの確率変数 Y について期待値を計算しています。詳しい説明はウェブサポートページの補論を参照してもらいたいのですが，第 2 部以降で学ぶ計量経済学において時々登場しますので，「条件付き期待値の期待値は条件なし期待値」と言葉で覚えておくと良いでしょう。

条件付き分散

条件付き確率関数を使えば条件付き期待値が計算できることがわかりましたが，条件付き分散も同じように定義することができます。

> **定義 3.13 条件付き分散**
>
> 離散確率変数 X は $(x_1, \cdots, x_{M_X})$ のいずれかの値を，Y は $(y_1, \cdots, y_{M_Y})$ のいずれかの値をとるとすると，$Y = y_j$ という条件のもとでの離散確率変数 X の条件付き分散は，
>
> $$\mathrm{V}[X \mid Y=y_j] = (x_1 - \mu_X(y_j))^2 \times p_X(x_1 \mid y_j) + \cdots + (x_{M_X} - \mu_X(y_j))^2 \times p_X(x_{M_X} \mid y_j)$$
> $$= \sum_{i=1}^{M_X} (x_i - \mu_X(y_j))^2 \times p_X(x_i \mid y_j)$$
>
> となる。ただし，$\mu_X(y_j)$ は $Y = y_j$ のときの X の条件付き期待値 $\mu_X(y_j) = \mathrm{E}[X \mid Y = y_j]$ である。

条件付き期待値と同じように，条件の実現値をまだ決めていないときは，$\mathrm{V}[X \mid Y=y]$，または $\mathrm{V}[X \mid y]$ と書くこともありますし，条件の変数を確率変数のままにして $\mathrm{V}[X \mid Y]$ と書くこともできます。

以上で，計量経済学入門で使う基本的な確率論はほぼカバーできました。いままで見てきた確率変数は，離散的な値をとるものだけでしたが，世の中のあらゆる事象は離散的な事象として（少なくとも近似的に）表すことができますので，基本的な考え方は離散確率変数の場合を使ってしっかりと押さえておくことをおすすめします。

CHECK POINT 10

- ☐ 2つ以上の事柄の事象についても起こりやすさとしての確率に変わりはありません。
- ☐ 2つの事象の関係は，相関係数を見るとわかりますが，「ある事象が起きたという条件のもとで，平均的に何が起きるのか」を表す条件付き期待値を見ることによっても2つの事柄の関係を知ることができます。

4. 連続確率分布

　さて，いままで離散的な値をとる確率変数について詳しく見て，世の中のあらゆる事象は離散的な事象として表すことができると述べました。しかし，私たちが日常で目にする数字（データ）の中には連続的な値をとっているように見えるものも結構あります。たとえば，株価，為替レート，気温，テレビ番組の視聴率，ある政党の支持率，貧困率，不平等度（ジニ係数），GDP等は，連続的な値をとる数字として見るほうが自然なようにも思えます。このように連続的な値をとるデータを扱うときにはどのような注意が必要でしょうか。

　1つ目の解答としては，「特別なことをする必要はない」となります。つまり，連続的な数字（変数）をあたかも離散変数のように扱おうというのが1つ目のアプローチになります。たとえば，テストの点数は0点から100点までの値をとりますが，これは1点刻みの離散変数と見なすこともできます。また，気温のデータも0度以上から5度未満ならば1，5度以上10度未満ならば2といったように「離散化」し，離散確率変数として見てやると，いままでの離散

確率変数の話をそっくりそのまま使うことができます。

　しかしながら，連続変数を連続変数のまま扱ったほうが便利な場合もあります。そのような場合には，離散確率変数のときと同じ考え方を使って，確率関数や期待値，分散の「連続確率変数バージョン」を使うアプローチをとることになります。また，同時確率や相関係数といった複数の確率変数間の関係に関しても離散確率変数のときの考え方をそのまま応用して「連続確率変数バージョン」を使うことができます。

　離散確率変数のときと同じものの「連続確率変数バージョン」を使うというのは，一見すると簡単そうなのですが，実は離散と連続の違いについて少しだけ気をつけなければならないことがあります。確率変数とはそれぞれの実現値の起こりやすさ（確率）が割り振られている変数で，それぞれの実現値と起こりやすさとの関係を表すものは確率関数とよばれました。これと同じものを連続変数の場合にあてはめると，どんな実現値を考えても，その値をとる確率は0になってしまうという，奇妙なことが起きてしまいます。たとえば，確率変数Xが0から10のいずれかの値を連続的にとり，どの値をとる確率も同じ（このような確率分布を**一様分布**といいます）とします。たとえばこのときに，Xが円周率$\pi = 3.14159265358\cdots$となる確率は0，つまり，厳密にいうと$X$が$\pi$ちょうどになることは起こりえないということになります。実はπに限らず，Xが0ちょうどになる確率も，5ちょうどになる確率も，そのほかのどんな値もちょうどその値が実現する確率は0になっています。

　この「ちょうど確率ゼロ」の問題は，連続確率変数のときには必ず起きる問題です。これでは連続変数について確率を考えることが難しいので，連続変数の場合には，その値が実現する「範囲」を考えます。たとえば，確率変数Xがπになる確率は0ですが，確率変数Xがπの±1の範囲の値をとる確からしさは0ではないように思われます。また，Xが「0以上5以下」の値をとる確率を考えてみると，その確からしさは2分の1と考えるのは自然な考え方のように思われます。さらに，このXのとりうる値の範囲を使った確率関数を考えると，離散確率変数のところで見たものと同じように累積分布関数を考えることができます。

> **定義 3.14 （連続変数の）累積分布関数**
>
> 確率変数 X に対して累積分布関数は
>
> $$F_X(x) = \mathrm{P}(X \leq x)$$
>
> である．とくに確率変数 X が a より大きく b 以下の区間に入る確率は，
>
> $$\mathrm{P}(a < X \leq b) = F_X(b) - F_X(a)$$
>
> となる．

　累積分布関数 $F_X(x)$ からは，確率変数 X の実現値がある値 x 以下になる確率がわかりますが，このある値 x が増えると累積分布関数の値自体も大きく（もしくは変わらないままに）なります．x がほんの少し増えたときに，累積分布関数の値が大きく増えるのであれば，もとの x から新たに増えた x までの範囲の値が実現しやすいことを意味しています．この x がほんの少し増えたときの累積分布関数の値の増え方（増加率）は**確率密度関数**とよばれ，$f_X(x)$ と書きます．離散確率変数における確率関数のように，確率密度関数は「x 周辺の値が実現する確率」に対応しており，確率関数の連続変数バージョンとも言えます．

　確率密度関数は，離散確率変数のときの確率関数に対応していると述べましたが，もう少し詳しく見てみましょう．連続確率変数 X の実現値が a より大きく b 以下の範囲に入る確率は $\mathrm{P}(a < X \leq b) = F_X(b) - F_X(a)$ です．x の微小な増加分を $\Delta x (>0)$（Δ はギリシャ文字，大文字のデルタです）として，$a = x$，$b = x + \Delta x$ とすれば，確率変数 X の実現値が x より大きく $x + \Delta x$ 以下の範囲に入る確率は $F_X(x + \Delta x) - F_X(x)$ と表すことができます．この累積分布関数の増加分を x の増加分 Δx で割れば，累積分布関数の増加率が得られますが，これが確率密度関数に近似的に対応していて，

$$f_X(x) \fallingdotseq \frac{F_X(x + \Delta x) - F_X(x)}{\Delta x}$$

となります．この x の増加分 Δx を限りなく 0 に近づけたものが確率密度関数です．

　この確率密度関数の考え方を一言で言うと，「確率密度関数は累積分布関数を微分したもの」となります（微分については 65 ページの **Column ❺** を参照してください）．ここでは確率密度関数の定義を書いておきます．

図3.2 累積分布関数と確率密度関数の関係

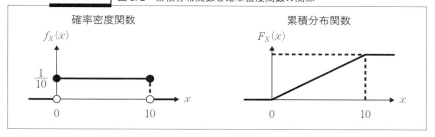

定義 3.15 確率密度関数

連続確率変数 X の累積分布関数を $F_X(x)$ とすると，確率密度関数 $f_X(x)$ は，

$$f_X(x) = \frac{d}{dx} F_X(x)$$

である。

累積分布関数と確率密度関数の関係をより理解するために，図3.2 を見てみましょう。

この図は，連続確率変数 X が 0 から 10 までの値をとる一様分布の確率密度関数と累積分布関数を描いたものです。確率変数 X がどの値をとる確率も同じなので，確率密度関数は水平な線になっています。連続確率変数の場合は確率密度関数と x 軸で挟まれた部分の面積が必ず 1 となりますので，確率密度関数の高さは 10 分の 1 になります。また，累積分布関数の値は，x が 0 から 10 までの値をとる時に直線的に増えていき，x が 10 以上では 1 となります。

確率変数が連続な場合でも確率密度関数や累積分布関数を使うと離散確率変数の場合と同じように期待値や分散，条件付き確率や条件付き期待値を計算することができます。とくに離散確率変数のときに出てきた確率関数 $p_X(x)$ を確率密度関数 $f_X(x)$ に置き換え，和記号 $\sum$ を積分記号 $\int dx$ に置き換えると連続確率変数の期待値や分散といったすべてのものが離散確率変数のときとまったく同じように定義できます（積分に関しては **Column ❻** を参照してください）。基本的な考え方は離散確率変数の場合と同じですので，ここでは定義だけをまとめて書いておきます。期待値や分散などの考え方は離散確率変数のところで説明しましたので，ここの定義集は読み飛ばして，後から必要であれば戻ってきて参照する程度で十分でしょう。

定義 3.16　期待値

連続確率変数 X の確率密度関数を $f_X(x)$ とすると，X の期待値 $\mathrm{E}[X]$ は，

$$\mathrm{E}[X] = \int_{-\infty}^{\infty} x f_X(x) \, dx$$

定義 3.17　分散

連続確率変数 X の確率密度関数を $f_X(x)$ とし，$\mathrm{E}[X] = \mu$ とする。X の分散 $\mathrm{V}[X]$ は，

$$\mathrm{V}[X] = \mathrm{E}[(X-\mu)^2] = \int_{-\infty}^{\infty} (x-\mu)^2 f_X(x) \, dx$$

定義 3.18　同時分布関数

連続確率変数 X，Y の同時分布関数 $F_{X,Y}(x, y)$ は

$$F_{X,Y}(x, y) = \mathrm{P}(X \leqq x, Y \leqq y)$$

定義 3.19　同時確率密度関数

連続確率変数 X，Y の同時確率密度関数 $f_{X,Y}(x, y)$ は，

$$f_{X,Y}(x, y) = \frac{\partial^2}{\partial x \partial y} F_{X,Y}(x, y) = \frac{\partial}{\partial x} \left(\frac{\partial}{\partial y} F_{X,Y}(x, y) \right)$$

ただし，$\left(\dfrac{\partial}{\partial y} F_{X,Y}(x, y) \right)$ は $F_{X,Y}(x, y)$ の y による偏微分である（偏微分については **Column ❺** を参照してください）。

定義 3.20　共分散

連続確率変数 X，Y の期待値をそれぞれ $\mathrm{E}[X] = \mu_X$，$\mathrm{E}[Y] = \mu_Y$ とする。連続確率変数 X，Y の共分散 $\mathrm{Cov}[X, Y]$ は，

$$\mathrm{Cov}[X, Y] = \mathrm{E}[(X-\mu_X)(Y-\mu_Y)] = \int_{-\infty}^{\infty} \int_{-\infty}^{\infty} (x-\mu_X)(y-\mu_Y) f_{X,Y}(x, y) \, dx dy$$

$$= \int_{-\infty}^{\infty} \left[\int_{-\infty}^{\infty} (x-\mu_X)(y-\mu_Y) f_{X,Y}(x, y) \, dx \right] dy$$

（なお，相関係数の定義は離散確率変数のときと同じです。）

定義 3.21 独立性

連続確率変数 X, Y の同時確率密度関数が $f_{X,Y}(x, y) = f_X(x) \times f_Y(y)$ と書けるとき，X と Y は互いに独立である。

定義 3.22 条件付き確率密度関数

連続確率変数 X, Y の同時確率密度関数を $f_{X,Y}(x, y)$ とする。$Y = y$ という条件のもとでの X の条件付き確率密度関数 $f_X(x \mid y)$ は，

$$f_X(x \mid y) = \frac{f_{X,Y}(x, y)}{f_Y(y)}$$

定義 3.23 条件付き期待値

連続確率変数 X, Y の同時確率密度関数を $f_{X,Y}(x, y)$ とする。$Y = y$ という条件のもとでの X の条件付き期待値 $\mathrm{E}[X \mid Y]$ は，

$$\mathrm{E}[X \mid Y = y] = \int_{-\infty}^{\infty} x f_X(x \mid y) \, dx$$

定義 3.24 条件付き分散

連続確率変数 X, Y の同時確率密度関数を $f_{X,Y}(x, y)$ とする。$Y = y$ という条件のもとでの X の条件付き分散 $\mathrm{V}[X \mid Y]$ は，

$$\mathrm{V}[X \mid Y = y] = \int_{-\infty}^{\infty} (x - \mu_X(y))^2 f_X(x \mid y) \, dx$$

となる。ただし，$\mu_X(y)$ は $Y = y$ のときの X の条件付き期待値 $\mu_X(y) = \mathrm{E}[X \mid Y = y]$ である。

CHECK POINT 11

☐ 確率変数が連続的でも，確率の基本的な考え方は離散的なときと同じです。

5 計量経済学で使う代表的な確率分布

　連続確率変数のうち，計量経済学で頻繁に使われる分布として，正規分布，カイ2乗分布，t 分布および F 分布というものがあります。たとえば，第5章で学ぶ回帰分析において，政策と成果の関係が統計的に意味のあるもの（統計的に有意）か検証したいとします。そのときに正規分布や t 分布を使って効果に意味があるかを検定します。また，カイ2乗分布や F 分布は複数の仮説を同時に検証する（**複合仮説検定**といいます）ときに用いられる分布です。ここでは，初歩的な計量経済学で使われるこれらの分布の特徴についてまとめておきます。第4章で統計的推論と仮説検定について学びますが，そちらを先に読み，必要になったときにこれらの分布の説明を参照するという使い方でもよいでしょう。

正規分布

　連続確率変数 X の確率密度関数が

$$f_X(x) = \frac{1}{\sqrt{2\pi\sigma^2}} e^{-\frac{1}{2\sigma^2}(x-\mu)^2} \quad (\text{ただし} -\infty < x < \infty)$$

のとき，「確率変数 X は平均 μ，分散 σ^2 の正規分布に従う」といい，$X \sim N(\mu, \sigma^2)$ と書きます。ただし，e は自然対数の底 $e = 2.71828182845\cdots$ です（自然対数については **Column ❼** を参照してください）。

　正規分布の確率密度関数は期待値を中心にして，**図3.3**のように左右対称のベル型になっています。正規分布の中でもとくに平均が0，分散が1のもの $N(0, 1)$ は**標準正規分布**とよばれます。

　実は，正規分布に従う確率変数からその平均を引いて，さらに標準偏差（つまり分散の平方根）で割るという変換を行うと，変換後の確率変数は必ず標準正規分布に従います。もう少し詳しく見てみましょう。確率変数 X は平均 μ，分散 σ^2 の正規分布に従う，つまり $X \sim N(\mu, \sigma^2)$ だとします。X から平均 μ を引いて標準偏差 σ で割った変数を Z とすると，

Column ❺ 極限，微分，偏微分

確率密度関数を求めるときには，累積分布関数を微分します。また，連続確率変数の期待値を求めるときには，実現値と確率密度関数の積を積分します。微分と積分の本格的な説明は他の教科書に譲るとして，ここではごく簡単に基本的な計量経済学に出てくる微分と積分について説明します。

関数 $F(x)$ の x での**微分**とは，x がほんの少し増加したときの $F(x)$ の増加分で，

$$f(x) = \frac{d}{dx}F(x)$$

と書きます。ここで，$f(x)$ は $F(x)$ の**導関数**とよばれます。微小な増加分を表す $\Delta x(>0)$ を使うと，この導関数は

$$f(x) \fallingdotseq \frac{F(x+\Delta x) - F(x)}{\Delta x}$$

と近似することができますが，この微小な増加分 $\Delta x(>0)$ を限りなく0に近づけることによって導関数が得られます。数学的には，

$$f(x) = \lim_{\Delta x \to 0} \frac{F(x+\Delta x) - F(x)}{\Delta x}$$

となります。ここで $\lim_{\Delta x \to 0}$ とは，「$\Delta x(>0)$ を限りなく0に近づける」という意味で，**極限**とよばれます。つまり，$F(x)$ の導関数 $f(x)$ は「x をほんの少し増やしたときの $F(x)$ の増加率」です。これをグラフで見ると，$f(x)$ は $F(x)$ の傾きになっています。

F(x) と f(x)

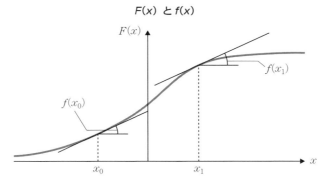

$F(x, y)$ のように，複数の変数からなる（多変量）関数を微分する方法の1つとして，偏微分があります。**偏微分**とは，微分する変数以外は定数と見なして微分する方法です。たとえば，$F(x, y)$ を y で偏微分すると，x を定数とし

て $F(x, y)$ を y で微分することになるので,

$$\frac{\partial}{\partial y} F(x, y) = \frac{d}{dy} F(x, y) \Big|_{x\text{は定数}} = \lim_{\Delta \to 0} \frac{F(x, y + \Delta y) - F(x, y)}{\Delta y}$$

となります。

Column ❻ 積　分

関数 $f(x)$ の a から b までの区間の**定積分**は,

$$\int_a^b f(x)\,dx$$

と表され，$f(x)$ が 0 以上であれば，a から b までの区間で，x 軸と $f(x)$ の間で囲まれた部分の面積を表しています。直感的には，ごく小さな x の範囲 dx それぞれにおける $f(x)$ を計算して，それらを足し合わせているようなものです。

確率密度関数 $f_X(x)$ の a から b までの区間の定積分は，累積分布関数 $F_X(x)$ を使って

$$\int_a^b f_X(x)\,dx = F_X(b) - F_X(a)$$

と書くことができます。正規分布のように，$-\infty$ から $+\infty$ までの値をとる変数の積分も $a = -\infty$, $b = +\infty$ とすることができます。

積　分

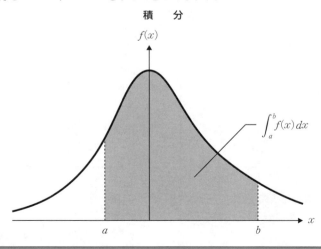

| CHART | 図 3.3 正規分布の確率密度関数

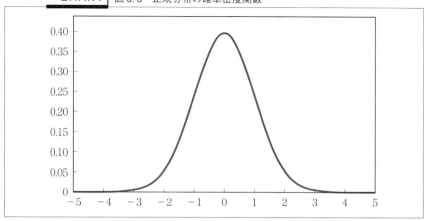

$$Z = \frac{X - \mu}{\sigma} \sim N(0, 1)$$

となります。このように確率変数を平均0,分散1の分布に従うようにすることは,**標準化**とよばれます。この標準化という作業は,変数の単位に依存せずに統計的な検証を行いたいときに必要となります。この点については,第4章(89ページ)でもう一度詳しく見ることになります。

　正規分布に従う確率変数の性質の1つとして,正規分布に互いに独立に従っている確率変数どうしの和や差も,正規分布に従うというものがあります。たとえば,2つの確率変数 X_1, X_2 がそれぞれ独立に正規分布 $X_1 \sim N(\mu_1, \sigma_1^2)$, $X_2 \sim N(\mu_2, \sigma_2^2)$ に従っているとすると,この2つの確率変数を足した $X_1 + X_2$ は平均が $\mu_1 + \mu_2$,分散が $\sigma_1^2 + \sigma_2^2$ の正規分布 $N(\mu_1 + \mu_2, \sigma_1^2 + \sigma_2^2)$ に従います。

カイ2乗分布

　標準正規分布に独立に従っている n 個の確率変数を2乗して足したものは,自由度 n のカイ (χ) 2乗分布 $\chi^2(n)$ に従います (χ は,ギリシャ文字でカイと読みます。なお,「自由度」については次に簡単に説明します)。**カイ2乗分布**に従う確率変数の期待値は n,分散は $2n$ となります。

　カイ2乗分布の説明で「自由度」という言葉が出てきました。この**自由度**とは一言でいえば「変数のうち,自由に選ぶことのできるものの数」となります。たとえば,2つの変数 X_1 と X_2 があったとします。この2つが自由(独立)に

> ### Column❼　自 然 対 数
>
> 　変数 x を log 関数で変換したものを**対数**とよびます。log 関数は指定する**底**とよばれる数字によって異なります。たとえば変数 x を，底を 10 とする対数に変換した y は
>
> $$y = \log_{10}(x)$$
>
> となりますが，これは
>
> $$x = 10^y$$
>
> という関係になっていることを意味しています。
>
> 　底をネイピア数 $e = 2.71828182845\cdots$ とする対数は，**自然対数**とよばれ，$\log_e(x)$ または単に $\ln(x)$ と書きます。$\ln(x)$ を x で微分すると，$1/x$ となることが知られています。
>
> 　なお，（自然）対数には以下の便利な性質があります。
>
> $$\ln(x) + \ln(y) = \ln(xy)$$
> $$\ln(x) - \ln(y) = \ln\left(\frac{x}{y}\right)$$
>
> 　さらに，小さな数 a については，$\ln(1+a) \fallingdotseq a$ と近似できることが知られています。上の性質と合わせて覚えておくと便利です。

とる値を選べるのであれば，自由度は 2 となります。もしこの 2 つの変数の間に，たとえば $X_2 = 3 \times X_1 + 2$ という関係（このような変数間の関係は変数の動きを拘束または束縛するという意味で「拘束関係」または「束縛関係」とよばれます）があるとすると，X_1 の値を自由に決めると X_2 の値は自動的に決まってしまうので，X_2 の値を自由に選ぶことはできません。つまり，自由に選ぶことのできる変数の数は 1 つだけなので，自由度は 1 になります。カイ 2 乗分布に従う確率変数は独立に標準正規分布に従っている n 個の（確率）変数（の 2 乗）の和からなっているので，自由に選べる変数の数，すなわち自由度は n になっています。

　少し先取りになりますが，第 2 部以降で登場する回帰分析においてもこの自由度という言葉は頻繁に出てきます。回帰分析において出てくる自由度は，基本的には標本サイズから推定する回帰パラメーターの数を引いたものになります。標本サイズが n，つまり n 個の観測値からなる標本（データ）は，同一の母集

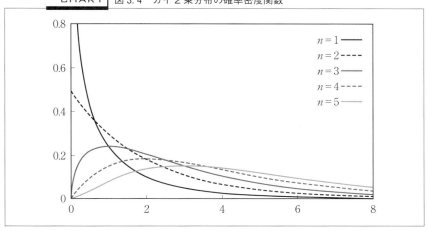

CHART 図3.4 カイ2乗分布の確率密度関数

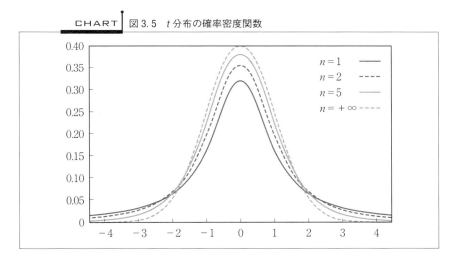

CHART 図3.5 t 分布の確率密度関数

団分布に独立に従っている n 個の確率変数の実現値と見なすことができるので，自由度が標本サイズの n になりそうなのですが，k 個の回帰パラメーターを推定するために k 個の制約（拘束関係）を課しますので，自由度は $n-k$ となります。このことは第5章でもう一度触れます。

t 分 布

Z を標準正規分布に従う確率変数，W を Z とは独立に自由度 n のカイ2乗

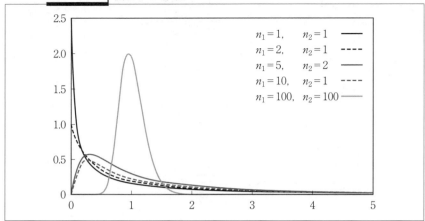

図3.6 F 分布

分布に従う確率変数とすると,

$$T = \frac{Z}{\sqrt{W/n}} \sim t(n)$$

は自由度 n の **t 分布** に従うことが知られています（$T \sim t(n)$ と書きます）。

　t 分布は標準正規分布に似ているのですが，自由度 n が小さいときには分布の裾が標準正規分布よりも厚くなっています。しかしながら，自由度 n が十分に大きいときは標準正規分布とほとんど変わりませんし，自由度 n が無限大のときには t 分布と標準正規分布は同じものになります。

F 分 布

　確率変数 W_1, W_2 がそれぞれ独立に自由度 n_1, n_2 のカイ 2 乗分布に従っているとすると,

$$F = \frac{W_1/n_1}{W_2/n_2}$$

は自由度 (n_1, n_2) の **F 分布** に従うことが知られています（$F \sim F(n_1, n_2)$ と書きます）。

　t 分布の自由度が大きくなると標準正規分布に近づくのと同じように，F 分布とカイ 2 乗分布の間にも特別な関係があります。自由度 (n_1, n_2) の F 分布に従う確率変数 F に自由度 n_1 を掛けた確率変数 $n_1 F$ は，自由度 n_2 が無限大のときに自由度 n_1 のカイ 2 乗分布に従うことが知られています。

CHECK POINT 12

☐ 正規分布，カイ 2 乗分布，t 分布，F 分布は計量経済学で頻繁に使いますので，（名前だけでも）しっかりと憶えておきましょう。

EXERCISE ●練習問題

◎確認問題

3-1 次の事象について考えます。
(1)「修学年数が 12 年以上」という事象と，「修学年数が 16 年未満」という事象は排反事象でしょうか。
(2)「修学年数が 12 年以上 16 年未満」という事象と，「修学年数が 12 年未満」という事情は排反事象でしょうか。
(3)「修学年数が 12 年以上 16 年未満」という事象と，「修学年数が 12 年未満」という事象の和事象はどうなるでしょうか。
(4)「修学年数が 12 年以上」という事象と，「修学年数が 16 年未満」という事象の積事象はどうなるでしょうか。

3-2 日本人の血液型は A 型が 39％ と最も多く，次は O 型で 29％，さらに B 型の 22％，AB 型の 10％ となっていることが知られています。日本人全体から 1 人を無作為に選び出し，その人の血液型が何型なのかを考えます。
(1) 選ばれた人の血液型について，起こりうる結果である事象をすべて書き，標本空間も書きましょう。これらの事象はお互いに排反でしょうか。
(2) それぞれの事象の起こりやすさとしての確率を求めましょう。これらの確率は，確率の「公理」を満たしていますか。確認してみましょう。

3-3 本文中で見た例 3.1（34 ページ）において，すべての和事象について確率の公理が満たされていることを確認しましょう。

3-4 平成 25 年に国立教育政策研究所が発行した「平成 25 年度全国学力・学習状況調査 報告書 クロス集計」によると，平成 25 年度全国学力・学習状況調査において「朝食を毎日食べていますか」という質問に「している」「どちらかといえば，している」「あまりしていない」「まったくしていない」と答えた児童の割合は，それぞれ 88.6％，7.6％，3.0％，0.7％ でした。また，この質問の答えごとに集計した算数 A の平均正答率は，それぞれ 78.4％，70.5％，65.1％，61.2％ でした。このように，「朝食を毎日食べている」という事象と，「算数 A の正答率」の間には何らかの関係がありそうです。

そこで，「朝食を毎日食べている」という事象と，「算数 A の正答率が 75％

以上」となる事象についての同時確率が次のようになっているとします。

朝食を食べている	算数Aの正答率が75%以上	
	はい	いいえ
はい	0.65	0.25
いいえ	0.05	0.05

(1) 全生徒から1人を無作為に抽出して，「朝食を食べている」という質問に「はい」と答える確率はいくらですか（ヒント：周辺確率を計算しましょう）。

(2) 「朝食を食べている」という質問に「はい」と答えた条件のもとで，算数Aの正答率が75%以上になる条件付き確率を求めましょう。

(3) 「朝食を食べている」という事象と「算数Aの正答率が75%以上」という事象は独立といえるでしょうか。

3-5 確率変数Xが次の確率関数を持つときの累積分布関数$F(x)$のグラフを書きましょう。

(1) 確率変数Xは$x = (1, 2, 3)$のいずれかの値しかとらず，$P(X=1) = P(X=2) = P(X=3) = 1/3$

(2) 確率変数Xは$x = (-1, 0, 1)$のいずれかの値しかとらず，$P(X=-1) = 1/4$, $P(X=0) = 1/2$, $P(X=1) = 1/4$

3-6 問題 3-5 (2) の確率変数Xの期待値と分散を計算しましょう。

3-7 表 3.1（52ページ）の学歴と年収の同時確率の例で，学歴と年収の期待値，共分散，および相関係数を自分で計算して確認しましょう。学歴と年収は独立ですか。

3-8 Xは期待値がμのときに，次の式が正しいことを確認しましょう。

$$V[X] = E[X^2] - \mu^2$$

3-9 確率変数XとYの共分散$\mathrm{Cov}[X, Y]$が

$$\mathrm{Cov}[X, Y] = E[(X-E[X])(Y-E[Y])] = E[XY] - E[X]E[Y]$$

となることを確認しましょう。

3-10 ある県の小学校で6年生全員に算数と国語のテストを行いました。テストは両教科とも2問の問題からなり，各5点の10点満点です。そのため，テストの結果は0点，5点，10点のいずれかになります。国語と算数のテストの点数をそれぞれXとYの確率変数とすると，同時確率は次のようになっているとします。

	算数		
国語	0点	5点	10点
0点	0.1	0.1	0.1
5点	0.1	0.2	0.1
10点	0.1	0.1	0.1

(1) 国語と算数のテストの点数の周辺確率をそれぞれ求めましょう。

(2) 国語のテストの点数が0点いう条件のもとでの算数のテストの点数の条件付き期待値を求めましょう。

(3) 国語のテストの点数が5点という条件のもとでの算数のテストの点数の条件付き期待値を求めましょう。

◎実証分析問題

3-A t分布表およびF分布表はインターネットを使って検索するとたくさん見つけることができます。これらの分布表を自分でウェブから見つけ出してみましょう。

3-B 大卒であることと年収の関係について調べましょう。修学年数が16年以上の人を大卒とし，確率変数Xを使って$X=1$，それ以外は$X=0$とします。また，年収については，年収がゼロより大きい人々のみを対象とし，年収が300万円未満であれば150，300万円以上600万円未満であれば450，600万円以上であれば700の値をとる確率変数Yを考えます。

XとYの同時確率を推測するために，2007年の東大社研パネル調査のデータを使って，それぞれの相対頻度を計算したところ，次のようになりました。

	年収(Y)		
大卒(X)	150	450	700
0	0.38	0.28	0.03
1	0.08	0.18	0.05

この相対度数表を同時確率分布として，次の問題について考えましょう。

(1) 年収(Y)の期待値と分散を求めましょう。

(2) 大卒(X)と年収(Y)の相関係数を求めましょう。

(3) 大卒である($X=1$)という条件のもとでの年収の期待値を求めましょう。

(4) 大卒ではない($X=0$)という条件のもとでの年収の期待値を求めて，(3)の答えと比較してみましょう。

CHAPTER 4

第4章

統計学による推論

観察されたデータの背後にあるメカニズムを探る

INTRODUCTION

標本としてのデータはすでに起きたことについての情報ですが、データから物事の本質に迫るためには、その背後にあるデータを生み出したメカニズムを探る必要があります。そのようなプロセスは「統計的推論」とよばれますが、本章ではどうすれば統計的推論を行うことができるのかを見ていきます。

1 統計的推論とは？

　データの情報を集約する方法として平均や分散，および共分散といった代表値を求める方法や，そのデータを母集団分布に従う確率変数の実現値と見る考え方について見てきました。これらのツールは政策の効果を（因果関係の意味で）評価するうえで基本中の基本となります。

　政策評価のためには，政策と成果の因果関係を明らかにすることが必要であり，この2つの事柄の因果関係を統計的手法で明らかにすることが計量経済学の大きな目標の1つでもあります。そして，外的条件 c（**コントロール変数**や**共変量**とよばれます）を制御した条件付き期待値 $\mathrm{E}[Y \mid x, c]$ を知ることができれば，政策の因果効果がわかります。

標本と母集団

　それではどうやってこの条件付き期待値を求めることができるのでしょうか。条件付き期待値を求めるためには，何はともあれ標本（データ）が必要です。この標本は母集団分布に従う確率変数の実現値と見ることができるので，標本から母集団分布における条件付き期待値を統計的に推測することになります。母集団分布の詳細をすべて観測することができるという理想的な状況であれば，直接条件付き期待値を知ることができます。たとえば，毎日朝ご飯を食べているかという情報と算数のテストの点数，さらに外的条件を制御するための共変量について，日本中のすべての生徒の情報がわかるとします。そのような理想的な状況では，共通の共変量（たとえば家庭環境）を持っているグループどうしで単純に朝ご飯を食べているグループとそうでないグループそれぞれのテストの点数の平均を比べることができ，それが家庭環境という外的条件を制御したうえでの朝ご飯を食べることのテストの点数への因果効果となります。

　しかしながら，政策評価をはじめとする現実的な状況では，母集団の一部を抽出調査した，限られた標本サイズのデータしか利用できない場合が多いです。ただし，このような場合でも，（無作為抽出等によって）標本自体に抽出上の偏りがなければ，標本は母集団分布のミニチュア・モデルになりますので，この

標本に基づいて計算された（たとえば，朝ご飯を毎日食べているかといった）条件ごとの（テストの点数の）平均が，第2章の「統計的推論」のところ（23ページ）で述べた，母集団分布における条件付き期待値の推定値となります。

標本に含まれる観測対象が無作為に選ばれているのであれば，偏りのない標本を得ることができるのですが，確率変数の実現値としてデータを見てみると，観測対象が無作為に選ばれているということは，選ばれた観測値どうしは互いに独立に選ばれていると言うこともできます。このように，それぞれの観測値は **互いに独立であり，かつ同一の（母集団）分布**（independent and identically distributed：**i.i.d.**）に従う確率変数の実現値として見ることができる場合には，実際に観測された標本を使って，母集団分布の平均や分散，さらには条件付き期待値といったものを統計的に推測できます。

たとえば，確率変数 X が平均（期待値）$\mathrm{E}[X] = \mu$ の母集団分布に従っているとします。母集団分布の平均（母平均）がわからないときに，標本から母平均を推測する最も自然な推定方法は，次の**標本平均**を計算することです。

> **定義 4.1 標本平均**
>
> 同一の母集団分布に独立に従っている n 個の確率変数 $(X_1, \cdots, X_n)$ の平均
>
> $$\bar{X} = \frac{1}{n}\sum_{i=1}^{n} X_i$$
>
> を「標本平均」とよぶ。

この標本平均の右辺はまだ大文字の X，つまり確率変数であることに注意してください。実際に母平均の値を予測するためには，右辺の確率変数のところにそれぞれの確率変数の実現値 $(x_1, \cdots, x_n)$ を代入すればよいのですが，実現値を代入する前の標本平均は，母平均の推定"方法"という意味で**推定"量"**とよばれます。また，右辺の確率変数 X のそれぞれにデータとして観測された実現値 x を代入すれば，標本平均の具体的な値がわかりますが，実現値を代入して得られる具体的な"値"のことは，推定方法である推定量とは区別して**推定"値"**とよばれます。第2章で見た「平均」は，もし標本が同一の母集団分布に独立に従っている n 個の確率変数の実現値であるならば，母平均の推定値になっています。

標本平均は母平均の自然な推定量ですが，確率変数 X の従う分布の母平均

は X の期待値 $E[X]$ でもあります。つまり，標本平均は確率変数 X の期待値の推定量ということもできます。このことからもわかるように，条件付き期待値も条件付きの標本平均を使って推測することができます。

たとえば，学歴による年収の条件付き期待値を推測してみましょう。推定量としては，学歴ごとに計算された標本平均を使うのが自然でしょう。つまり，データ（標本，実現値）を学歴ごとに分けて，学歴ごとの標本平均を計算すればよく，これが学歴による年収の条件付き期待値の推定値となります。実は第2部から詳しく説明する計量経済学の回帰分析において変数間の関係を示す回帰モデルのパラメーターを推測する方法も，基本的には母集団分布における（条件付き）期待値の推定値を組み合わせて求めることができるので，この標本平均を使って母平均を推測する方法は，回帰分析における推定方法の基礎となっています。この点については，計量経済学を扱う第5章以降でまた立ち返ってくることとします。

標本平均の平均と分散

さて，母集団分布の平均を推測する方法として標本平均を使うのは自然な推定方法だと述べましたが，標本平均の推定値はデータを用いて計算するので，確率変数の実現値であるデータが異なれば，母平均の推定値も当然変わってきます。たとえば，日本人全員の平均身長（母平均）を知りたいときに，無作為に選ばれた100人の平均身長を計算すれば，それが日本人全体における平均身長の推定値となります。しかしながら，別の100人を選んできて平均身長を計算すると，先ほど計算した平均身長とは異なる値になることが予想されますが，これもまた日本人全体の平均身長の推定値です。最初に選ばれた100人と次に選ばれた100人がまったく同じでない限り，最初の100人の平均身長と次の100人の平均身長は当然異なりますので，誰が選ばれるのかによって標本平均もばらつく，つまり分散があることがわかります。

しかしながら，100人が偏りなく無作為に選ばれていて，標本が母集団分布のミニチュアになっているのであれば，この2つの標本を使ってそれぞれ計算した平均身長は母平均に近い値になっていることが期待されます。また，100人ではなく1000人，1万人と選ぶ人数（標本サイズ）を増やして平均身長を計算することができれば，日本人全体の平均身長をより正確に推測することがで

きるはずなので，1万人ずつの2つの標本から計算した平均身長の違いのほうが，100人ずつの2つの標本から計算した平均身長の違いよりも小さくなることが予想されます。

　母集団分布の平均の推定方法（推定量）として標本平均を使うことは自然なことですが，実はデータが偏りなく無作為に選ばれているのであれば，この推定量としての標本平均は，平均的に母平均の値になる，つまり標本平均の期待値は母平均と同じになるという良い性質（**不偏性**）を持っています。また，標本平均のばらつき（分散）は，標本平均を計算するのに使う実現値の数（標本サイズ）が大きいほど小さくなります（**一致性**）。実は，本書で扱う統計的推論や回帰モデルの推定方法は，この標本平均をうまく組み合わせて作られているものです。標本平均の性質をしっかりと押さえておけば，後から出てくる推定や検定といった推論方法が統計的にも良いやり方になっていることをうまく理解することができます。標本平均のこれらの性質については，次節で詳しくまとめておきます。

CHECK POINT 13

- □ 標本（データ）は母集団分布に従う確率変数の実現値と見ることができます。統計的推論とは，標本から母集団の確率分布の形を推測する作業です。
- □ 標本平均は確率変数の期待値を推定する自然な方法ですが，理論的にも良い性質を持っていて，統計的推論の基礎になっています。

 標本平均の性質

　期待値の推定量としての標本平均は，さまざまな推定量の基礎となっています。とくに，第2部と第3部で学ぶ計量経済学においては，回帰モデルとよばれる統計モデルのパラメーターを推定することが中心となりますが，その推定方法はさまざまな標本平均の組合せとして作られています。標本平均が望ましい性質を持っていれば，その組合せとして得られる推定量も望ましい性質を持っ

てくれることになります。

　ここで紹介する性質は，不偏性，一致性，大数の法則，および中心極限定理の4つです。不偏性と一致性についてはすでに簡単に述べましたが，標本平均が一致性をもつことは，大数の法則を使って確認できます。また，標準化された標本平均は標本サイズが大きいときには近似的に平均0，分散1の標準正規分布に従うことが知られており，この性質は中心極限定理とよばれます。中心極限定理は統計的推論の中でもとくに検定を行う際に非常に便利な性質で，この点については第2部の計量経済学の基礎においてもう一度振り返ります。それでは，標本平均の不偏性から始めましょう。

不偏性

> **定義4.2　標本平均の平均と分散**
>
> 　n 個の確率変数 $(X_1, \cdots, X_n)$ は平均 μ，分散 σ^2 の同一の母集団分布に独立に従っているとする。標本平均
>
> $$\bar{X} = \frac{1}{n}\sum_{i=1}^{n} X_i$$
>
> の平均と分散は
>
> $$\mathrm{E}[\bar{X}] = \mu, \quad \mathrm{V}[\bar{X}] = \frac{\sigma^2}{n}$$

　標本平均は母平均の推定量としては（正しい母平均の値が何かわからなくても，期待値をとれば正しい母平均の値と同じになることが約束されているという意味で）平均的に正しく推測できる，つまり「当たることが期待できる」方法になっています。さらに，標本平均の分散 $\mathrm{V}[\bar{X}]$ の分母には標本サイズ n があります。これは，標本平均のばらつきが標本サイズが大きくなるほど小さくなる，つまり推定方法の正確さが増していく方法にもなっていることを意味しています。この意味でも標本平均は母平均の良い推定方法といえます（詳細は，次の「一致性」の項で説明します）。

　この「標本平均の期待値をとると母平均と同じになる」という性質は，標本平均という推定量が母集団分布の平均の推定方法としては偏りがないという意味で「不偏性」をもつ推定量とよばれます。一般的に，期待値を計算すると推測しようとしている（平均や分散，条件付き期待値といった）母集団分布のパラメ

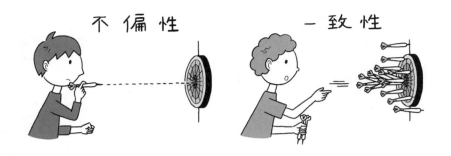

ター(推定の対象)になるような推定方法は**不偏推定量**とよばれます。

> **定義 4.3 不偏推定量**
>
> θ(ギリシャ文字で「セータ」と読みます)を母集団分布のパラメターとし,$\hat{\theta}$ をその推定量とする。推定量 $\hat{\theta}$ の期待値が θ となる,すなわち
>
> $$\mathrm{E}[\hat{\theta}] = \theta$$
>
> となるとき,$\hat{\theta}$ を「不偏推定量」とよぶ。

一致性

標本平均の分散は,標本サイズを大きくすることでいくらでも小さくすることができました。つまり,標本サイズを大きくすることで,分散をいくらでも 0 に近づけることができます。標本平均の分散が 0 に近づくということは,標本サイズが十分に大きければ,標本平均のばらつきがなくなっていくということなので,標本平均自体が母平均にどんどん近づいていくことになります。

このように,標本サイズを限りなく増やしていくことで,推定の対象である母集団分布に関するパラメターに限りなく近づくことができる推定方法は,**一致推定量**とよばれます。

定義 4.4　一致推定量

θ を母集団分布のパラメターとし，$\hat{\theta}_n$ をサイズ n の標本を用いた θ の推定量とする。標本サイズを無限に大きくする（$n \to \infty$）と推定量 $\hat{\theta}_n$ が θ に確率収束するとき，$\hat{\theta}_n$ を「一致推定量」とよぶ。

ここで，**確率収束**という言葉が出てきましたので少し説明します。この確率収束というのは，「どんな正の値 ε に対しても

$$\lim_{n \to \infty} P(|\hat{\theta}_n - \theta| > \varepsilon) = 0$$

となる」ことを意味しています（ε はギリシャ文字で「イプシロン」と読みます）。$\lim_{n \to \infty}$ という記号は「標本サイズ n を無限大に限りなく近づける」という意味ですので，確率収束を言葉でいうと，「標本サイズが十分に大きければ，$\hat{\theta}_n$ と θ の距離（差の絶対値）が ε より大きくなる確率は 0 になる（限りなく 0 に近づく）」となります。すべての正の数 ε についてこのことが正しければ，とても小さな（限りなく 0 に近い）ε についてもこのことが当てはまるので，大雑把にいえば「$\hat{\theta}_n$ と θ の距離が 0 より大きくなる確率は 0」となります。つまり一致推定量とは，標本サイズを大きくしてやれば，正しい θ に限りなく近づくことができる推定量であるといえます。ちなみに，無作為抽出された標本の平均は母平均の不偏推定量であり，かつ一致推定量でもあります。

確率収束の書き方にはいくつか方法があります。上での説明に用いた方法が内容を最もよく表したものですが，簡単化して，

$$\hat{\theta}_n \xrightarrow{p} \theta$$

と書いたり，

$$\plim_{n \to \infty} \hat{\theta}_n = \theta$$

と書いたりすることもあります。これらはすべて同じ確率収束を意味しています（矢印の上に書いてある "p" や，極限記号 lim の前の "p" は，確率の英語である probability の頭文字からとったものです）。

大数の法則と中心極限定理

　無作為抽出された標本を使う標本平均は，母平均の一致推定量であると述べました。標本サイズが大きくなると標本平均がどんどん母平均に近づいていくという性質は，**大数の法則**とよばれます。

> **定理 4.1　大数の法則**
> 　平均 μ，分散 $\sigma^2 < \infty$ の同一の母集団分布に独立に従っている（i.i.d.）n 個の確率変数 $(X_1, \cdots, X_n)$ の標本平均は，標本サイズ n を無限に大きくすると母平均 μ に確率収束する．すなわち，どんな正の値 ε に対しても
> $$\lim_{n \to \infty} P(|\bar{X}_n - \mu| > \varepsilon) = 0$$
> となる。

　標本平均 $\bar{X}_n$ が母平均 μ に確率収束することは，次のように書くこともあります。

$$\bar{X}_n = \frac{1}{n} \sum_{i=1}^{n} X_i \xrightarrow{p} \mu \quad (n \to \infty)$$

　つまり，標本サイズ n を ∞（無限大）にすると，標本平均 $\bar{X}_n$ が母平均 μ に確率的に収束していくということです。

　この大数の法則が使えるためには標本が i.i.d.，つまり同一の母集団分布から無作為抽出されていることが必要になっている点に注意が必要です。別の言い方をすれば，標本が母集団分布のミニチュアになっている限りにおいては，標本サイズを増やすことで標本平均は母平均に限りなく近づくことができるといえます。

　推定量としての標本平均はもう1つ大変便利な性質を持っています。先ほども述べましたが，実は標準化された標本平均は標本サイズが大きいときには近似的に平均0，分散1の標準正規分布に従うことが知られています。この性質は**中心極限定理**とよばれます。

> **定理 4.2　中心極限定理**
>
> 平均 μ，分散 σ^2（ただし $0<\sigma^2<\infty$）の同一の母集団分布に独立に従う n 個の確率変数 $(X_1, \cdots, X_n)$ の標本平均を標準化したものは標準正規分布に分布収束する。すなわち，
>
> $$\frac{\bar{X}_n - \mu}{\sqrt{\sigma^2/n}} \xrightarrow{d} N(0, 1) \quad (n \to \infty)$$

いま「標準正規分布に**分布収束**する」という言葉が出てきましたが，これは「標本サイズが十分に大きければ標準正規分布に従う」ことを意味しています。つまり，標準化された標本平均は，標本サイズが大きいときには（近似的に）標準正規分布に従うことになります（収束を表す矢印の上の "d" は，分布の英語 distribution の頭文字からとっています）。

繰り返しになりますが，この中心極限定理は統計的推測を行ううえで非常にありがたい性質です。まず，確率変数 X がどんな分布に従っていようとも，標本平均は標本サイズが大きいとき，近似的に正規分布に従っているので，統計的有意性の検定をはじめ，さまざまな仮説検定は正規分布を使って行うことができるのです。この点については，第 4 節で仮説検定を説明する際にもう一度戻ってきます。

CHECK POINT 14

- [ ] 母集団分布に従う確率変数の期待値は，標本平均を使って推測します。
- [ ] 標本平均は，この期待値を推測するうえで，不偏性と一致性というとても良い性質を持っています。
- [ ] 標準化した標本平均は近似的に正規分布に従います。

3 標本分散と効率性

標本分散

標本平均は母平均の推定量として望ましい性質を持つと述べましたが，母集団分布の分散（**母分散**とよばれます）の自然な推定量としては**標本分散**を使います．

> **定義 4.5　標本分散**
> 同一の母集団分布に独立に従っている n 個の確率変数 $(X_1, \cdots, X_n)$ の分散
> $$S^2 = \frac{1}{n-1} \sum_{i=1}^{n} (X_i - \bar{X})^2$$
> を「標本分散」とよぶ．

詳細は省略しますが，標本平均と同じように標本分散も不偏性と一致性という望ましい性質を持っています．

先ほど，中心極限定理のおかげで正規分布を使った検定ができると述べましたが，標準正規分布を使うためには標本平均を標準化する必要がありました．標準化には標本平均の標準偏差の情報が必要ですが，事前にはこの標準偏差の値はわかりません．そこで，実際に標準化を行うためには標本分散を使って標準偏差を推定します．この推定された標準偏差を使って標準化した標本平均は，「t 分布」に従うことが知られています．回帰分析における係数の統計的有意性の検定が後から出てきますが，その検定は「t 検定」とよばれます．その理由は，検定に t 分布を使うからです．この点についても，この後に説明する仮説検定，および第 6 章で説明する計量経済学における仮説検定（147 ページ）で再び見ることとします．

効率性

標本平均は母平均の不偏推定量かつ一致推定量であるため，母平均の推定方法としては「良い」推定方法であると述べました．この不偏性と一致性のほかにも「良い」推定量の基準として考えられるのが，**効率性**とよばれる基準です．

> **定義 4.6　効率性**
>
> θ を母集団分布のパラメターとし，$\hat{\theta}$ をその不偏推定量とする。$\hat{\theta}$ の分散が他のどんな不偏推定量 $\hat{\theta}^*$ の分散以下となる，すなわち，
>
> $$V[\hat{\theta}] \leq V[\hat{\theta}^*]$$
>
> のとき，$\hat{\theta}$ を**最小分散不偏推定量**とよぶ。

　ほかのどんな不偏推定量よりも分散が小さい推定量は，推定の精度が最も高い推定方法といえます。このような推定量は「最も効率的な推定量」とよばれることもあります。

　一致推定量とは，標本サイズが大きければ知りたい母集団分布のパラメターを知ることができる推定方法です。しかし，現実的には有限の標本サイズしか持たないデータを使って統計的推測を行うことになりますので，有限の標本サイズでもばらつき（分散）が小さい推定方法のほうが，より精度の高い推定方法ということになります。

　このように，良い推定方法の性質として不偏性，一致性，効率性はよく用いられる基準で，どれも大切な性質です。しかし，この3つの性質のうち，実証分析において最も重要な性質は一致性でしょう。一致性を持つ推定方法であれば，標本サイズを増やすことによって知りたいこと（母集団分布のパラメター）に近づくことができます。逆に，一致性を持たない推定方法はいくら標本サイズを増やしたとしても知りたい母集団分布のパラメターに迫ることができないので，そのような推定方法は希望のない推定方法ともいえます。こういった意味においても，一致性は推定量が最低限満たしていなければならない基準といえるでしょう。

CHECK POINT 15

- [ ] 標本分散は母集団分布の分散を推定する自然な方法で，不偏性と一致性という望ましい性質を持っています。
- [ ] 不偏推定量の中で最も精度の高い推定方法は効率性を持つとよばれます。

4 仮説検定

さて，政策の効果を評価するための統計的手法をおさらいしてきましたが，いよいよ大詰めです。政策効果の評価においては施策によって期待される効果の「大きさ」を計測することが主な目的ですが，効果の大きさについて議論する前に「効果がある」ということを何らかの客観的な基準で評価できれば，より説得力のある議論ができるようになります。

帰無仮説と対立仮説

たとえば，「消費税率が上がると，家計の消費額が下がるのか？」や「企業内研修は，企業収益の改善に役立つのか？」さらに「1クラス当たりの人数を少なくすれば，成績はアップするのか？」といったことを統計的な基準をもって客観的に評価したいとしましょう。その際に，調べて確かめたいことから疑問符をとったものが**仮説**とよばれるものになります。たとえば，消費税率アップの影響についての仮説は，「消費税率が上がると，家計の消費額が下がる」となり，この主張が正しいかどうかを統計的に判断することになります。データを利用して仮説が正しいかどうかを客観的に判断することを**仮説検定**とよびます。

統計的手法を用いて仮説検定を行う際には，仮説の立て方に関して少し独特な作法があります。たとえば，「消費税率が上がると消費額が下がる」かを調べたい場合には，「消費税率が上がっても，消費額に変化はない」という，一見すると逆のように見える仮説を先に立てます。そして，この仮説を統計的に否定する（**棄却する**といいます）ことができれば，「消費税率が上がると消費額に変化がある」という意見（仮説）を支持できると見なします。1つ目の「変化はない」という仮説は，否定することによって無に帰する仮説という意味で，**帰無仮説**とよばれ，2つ目の仮説は，帰無仮説に対立する仮説という意味で**対立仮説**とよばれます。

仮説検定のロジックはすこし独特で，はじめて見るととっつきにくいと感じる人もいるかもしれません。しかしながら，なぜ仮説検定がこのように回りく

どい方法をとるのかという理由は，実は単純なものです。それは，効果や影響などが「見える」ときには「効果がある」ということができますが，「見えない」ときには「効果がない」のか，本当は効果があるのだけれども効果が「見えなかった」だけなのか判別が難しいからです。

さらに，効果があると言ったときに，どれだけ効果があるのかによってその見え方がさまざまなので，効果を生み出す背後にあるメカニズムを探る際にさまざまな可能性を考えなければならなくなります。そこで，効果が「ない」と仮定してデータの背後にあるメカニズムを1つに絞ったうえで，効果が目に見えるのであれば，効果が「ない」ということを否定する，つまり効果があると判断しようということになります。このロジックは独特ではありますが，これを理解しておくことは実証分析を行ううえでとても大切ですし，実際に分析を行うことによってすぐに身につくことですので，しっかりと押さえておきましょう。

さて，「消費税率が上がっても，消費額に変化はない」という帰無仮説に対立する仮説は「消費税率が上がると消費額に変化がある」というものでしたが，対立仮説を「消費税率が上がると消費額が下がる」とすることもできます。前者の対立仮説は，帰無仮説を棄却することによって消費額の増加と減少の両方を支持することになるので**両側検定**とよばれます。また，後者の対立仮説は消費額が下がるという片方の変化のみを支持するので**片側検定**とよばれます。両側検定であれ，片側検定であれ，帰無仮説は「変化はない」という同じものなので，検定方法は基本的に同じです。

それでは，仮説検定の方法について詳しく見ていきましょう。仮説検定の考え方をしっかりと理解するために，例を見ながら説明します。

例 4.1：夏期講習の効果

A市は中学3年生の数学の学力向上を目的として学習塾講師による夏期講習を行うことを考えています。すべての中学校で実施するためには膨大な費用がかかるため，あらかじめ夏期講習が効果的かどうかを無作為に選ばれたモデル校6校で試してみました。夏期講習の効果を検証するために，夏期講習を実施する前と後で同じ難易度のテスト（100点満点）を実施したところ，夏期講習

CHART 表 4.1 夏期講習前後のテストの点数

学校	A	B	C	D	E	F
前	55	52	61	55	63	47
後	55	48	63	58	61	50
変化	0	−4	2	3	−2	3

前と後の各学校のテストの点数の平均点は**表 4.1**のようになりました。

さて,この学習塾講師による夏期講習は数学の学力向上に役立っていると言えるでしょうか。

夏期講習の効果を調べるために,夏期講習実施の前後でテストの点数に変化があったかを見るというのは一番はじめに思いつくことでしょう。夏期講習の前後のテストの点数の「変化」を見ると,テストの点数が「向上した」のは学校 C,D,F の 3 校で,逆に「低下した」のは学校 B と E の 2 校です。また学校 A は夏期講習の前後で「変化なし」となっています。テストの点数が向上した学校は 3 校あり,低下した学校の数より多いので効果はあったようにも思えます。しかし,テストの点数が低下した学校のうちの 1 つは平均点が 4 点も低下していて,これはテストの点数が向上したどの学校での上昇分よりも大きな低下となっているので,むしろ逆の効果があったのかもしれないようにも思われます。

1 つひとつの学校を見てみると効果があったように見える学校とそうでない学校がありますが,全体的に効果があったかどうかを判断するために,次に思

いつくこととして,テストの点数の変化の平均を計算してみましょう。テストの点数の変化の平均は,

$$\frac{0-4+2+3-2+3}{6} = 0.333$$

となっています。平均的にはテストの点数が増えているように見えますが,平均的なテストの点数の上昇はわずか 0.333 点であり,効果は 0,つまり夏期講習の効果はないと言えるようにも見えます。さらに,この 6 つのモデル校で実施した結果,たまたまテストの点数の上昇分がプラスになっただけで,また別のモデル校で同じことを行えば,今度は平均的なテストの点数の上昇分はマイナスの値にもなりかねません。

標準化

さて,それではどうすればこの 0.333 点という平均的なテストの点数の上昇分が 0 と異なるかを調べることができるでしょうか。まず,この 0.333 点という平均的なテストの点数の上昇分が大きいかどうかは,あくまでも主観的な判断にすぎない点に注意が必要です。同じ 0.333 点のテストの点数の上昇でも,10 点満点のテストと 100 点満点のテストではその意味は 10 倍違います。そこで,この平均点を「標準化」して,テストの点数の単位によらずに客観的な判断ができるようにしましょう。

テストの点数の変化分の平均を標準化するためには,この標本平均の平均と分散が必要になってきます。各学校のテストの点数の変化分が平均 μ,分散 σ^2 の母集団分布にそれぞれ独立に従っているとすると,この標本平均の平均は μ,分散は σ^2/n となりますので,標準化された標本平均は,

$$\frac{\bar{X} - \mu}{\sqrt{\sigma^2/n}}$$

となります。この標準化された標本平均を使ってテストの点数の変化が 0 かを判断することになります。

「平均的なテストの点数の変化が 0」かを調べることで夏期講習の効果があるか判断したいのですが,「平均的なテストの点数の変化が 0」というのは母集団分布の平均が 0,つまり「$\mu=0$」ということを意味しています。仮説検定の手順として,まず夏期講習に効果はない,つまり「$\mu=0$」という帰無仮説

を立てて，これを否定（棄却）することができれば，夏期講習には何らかの効果があったと言えることになります。帰無仮説を H_0 と表すと，

$$H_0 : \mu = 0$$

と書けます。

　6つのモデル校での平均的なテストの点数の変化は 0.333 点であったわけですが，もし夏期講習に効果がない，つまり「$\mu=0$」が正しいときに変化の平均が 0.333 となることが非常に稀なことであれば，「$\mu=0$」は正しくないのではないか，と帰無仮説を疑うことになり，帰無仮説を棄却することになります。逆に，「$\mu=0$」が正しいときに平均値が 0.333 となることがよくあることであれば，「$\mu=0$」という帰無仮説は棄却せず，夏期講習に効果はなかった（夏期講習に効果があるとは言えない）という結論になります。

▎t 検 定 ▎

　さて，変化の平均値が 0.333 となることが「稀なこと」か「よくあること」なのかを判断するために，各校のテストの点数の変化分は平均 μ，分散 σ^2 の正規分布に独立に従っているとしましょう（正規分布については第 3 章 5 節で紹介しました）。各校のテストの点数の変化分が従っている母集団分布は正規分布なので，標準化された標本平均も標準正規分布に従う，つまり

$$\frac{\bar{X} - \mu}{\sqrt{\sigma^2/n}} \sim N(0, 1)$$

となります。また母集団分布の分散 σ^2 を標本分散 S^2 で置き換えたものは自由度 $n-1=6-1=5$ の t 分布

$$\frac{\bar{X} - \mu}{\sqrt{S^2/n}} \sim t(5)$$

に従うことになります（t 分布についても第 3 章 5 節で紹介しました）。この標本分散を使って標準化した標本平均は **t 検定統計量**とよばれ，t 分布を使って検定します。さらに，「$\mu=0$」という帰無仮説が正しいのであれば，それを代入した t 検定統計量もまた同じ t 分布

$$\frac{\bar{X}}{\sqrt{S^2/n}} \sim t(5)$$

CHART 図4.1 自由度5のt分布の確率密度関数

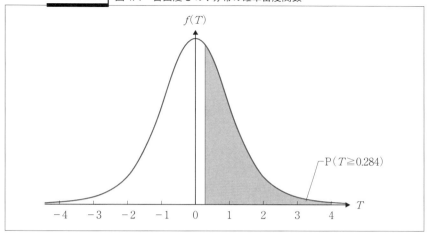

に従います。テストの点数の変化の平均値が0.333となることが「稀なこと」か「よくあること」なのかは，平均値が0.333となる確率をt分布表から調べ（t分布表の調べ方については，**Column ❽**を参照してください），そのようなことが起きる確率が小さければ「稀なこと」，大きければ「よくあること」と判断します。

しかし，テストの点数の変化の平均値が0.333となる確率を調べるといっても，t分布は連続確率変数の分布ですから，そのようなことが起きる確率は0，つまり「ちょうど確率ゼロ」の問題が発生します。そこで，標本平均が0.333以上になる確率，つまり$P(\bar{X} \geq 0.333)$を調べることにしましょう。6校分のテストの点数の変化のデータから計算された標本分散の推定値$\hat{S}^2$は

$$\hat{S}^2 = \frac{1}{6-1}\{(0-0.333)^2 + (-4-0.333)^2 + (2-0.333)^2 + (3-0.333)^2$$
$$+ (-2-0.333)^2 + (3-0.333)^2\} = 8.267$$

なので，t検定統計量の値（**t値**とよばれます）は，上のt検定統計量の式に標本平均と標本分散の推定値，および標本サイズを代入して計算すると0.284になります。t分布に従う確率変数をTとすると，標本平均が0.333以上になる確率はTが0.284以上になる確率と同じ，つまり

$$P(\bar{X} \geq 0.333) = P(T \geq 0.284)$$

4 仮説検定 ● 91

> ### Column ❽　t分布表の調べ方
>
> 　t検定を行う際にはt分布表を使います。統計学の教科書にはt分布表が掲載されているものが多いですが，t分布表はインターネットから簡単にダウンロードすることもできますし，Excelを使って有意性を簡単に調べることもできます。
>
> 　たとえば，Excelを使って$P(T \geq 0.284)$を自由度5のt分布から計算するためには，「T.DIST.RT（値，自由度）」（片側検定）または「T.DIST.2T（値，自由度）」（両側検定）という関数を使います。値には「0.284」を代入し，自由度には「5」を代入します。実際に計算するとT.DIST.RT(0.284, 5)=0.394となります。また，例題で見たように両側検定の確率を計算すると，T.DIST.2T(0.284, 5)=0.788となることも確認できます。
>
> 　逆に自由度5のt分布における「上側2.5%の閾値」および「上側5%の閾値」はそれぞれ2.571と2.015となることも確認できます。この確認に使うExcelの関数は，「T.INV.2T（値，自由度）」（両側検定）または，「T.INV（値，自由度）」（片側検定）です。具体的には，T.INV.2T(0.05, 5)=2.571，T.INV(0.95, 5)=2.015となります。

となります。この確率$P(T \geq 0.284)$を自由度5のt分布から計算することができます。

　それでは実際にこの確率$P(T \geq 0.284)$を計算してみましょう。帰無仮説「$\mu = 0$」が正しいときの自由度5のt分布の確率密度関数は**図4.1**のようになっています。

　確率変数Tが0.284以上になる確率は，0.284より右側の部分の確率密度関数の面積になります。これを計算すると（Excel等のソフトを使っての計算方法は，**Column ❽**のt分布表の調べ方を参照してください）約39.4%，つまり，

$$P(T \geq 0.284) = 0.394$$

になります。つまり，6つのモデル校を使った結果，標準化されたテストの点数の変化の平均であるt検定統計量Tが実際に観測されたt値である0.284以上になる確率は，$\mu = 0$が正しいという前提のもとでは39.4%となります。

　この「t検定統計量が0.284以上になる確率は39.4%」ということから，テストの点数の変化の平均が0.333となったことが「稀なこと」といえるのでし

ょうか，それとも「よくあること」と言えるのでしょうか。そのような判断をする1つの方法として，「帰無仮説 $\mu=0$ が正しいときにテストの点数の変化の平均値が 0.333 以上になる確率が α（たとえば 0.05）以下になれば稀なこと，そうでなければよくあること」と判断することがあります。この判断基準の確率 α は**有意水準**とよばれ，とくに決まっているわけではないのですが，0.05（5%）で判断することが慣例として多く見られます。

　上で計算した確率を見ると 39.4% となっていました。この値は慣例で用いられる 5% よりも（はるかに）大きな値になっているので，「夏期講習の効果がない」という帰無仮説のもとでテストの点数の変化の平均値が 0.333 となることは「よくあること」と判断することになります。つまり，「夏期講習には効果がない」という帰無仮説を否定する（棄却する）ことはできないという結論になります。

両側検定と片側検定

　上で調べた「標準化されたテストの点数の変化の標本平均が 0.284 以上になる確率 $P(T \geq 0.284)$」は t 検定統計量がある値（t 値）以上になる確率を計算しているので，確率密度関数の分布の片方の裾だけを使って確率を計算しています。このように片方の裾だけを使って計算した確率を使った検定は片側検定に対応しているので対立仮説は「$\mu>0$」となっています。一方で，「標準化された標本平均の絶対値が 0.284 以上になる確率 $P(|T| \geq 0.284)$」を計算すると，その確率は片側検定のときの確率のちょうど 2 倍の 78.8% になりますが，このときの対立仮説は両側検定，つまり「$\mu \neq 0$」となります。対立仮説を H_1 と表すと，片側検定の場合には，

$$H_1 : \mu > 0$$

両側検定の場合には，

$$H_1 : \mu \neq 0$$

と書きます。

　また，両側検定，片側検定のそれぞれで計算した確率は「帰無仮説を棄却する最小の有意水準」と見ることもできます。たとえば，例 4.1 の片側（両側）

検定において有意水準 α を 39.4（78.8）% よりもほんの少し大きくすれば，帰無仮説を棄却することになります。このような確率の値は「p 値」とよばれ，同じ t 検定統計量でも片側検定か両側検定かで値が変わってきます。もし慣例で用いられる有意水準 5% を使うのであれば，この p 値が 5% よりも小さければ帰無仮説を棄却（対立仮説を採択）し，そうでなければ帰無仮説を棄却しないことになります。

このように p 値を使えば仮説検定ができるのですが，t 値そのものから検定の結果を判断することもできます。たとえば，例 4.1 の帰無仮説を「夏期講習は効果がない（$\mu=0$）」，対立仮説を「夏期講習には効果がある（$\mu \neq 0$）」とする両側検定を有意水準 5% で行うことを考えます。この検定では，自由度 5 の t 分布において，それよりも大きい t 値が実現する確率が 2.5% となる点が重要になってきます。このような点は「上側 2.5% の閾値」とよばれ，自由度 5 の t 分布では 2.571 となります（**Column ❽** の t 分布表の調べ方を参照してください）。つまり，自由度 5 の t 分布に従う確率変数が 2.571 以上となる確率はちょうど 2.5% というわけです。t 分布は平均（ここでは 0）を中心として左右対称の分布なので，下側 2.5% の閾値は -2.571 となります。ここでは有意水準 5% の両側検定を考えていますので，上側と下側を足してちょうど 5% となるように，上側と下側それぞれの確率が 2.5% となる閾値を考えているわけです。

例 4.1 の検定における t 値である 0.284 は自由度 5 の t 分布表の上側 2.5% の閾値 2.571 よりも小さい（当然 -2.571 よりは大きい）ので有意水準 5% では帰無仮説を棄却できないということになります。また同様に，対立仮説を「夏期講習にはプラスの効果がある（$\mu>0$）」とする片側検定では，自由度 5 の t 分布表の上側 5% の閾値を見てやればよいことになります。この値は 2.015 ですので，やはり有意水準 5% では帰無仮説を棄却できないということになります。

| ま と め |

以上で見てきた仮説検定の考え方を簡単にまとめておきます。

ある政策の効果を調べたいときには，

(1) 「政策に効果はない」という帰無仮説を立てる。
(2) 帰無仮説が正しいという前提で，観測されたデータが実現する確率を計

算する。
(3) 帰無仮説のもとで観測されたデータが実現する確率が（たとえば 5% より）低いときには，帰無仮説が正しくないと結論づけて棄却し，対立仮説を採択する（実現確率が高いときには帰無仮説を棄却しない）。

最後に仮説検定の結果の解釈について 1 点注意を付け加えておきます。仮説検定の結果，帰無仮説を棄却する場合には対立仮説を積極的に採択してもよいのですが，逆に帰無仮説を棄却できない場合には「帰無仮説を積極的に採択する」というよりはむしろ「対立仮説を採択しない（できない）」とやや控えめに主張するほうがよいでしょう。もちろん帰無仮説を棄却できない理由のうちの 1 つは「本当に効果がない」ということも考えられるわけですが，別の理由として「標本サイズが小さくて情報量が不足している」ことも考えられるからです。標本サイズが十分に大きいときは帰無仮説をもう少し積極的に採択してもよいと思いますが，上の例で見たように，標本サイズが小さいときには仮説検定の結果を解釈する際，少し注意したほうがよいでしょう。

CHECK POINT 16

- [ ] 仮説検定は，データを統計的に調べることで仮説を客観的に検証する方法です。
- [ ] 効果があるかを仮説検定したい時には，「効果がない」という帰無仮説を立て，その仮説を棄却できれば「効果がある」ということになります。

EXERCISE ●練習問題

◎確認問題

4-1 標本平均が不偏性と一致性を持つことを確認しましょう。
4-2 標本分散が不偏性を持つことを確認しましょう。
4-3 本文中に出てきた夏期講習の例において，6 校分のテストの点数の変化のデータから計算された標本分散は 8.267 となること，さらに t 値が 0.284 となることを自分で確かめてみましょう。

◎実証分析問題

4-A 夏期講習の効果を調べるために別のモデル校 11 校で試験的に夏期講習を実施しました。その結果，テストの点数の変化は次のようになりました。

学校	A	B	C	D	E	F	G	H	I	J	K
前	55	52	61	55	63	47	45	54	59	50	43
後	55	58	63	59	62	55	51	52	62	49	50
変化	0	6	2	4	−1	8	6	−2	3	−1	7

このとき，夏期講習の効果はあったと言えるでしょうか。有意水準 5% の両側検定と片側検定で検定してみましょう。

4-B Excel や Stata を使って，正規分布と t 分布の上側確率 2.5% を与える点を求めましょう。t 分布に関しては自由度が 5，10，100，1000 のときの点をそれぞれ求めて，比較してみましょう。

第2部
計量経済学の基本

PART 2

　第2部では，第1部でおさらいした統計的手法を用いて，計量経済学の基礎である回帰分析について学びます。統計的手法では相関関係や因果関係を表すためのツールとしての条件付き期待値について学びました。回帰分析では，条件付き期待値に仮定や制約をおくことでこの統計的関係を「モデル化」し，標本（データ）から推測していきます。

CHAPTER
1
2
3
4
5　単回帰分析——2つの事柄の関係をシンプルなモデルに当てはめる
6　重回帰分析の基本——外的条件を制御して本質に迫る
7　重回帰分析の応用——本質に迫るためのいくつかのコツ
8
9
10
11

CHAPTER

第 5 章

単回帰分析

2つの事柄の関係をシンプルなモデルに当てはめる

INTRODUCTION

　本章では計量経済学のコアとなる回帰分析のうち，2つの変数の関係をモデル化した単回帰モデルの推定方法について見ていきます。どのような前提が成り立っていれば，単回帰モデルの推定結果を政策の因果効果と見なしてよいのかをしっかりと理解しましょう。

1　単回帰モデル

　政策効果を調べるためには，政策と成果という少なくとも2つの事柄の関係を調べる必要があります。たとえば，「朝ご飯を毎日食べているか」という事柄と，「算数のテストの点数」という事柄の関係を調べることになります。

相関関係から因果関係へ

　2つの事柄の関係を表す統計的手法の1つは，相関係数を計算するというものです。複数の生徒について，それぞれの生徒が朝ご飯を毎日食べているかどうかを調べ，その結果と算数のテストの点数との関係を表す相関係数を簡単に計算することができます。それにより，朝ご飯とテストの点数の間にある統計的な傾向を知ることができます。

　相関関係を調べると，興味深い統計的な傾向を目に見える形にすることができるので，そこから面白いことを発見できることもたくさんあります。しかしながら，政策の効果を評価したい場合には，相関関係を調べるだけでは十分ではないことは繰り返し強調してきました。そこで，相関関係を超えて因果関係に迫るために，まずは**条件付き期待値**に着目することからはじめましょう。

　2つの事柄の関係を条件付き期待値で表す方法は，政策の因果効果を調べるうえで大変便利な方法です。政策と成果の因果関係を調べるためには，外的条件が制御されている必要がありますが，条件付き期待値を用いると，この外的条件の制御を非常にわかりやすく表現することができます。たとえば，「朝ご飯を毎日食べているか」と「算数のテストの点数」の関係を条件付き期待値で表すと，

$$\mathrm{E}[テストの点数 \mid 朝ご飯を食べているか]$$

となります。テストの点数を Y，朝ご飯に関する（確率）変数を X とし，朝ご飯を毎日食べていると1，それ以外だと0となるとします（このように0か1の値しかとらない変数は，第3章でも登場した**ダミー変数**です）。すると，この条件付き期待値は $\mathrm{E}[Y \mid X=x]$（ただし $x=0$ または1）となります。もし朝ご飯を食

べている生徒のグループと，そうでない生徒のグループの家庭環境をはじめとする外的条件が（たとえば，実験的な方法によって）同じになっているのであれば，朝ご飯を毎日食べることのテストの点数への因果効果は，

$$E[Y \mid X=1] - E[Y \mid X=0]$$

となります。一方，家庭環境等の外的条件が揃っていない場合には，外的条件に関する情報を制御する確率変数 C のとりうる値 c（この外的条件を制御するための変数は，第4章でも説明した**共変量**や**コントロール変数**などとよばれるものです）を使って外的条件を揃えます。この場合，条件付き期待値は $E[Y \mid X=x, c]$ となり，朝ご飯を毎日食べることのテストの点数への因果効果は，

$$E[Y \mid X=1, C=c] - E[Y \mid X=0, C=c]$$

となります。つまり，共変量で外的条件を制御した条件付き期待値を調べることで朝ご飯を毎日食べるという"政策"の因果効果を調べることになります。この外的条件を共変量で制御しながら因果効果を探る回帰分析は，政策を示す変数（政策変数）と成果を示す変数（成果変数）の関係のみをモデル化する**単回帰分析**に対して，**重回帰分析**とよばれます。本章では単回帰分析を，次章以降では重回帰分析を詳しく学びます。

関係のモデル化

まずは実験等によってすでに外的条件が制御されているデータが利用可能な場合から始めましょう。この場合には，すでに外的条件が制御されているので，共変量を使って外的条件を制御する必要がありません。つまり，因果効果を知るためには，政策変数 $X=x$ のみで条件付けした成果変数 Y の期待値 $E[Y \mid X=x]$ を x の値それぞれについて見れば十分ということになります。**単回帰モデル**は，この外的条件が制御されているという仮定のもとで，この条件付き期待値を

$$E[Y \mid X=x] = \beta_0 + \beta_1 x$$

と切片が β_0（ギリシャ文字「ベータ」です），政策変数 x の傾きが β_1 となる1次関数で「モデル化」したものです（「1次関数」については第3章45ページの **Col-**

umn ❹ を参照してください)。

　この単回帰モデルは政策変数で条件付けした成果変数の期待値，つまり，政策変数が $X=x$ のときに期待される"平均的な"成果ということになります。朝ご飯とテストの点数の例のように，政策変数 X がダミー変数のとき，朝ご飯を毎日食べている場合（$X=1$）に期待されるテストの点数は，

$$\mathrm{E}[Y \mid X=1] = \beta_0 + \beta_1$$

であり，そうでない場合（$X=0$）に期待されるテストの点数は，

$$\mathrm{E}[Y \mid X=0] = \beta_0$$

になります。つまり，朝ごはんを毎日食べることのテストの点数への因果効果は，

$$\mathrm{E}[Y \mid X=1] - \mathrm{E}[Y \mid X=0] = (\beta_0 + \beta_1) - \beta_0 = \beta_1$$

ということになります。

　成果変数の条件付き期待値をモデル化した単回帰モデルからわかることは，あくまでも期待される成果の（平均的な）値です。しかし，たとえ朝ご飯を毎日食べていたとしても，テストの日の調子によって実際のテストの点数は上下します。このような「揺らぎ」の部分の項を U（**誤差項**とよびます）として，単回帰モデルを，

$$Y = \beta_0 + \beta_1 X + U$$

と表現することもできます。この式の左辺は成果変数の条件付き期待値ではなく，成果変数そのものになっている点に注意してください。この単回帰モデルは成果変数 Y と政策変数 X，誤差項 U の3つの確率変数（Y, X, U）が従う母集団分布における関係をモデル化したものとも見ることができますので，**母集団モデル**とよばれることもあります。第3章で見たように，回帰分析における統計的推論とは，成果変数 Y と政策変数 X の実現値（標本）から，母集団分布におけるこれらの変数の関係を推測することになります。この点についてはまた後で詳しく説明します。

　さらに，この単回帰モデルに観測番号を表す "i" を付けて，

$$Y_i = \beta_0 + \beta_1 X_i + U_i$$

と書くこともあります。朝ご飯とテストの点数の例だと，n 人の生徒 $i=1, \cdots, n$ の標本 $\{(y_i, x_i)\}$ を使って単回帰モデルのパラメター（β_0, β_1）（**回帰パラメター**とよばれます）を推定することになります。

　この単回帰モデルにおいて，左辺の変数（成果変数）Y は右辺の変数 X によって説明される変数という意味で，**被説明変数**とよばれます。また，右辺の変数（政策変数）X に依存して決まるという意味で**従属変数**とよばれることもあります。一方，右辺の変数 X は，変数 Y を説明する変数という意味で**説明変数**とよばれます。また，左辺の変数 Y に依存せずに決まるという意味で**独立変数**とよばれることもあります。

　いままで何度も登場した政策介入を示す政策変数 X は説明変数にあたり，成果変数 Y が政策によって説明される被説明変数にあたります。単回帰モデルでは，政策変数が唯一の説明変数になっていますが，第6, 7章で見る重回帰モデルは説明変数が2つ以上ある回帰モデルになります。本書では，最も関心のある説明変数のことを政策変数，外的条件を制御するための説明変数のことを共変量とよびますが，どちらも説明変数であることに変わりはありません。また，回帰パラメターのうち，説明変数の係数になっているもの（単回帰モデルの場合は β_1 です）は「傾きパラメター」や「係数パラメター」とよばれることがあります。さらに，説明変数の係数ではない回帰パラメター（単回帰モデルの場合は β_0 です）は「切片パラメター」や「定数項」とよばれます。

　この単回帰モデルの回帰パラメター（β_0, β_1）をデータから推定し，推定された回帰パラメターから政策変数 X と成果変数 Y の関係を見ることができます。朝ご飯とテストの点数の例において，もし朝ご飯を食べることとテストの点数の間に正の相関関係がある場合には，回帰モデルの傾きパラメター（β_1）の値は正の値になります。このことは，朝ご飯を毎日食べている生徒のグループのテストの点数の期待値は，そうでない生徒のグループのテストの点数の期待値よりも高くなる傾向があることを表しています。

　上で見た単回帰モデルは，政策変数 $X=x$ という条件のもとでの成果変数 Y の条件付き期待値 $\mathrm{E}[Y \mid x]$ を1次関数でモデル化したものですが，本当の政策変数と成果変数の関係はもっと複雑な形をしているかもしれません（条件付

き期待値は説明変数の実現値に依存して決まるという意味で**条件付き期待値"関数"**ともよばれます)。たとえば，成果変数は政策変数の1次関数ではなく，2次関数かもしれませんし，もしかすると3次関数のほうがより正しい関係を表しているかもしれません（こういった場合には，重回帰モデルの分析が必要になってきますが，この点については第6章で詳しく見ていきます）。

しかしながら，成果変数と政策変数の関係を1次関数で「近似」してやることには，推定するパラメーターの数を2つに絞り込むことができるという分析上の大きなメリットがあります。回帰分析では限られた標本サイズのデータから条件付き期待値の形を推測しなければならないので，あらかじめ条件付き期待値関数の形をある程度絞り込んでおく必要があります。単回帰モデルを使って推測する場合のように，条件付き期待値関数を有限の数のパラメター（単回帰モデルの場合は2つのパラメーター）を使って書き表すことは，一般的に**パラメーター化**とよばれます。単回帰モデルは「条件付き期待値関数を1次関数としてパラメーター化したもの」と見ることができるのです。

因果関係を示すための条件

ここまでの話は，外的条件の制御されたデータを使うことができる場合の話でした。外的条件がすでに制御されたデータを使うときには，単回帰モデルの政策変数の傾きパラメーターは政策の因果効果を表しています。それでは，外的条件が制御されていないときには何が起きるでしょうか。

成果変数に影響のある外的条件が制御されていないときには，単回帰モデルの傾きパラメーター β_1 はまだ相関関係にすぎないことになります。繰り返しになりますが，この傾きパラメーターを「朝ご飯を食べることによる算数のテストの点数の変化」という因果効果と見なすことができるためには，家庭環境をはじめとする外的条件が制御されているという大前提が本当に正しい時だけです。この前提が正しいという条件は，誤差項 U の性質として次のように表すことができます。

> **因果関係のための仮定 1**
>
> 説明変数 X と誤差項 U は平均独立（$E[U \mid X] = E[U]$）

　この仮定は，説明変数 X と誤差項 U は「平均独立」，すなわち，説明変数 X の値がわかったとしても，誤差項 U の平均に関しては一切知ることができない，つまり X の値を知ることは U の値を知るうえで役に立たないということを表しています。

　この点は非常に重要ですが，少しわかりにくいかもしれませんので，朝ご飯とテストの点数の例を使ってもう少し考えてみましょう。もし算数のテストの点数に対して影響を与える外的条件が制御されているのであれば，毎日朝ご飯を食べる生徒のグループとそうでないグループの間で家庭環境をはじめとする外的条件は同じになります。ところで，上で見た単回帰モデルにおいて，家庭環境をはじめとする外的条件はどこかに出てきたでしょうか。実は，この外的条件を始め，テストの点数に影響を与える，ありとあらゆる要因は，すべて誤差項 U_i の中に含まれていたのです。もし外的条件が制御されているのであれば，朝ご飯を食べているグループとそうでないグループとで誤差項の平均 $E[U_i]$ は同じになります。しかしながら，もし外的条件が制御されていないのであれば，朝ご飯を食べているグループは家庭環境が良いと考えられるため，誤差項の条件付き期待値 $E[U_i \mid X_i = 1]$ がそうでないグループの誤差項の条件付き期待値 $E[U_i \mid X_i = 0]$ より高くなっています。このような場合には，説明変数 X と誤差項 U が関係し，朝ご飯を食べているかどうかを見ることによって誤差項の平均が予想できてしまうので，上の平均独立の仮定が満たされていないことになります。

　この平均独立の仮定は，単回帰モデルの推定結果を政策の因果効果として解釈できるかどうかという点において非常に重要なものです。しかしながら，実験によって外的条件が制御されたデータが使える場合を除いて，この重要な仮定が満たされているかどうかを事前に知ることは非常に困難です。そこで，重回帰分析においては共変量を使って外的条件を制御しつつ，誤差項の平均独立の仮定ができるだけ満たされるように努力しようということになります。この点については次章以降の重回帰分析で詳しく見ていきます。

回帰モデルをきれいに書くために,誤差項にもう1つ仮定をおきましょう。

> **因果関係のための仮定 2**
>
> 誤差項 U の母平均は 0 ($\mathrm{E}[U]=0$)

この仮定は,回帰モデルに定数項(β_0)を含むモデルでは気にする必要はありません。なぜならば,もし誤差項の期待値が 0 でないのであれば,切片パラメター(β_0)の値を調整して誤差項を新たに作り直してやると,必ず新たな誤差項の期待値を 0 にすることができるからです。たとえば,誤差項 U の期待値が 0 ではなく,$\mathrm{E}[U]=1$ だったとするならば,切片パラメターを β_0+1 とし,新たな誤差項を $V=U-1$ とすることで,新たな誤差項 V の期待値を

$$\mathrm{E}[V] = \mathrm{E}[U-1] = \mathrm{E}[U] - 1 = 1 - 1 = 0$$

とすることができます。この仮定自体は,外的条件が制御されているということとは関係ありませんが,この仮定があれば,説明変数 X による成果変数 Y の条件付き期待値 $\mathrm{E}[Y \mid X]$ を,説明変数の 1 次関数 $\mathrm{E}[Y \mid X] = \beta_0 + \beta_1 X$ としてきれいに書くことができるので,平均独立の仮定とあわせて用いられます。

これら 2 つの誤差項に関する仮定から,次のことが言えます。

$$\mathrm{E}[U \mid X] = \mathrm{E}[U] = 0$$

つまり,説明変数 X による誤差項 U の条件付き期待値は 0 ということです。この誤差項の関係式を使うと,被説明変数 Y の説明変数 X による条件付き期待値は,

$$\mathrm{E}[Y \mid X] = \mathrm{E}[\beta_0 + \beta_1 X + U \mid X] = \beta_0 + \beta_1 X + \mathrm{E}[U \mid X] = \beta_0 + \beta_1 X$$

となり,条件付き期待値を 1 次関数でモデル化していることがわかります。

CHECK POINT 17

- ☐ 単回帰モデルは，政策変数による成果変数の条件付き期待値を1次関数でモデル化したもので，政策と成果の関係を表す最小限のモデルです。
- ☐ 説明変数の係数を政策の因果効果と解釈するためには，成果に影響を与える政策以外の外的条件が制御されている必要があります。

  最小2乗法

回帰パラメーターの推定方法

さて，説明変数で条件付けしたときの成果変数の期待値 $E[Y \mid X]$ を説明変数の1次関数としてモデル化したら，次のステップは切片 (β_0) と傾き (β_1) の回帰パラメーターを標本から推測（推定）することになります。この作業が，**回帰分析**とよばれます。ここで紹介するのは最も基本的な推定方法である**最小2乗法**（**OLS**；ordinary least squares）とよばれるものです。具体的な回帰パラメーターの推定手順として，まずモーメント法とよばれる解法を紹介し，次に残差2乗和を最小化する方法を紹介します。

単回帰モデル

$$Y = \beta_0 + \beta_1 X + U \tag{5.1}$$

の回帰パラメーター (β_0, β_1) を推定しましょう。回帰パラメーターを推定するためには標本（データ）が必要ですが，n 個の観測値からなる標本 $\{(x_i, y_i)\}$（ただし $i=1, \cdots, n$）を使うことができるとします。説明変数と被説明変数のペア (x_i, y_i) を1つの観測値とよびますので，n 人分の (x_i, y_i) が含まれているこのデータは，n 個の観測値からなる標本という意味で，「標本サイズは n」になります。

標本から母集団分布を推測するという「統計的推論」がうまくいくための大前提は，標本が母集団分布のミニチュアになってくれているというものでした。標本に含まれる1つひとつの観測値 (x_i, y_i) が母集団分布から無作為に抽出

された標本であれば，この前提が成り立つことになります。観測された説明変数と被説明変数 (x_i, y_i) は，独立に同一の母集団分布に従う（i.i.d.）確率変数 (X_i, Y_i)（ただし $i=1, \cdots, n$）の実現値ですが，無作為に抽出されていればお互いの観測値は独立に選ばれていることが保証されます。別の言い方をすれば，データに含まれるそれぞれの説明変数と被説明変数の値は，同じ確率分布に従う確率変数の実現値ということ以外には何の関係もないといえます。

たとえば，データに記録された1人目のテストの点数は平均より高く，毎日朝ご飯を食べている生徒だったとします。無作為抽出とは，「1人目のテストの点数が平均より高かったからといって，2人目にはテストの点数が平均より低い生徒が選ばれやすくなることはない」ということを意味しています。この標本データが母集団分布からの無作為抽出であるという仮定は，標本が母集団分布のミニチュアになっているということの別表現であり，統計的推論が意味のあるものになるうえでとても重要な仮定です。

さらに，単回帰分析における重要な仮定として，「説明変数と誤差項が平均独立」であるというものがありました。この仮定が満たされているのであれば，標本において外的条件が制御されていると考えることができますので，回帰分析の結果として得られる傾きパラメーターの推定値を政策の因果効果として解釈することができます。

モーメント法

それでは，上で説明した単回帰モデルの誤差項における因果関係のための2つの仮定を使って，回帰パラメーターを推定する方法（モーメント法）を具体的に見ていきましょう。本章第4節で説明する残差2乗和の最小化による解法のほうが最小2乗法の考え方としては理解しやすいかもしれませんが，モーメント法では計算が比較的簡単というメリットがありますので，まずはモーメント法から紹介します。

先ほど，誤差項の平均独立と誤差項の期待値が0であるという2つの仮定から，

$$\mathrm{E}[U \mid X] = \mathrm{E}[U] = 0 \tag{5.2}$$

となることを確認しました。まず，この (5.1) 式と (5.2) 式から回帰パラメ

ターを母集団分布におけるさまざまな変数の期待値（共分散や分散も期待値の組合せです）の組合せとして書くことができることを確認します（このように，推定したいパラメーターを母集団分布におけるさまざまな変数の期待値の組合せで書けるときに，パラメーターは**識別できる**といいます）。次に，この母集団分布における期待値を標本平均で置き換えることによって，回帰パラメーターの具体的な推定値を計算します。

まず，説明変数 X と誤差項 U が平均独立であれば，共分散も 0，つまり $\mathrm{Cov}[X, U] = 0$ となります（平均独立であれば必ず相関は0になりますが，証明には第3章で紹介した「繰り返し期待値の法則」を使います。この証明については，ウェブサポートページの補論を参照してください）。さらに，$\mathrm{E}[U] = 0$ という仮定のもとでは，説明変数 X と誤差項 U を掛け合わせたものの期待値 $\mathrm{E}[XU]$ も 0 になります。

誤差項の仮定の式 $\mathrm{E}[U] = 0$ と $\mathrm{E}[XU] = 0$ という2つの式に，単回帰モデルを誤差項の式として書き直した $U = Y - \beta_0 - \beta_1 X$ を代入すると，

$$\mathrm{E}[Y - \beta_0 - \beta_1 X] = 0 \tag{5.3}$$
$$\mathrm{E}[X(Y - \beta_0 - \beta_1 X)] = 0 \tag{5.4}$$

となります。これらの式は，**モーメント**（または**積率**）**条件**とよばれるものです。この2本の式を，β_0 と β_1 を変数とする連立方程式として見てみると，β_0 と β_1 という2つの変数（パラメーター）について（原則的には）解くことができます。

まず，1本目の式 $\mathrm{E}[Y - \beta_0 - \beta_1 X] = 0$ を第3章で学んだ期待値の性質を使って書きなおすと，

$$\mathrm{E}[Y] - \beta_0 - \beta_1 \mathrm{E}[X] = 0$$

となるので，

$$\beta_0 = \mathrm{E}[Y] - \beta_1 \mathrm{E}[X]$$

となります。次に，(5.4) 式の左辺を整理すると，

$$\mathrm{E}[X(Y - \beta_0 - \beta_1 X)] = \mathrm{E}[XY] - \beta_0 \mathrm{E}[X] - \beta_1 \mathrm{E}[XX]$$

となります。この式の β_0 に $\beta_0 = \mathrm{E}[Y] - \beta_1 \mathrm{E}[X]$ を代入して整理すると，

$$\begin{aligned}
\mathrm{E}[XY] - \beta_0 \mathrm{E}[X] - \beta_1 \mathrm{E}[XX] &= \mathrm{E}[XY] - (\mathrm{E}[Y] - \beta_1 \mathrm{E}[X])\mathrm{E}[X] - \beta_1 \mathrm{E}[XX] \\
&= \mathrm{E}[XY] - \mathrm{E}[Y]\mathrm{E}[X] - \beta_1(\mathrm{E}[XX] - \mathrm{E}[X]\mathrm{E}[X]) \\
&= \mathrm{Cov}[X, Y] - \beta_1 \mathrm{V}[X]
\end{aligned}$$

となります。この式の値が 0 なので，$\mathrm{Cov}[X, Y] - \beta_1 \mathrm{V}[X] = 0$，つまり，

$$\beta_1 \mathrm{V}[X] = \mathrm{Cov}[X, Y]$$

となります。もし説明変数 X の分散 $\mathrm{V}[X]$ が 0 でなければ，この式の両辺を分散 $\mathrm{V}[X]$ で割って β_1 について解くことで，傾きパラメターを

$$\beta_1 = \frac{\mathrm{Cov}[X, Y]}{\mathrm{V}[X]}$$

と表すことができます。さらに $\beta_1 = \mathrm{Cov}[X, Y]/\mathrm{V}[X]$ を β_0 の式に代入すると，切片パラメターも次のように書けることがわかります。

$$\beta_0 = \mathrm{E}[Y] - \frac{\mathrm{Cov}[X, Y]}{\mathrm{V}[X]} \mathrm{E}[X]$$

このように，傾きパラメター β_1 は説明変数 X と被説明変数 Y の共分散 $\mathrm{Cov}[X, Y]$ を説明変数 X の分散 $\mathrm{V}[X]$ で割ったもので表せます。また，切片パラメター β_0 は，傾きパラメター β_1 に説明変数 X の期待値 $\mathrm{E}[X]$ を掛けたものを被説明変数 Y の期待値 $\mathrm{E}[Y]$ から引いたものとして表すことができます。

(5.3)，(5.4) の 2 本の式は，母集団分布における期待値（分散や共分散も期待値記号 $\mathrm{E}[\cdot]$ を使って計算するものですので，期待値の仲間と言えます）と回帰パラメターとの関係を表しています。これらの母集団分布における期待値を標本平均（**標本版**とよぶことがあります）で置き換え，標本から平均を計算することで回帰パラメターの具体的な値（推定値）を求めることができます。このように，母集団分布におけるモーメント条件を標本平均で置き換えてパラメターを求める方法は，**モーメント法**とよばれます。標本平均を使って実際に計算された回帰パラメターの推定値は，もともとの回帰パラメターと区別するために "＾"（ハット）をつけて表します（標本平均に確率変数（Y_i, X_i）の実現値としてのデータを代入したものは推定値になりますが，標本平均を i.i.d. の確率変数（Y_i, X_i）で表したものはまだ推定量と言えます。この ＾ の記号は，混乱が生じない限り推定量と推定値の両方に用います）。

$$\hat{\beta}_1 = \frac{\frac{1}{n}\sum_{i=1}^{n}(x_i-\bar{x})(y_i-\bar{y})}{\frac{1}{n}\sum_{i=1}^{n}(x_i-\bar{x})^2} \tag{5.5}$$

$$\hat{\beta}_0 = \bar{y} - \hat{\beta}_1 \bar{x} \tag{5.6}$$

 別の言い方をすれば,モーメント法は標本平均で置き換えたモーメント条件が満たされるように回帰パラメターを求める方法ということになります。

 以上をまとめると,最小2乗法による傾きパラメターの推定値は,「説明変数と被説明変数の標本共分散を説明変数の標本分散で割ったもの」になります。もし X と Y が正の相関をしていれば,傾きは正になり,負の相関をしていれば,傾きは負になります。政策の効果を見る際にはこの傾きパラメターの推定値が重要であり,外的条件が制御されているのであればこの傾きパラメターの値を政策の因果効果と解釈することができます。

CHECK POINT 18

□ 最小2乗法は回帰モデルのパラメターを推定する方法です。単回帰モデルの2つの仮定(モーメント条件)の標本版を満たすように切片パラメターと傾きパラメターを選ぶ計算方法はモーメント法とよばれます。

---

3 傾きパラメターをどう解釈するか?

単回帰モデル

$$Y = \beta_0 + \beta_1 X + U$$

の傾きパラメター β_1 を見ると,政策変数 X と成果変数 Y の間の統計的な関係がわかります。さらに,外的条件が制御されている場合には,この傾きパラメターの推定値 $\hat{\beta}_1$ が政策効果の推定値となります。それでは,推定された傾きパラメターの値から,政策の効果がどのくらいあると解釈することができるで

しょうか。

傾きパラメーター β_1 の推定値の解釈は，説明変数と被説明変数それぞれの単位によって決まります。イメージをつかむために，被説明変数 Y を年収（万円），説明変数 X を学歴（修学年数）として，「修学年数が増えると，年収がどれだけ増えるのか」を調べることを考えてみましょう。

単回帰モデルの両辺について，説明変数 X での条件付き期待値をとると，

$$\mathrm{E}[Y \mid X] = \beta_0 + \beta_1 X$$

となっています。説明変数の単位は「年」で，被説明変数の単位は「万円」ですので，傾きパラメーター β_1 の解釈は，「修学年数が 1 年増えると，年収が β_1 万円増える」ということになります。

いま見たように，説明変数と被説明変数の両方がそれらの変数そのものになっている場合（この場合を被説明変数と説明変数がともに「レベル」になっているということがあり，「レベル＝レベル・モデル」とよぶことがあります），傾きパラメーターの解釈は簡単にできます。政策の因果効果の有無を調べるうえでは，この「レベル＝レベル・モデル」で十分ですが，効果の大きさを評価する際に，説明変数や被説明変数の単位に依存しない形で評価したい場合もあります。たとえば，ここで見た「レベル＝レベル・モデル」では，被説明変数の単位が「万円」から「千円」に変わると，β_1 の値は 10 倍になります。しかし，もし修学年数が 1 年増えたときに，年収が「何％」増えるのかがわかると，年収の単位に依存せずに政策効果を評価できます。

このように，説明変数が 1 単位増えたときに被説明変数が何％ 増えるのかを調べる方法として，被説明変数の自然対数をとる，つまり，被説明変数を $\ln Y$ とするやり方があります（自然対数については，第 3 章 68 ページの **Column ❼** を参照してください）。被説明変数を自然対数で変換した場合の回帰モデルは，

$$\ln Y = \beta_0 + \beta_1 X + U$$

となります。いま，X を ΔX だけ増やしたときに Y が ΔY だけ増えるとすると，

$$\ln(Y + \Delta Y) = \beta_0 + \beta_1(X + \Delta X) + U$$

となります。この式からもとの回帰モデルを引くと，

CHART 表5.1 4つのモデルにおける傾きパラメターの解釈

被説明変数	説明変数	解釈
Y（レベル）	X（レベル）	Xが1単位増えたとき，Yがβ_1単位増える
$\ln Y$（ログ）	X（レベル）	Xが1単位増えたとき，Yが$100\times\beta_1$%増える
Y（レベル）	$\ln X$（ログ）	Xが1%増えたとき，Yが$\beta_1/100$単位増える
$\ln Y$（ログ）	$\ln X$（ログ）	Xが1%増えたとき，Yがβ_1%増える

$$\ln(Y+\Delta Y)-\ln Y=\beta_1\Delta X$$

となります。ここで，

$$\ln(Y+\Delta Y)-\ln Y=\ln\left(1+\frac{\Delta Y}{Y}\right)\fallingdotseq\frac{\Delta Y}{Y}$$

と近似できることに注意すると（この近似についても，第3章の **Column ❼** を参照してください），$\Delta Y/Y=\beta_1\Delta X$，つまり，$\beta_1=(\Delta Y/Y)/\Delta X$ となります。これは，「Xを1単位増やしたときにYが$\beta_1\times100$% 増える」ことを意味しています。このように，被説明変数に自然対数をとったモデルは，対数の英語名ロガリズム（logarithm）の頭をとって「ログ＝レベル・モデル」とよびます。たとえば，被説明変数の年収のみ自然対数をとった回帰モデルでβ_1の推定値が0.09だとすると，「修学年数が1年増えると年収が9% 増える」という解釈になります（実は，この"修学年数が1年増えることによる年収の増加率"は**教育の収益率**とよばれるもので，後ほど実際のデータを使った分析例で紹介します）。

これ以外にも，説明変数のみ自然対数をとった「レベル＝ログ・モデル」や，両方とも自然対数をとった「ログ＝ログ・モデル」もあり，それぞれのモデルで傾きパラメーターの解釈も異なります。とくに，ログ＝ログ・モデルでは，「修学年数が1% 増えたときに年収がβ_1% 増える」という解釈になります。これは**弾力性**とよばれるもので，説明変数と被説明変数の両方の単位に依存しない政策効果の指標となります。これら4つのモデルにおける傾きパラメーターの解釈を**表5.1**にまとめておきます。

例5.1：学歴と年収の関係

本書のウェブサポートページにあるデータセット「**5_1_income.csv**」には，

4327人分の年収（income，単位は万円）と修学年数（yeduc），およびそれらの対数値（lincomeおよびlyeduc）が収録されています。このデータを使って学歴と年収の関係を調べましょう。

まず年収を修学年数に回帰する単回帰モデル

$$Y = \beta_0 + \beta_1 X + U$$

の傾きパラメターを推定します。まずはStataを使って推定した結果を見てみましょう（Stataの表の見方は，**Column ❾**を参照してください）。

```
. regress income yeduc

      Source |       SS       df       MS              Number of obs =    4327
-------------+------------------------------           F(  1,  4325) =  279.71
       Model |  8191296.88     1  8191296.88           Prob > F      =  0.0000
    Residual |   126657674  4325  29285.0113           R-squared     =  0.0607
-------------+------------------------------           Adj R-squared =  0.0605
       Total |   134848971  4326  31171.7455           Root MSE      =  171.13

------------------------------------------------------------------------------
      income |      Coef.   Std. Err.      t    P>|t|     [95% Conf. Interval]
-------------+----------------------------------------------------------------
       yeduc |     23.151   1.384255    16.72   0.000     20.43715    25.86485
       _cons |  -56.89278   19.35684    -2.94   0.003    -94.84211   -18.94344
------------------------------------------------------------------------------
```

修学年数の傾きパラメターの推定値は，およそ23となりました。つまり，「修学年数が1年伸びると，年収が23万円増える」ことを意味しています。

次に，年収の自然対数をとった単回帰モデル

$$\ln Y = \beta_0 + \beta_1 X + U$$

を推定してみましょう。

```
. regress lincome yeduc

      Source |       SS       df       MS              Number of obs =    4327
-------------+------------------------------           F(  1,  4325) =   82.56
       Model |  64.9296073     1  64.9296073           Prob > F      =  0.0000
    Residual |  3401.46889  4325   .786466794          R-squared     =  0.0187
-------------+------------------------------           Adj R-squared =  0.0185
       Total |  3466.39849  4326   .80129415           Root MSE      =  .88683
```

3 傾きパラメーターをどう解釈するか？

Column ❾　Stata の出力表の読み方

　簡単な回帰分析は Excel のアドインにある「データ分析」を使ってできますが，計量経済分析用に開発された Stata はとても簡単で便利ですので，本文中で紹介する推定結果は基本的には Stata（バージョン 13）での推定結果を使います（本書刊行時点で最新のバージョンは 14 ですが，分析結果は同じです）。

　Stata は大変便利なソフトウェアなのですが，推定結果の出力表は英語で表示されます。ここでは本文中で見た単回帰モデルの推定結果の出力表を使って，この読み方を簡単に説明します。

　最初の「regress income yeduc」は「年収（income）を修学年数（yeduc）に回帰する（regress）」という指示です。その結果が次に出力されています。

　まず，右上から始めましょう。「Number of obs=4327」というのは，この推定に用いた標本サイズ（Number of observations）が 4327，つまり 4327 人分のデータを使ったことを表しています。2 行とばして，「R-squared」とあるのは第 4 節で紹介する決定係数，「Adj R-squared」は第 6 章で説明する「自由度調整済み決定係数」です。

　次に左上の表を見てみましょう。「SS」というのは「2 乗和（sum of squares）」です。「Model」の行にある 2 乗和の値は，モデルによって「説明された変動」とよばれるもので，2 行下の総（Total）変動からその 1 行上の残差（Residual）変動を引いた値になっています。さらに，残差 2 乗和の右横に表示されている「df」の値は，自由度（degree of freedom）で，標本サイズから推定するパラメターの数（この例では 2）を引いたものになっています。残差 2 乗和を自由度で割った値がその右隣に表示されていますが（「MS」），これが（誤差項の分散が均一のときの）誤差項の分散の推定値になっています。

　最後に，下半分に表示される表について見ていきましょう。1 行目に表示されている言葉の意味を左から順に見ると，「被説明変数名（この例では income），係数（Coef.），標準誤差（Std. Err.），t 値（t），p 値（P>|t|），95％信頼区間（95% Conf. Interval）」となります。これらに該当する値が，それぞれの説明変数名および定数項（_cons）の右に順番に表示されています。

```
------------------------------------------------------------------------------
     lincome |      Coef.   Std. Err.      t    P>|t|     [95% Conf. Interval]
-------------+----------------------------------------------------------------
       yeduc |   .0651801   .0071735     9.09   0.000     .0511162    .0792439
       _cons |   4.385205   .1003118    43.72   0.000     4.188542    4.581867
------------------------------------------------------------------------------
```

修学年数の傾きパラメターの推定値は 0.065 となりました。つまり，「修学年数が 1 年伸びると，年収が 6.5% 増える」ことになります。

続けて，修学年数のみ自然対数をとった単回帰モデル

$$Y = \beta_0 + \beta_1 \ln X + U$$

を推定します。

```
. regress income lyeduc

      Source |       SS       df       MS              Number of obs =    4327
-------------+------------------------------           F(  1,  4325) =  243.32
       Model |  7182323.19     1   7182323.19          Prob > F      =  0.0000
    Residual |   127666648  4325      29518.3          R-squared     =  0.0533
-------------+------------------------------           Adj R-squared =  0.0530
       Total |   134848971  4326   31171.7455          Root MSE      =  171.81

------------------------------------------------------------------------------
      income |      Coef.   Std. Err.      t    P>|t|     [95% Conf. Interval]
-------------+----------------------------------------------------------------
      lyeduc |   297.5337   19.07433    15.60   0.000     260.1383    334.9292
       _cons |  -515.4777   50.03293   -10.30   0.000    -613.5679   -417.3875
------------------------------------------------------------------------------
```

すると，修学年数の傾きパラメターの推定値はおよそ 298 となりました。つまり，「修学年数が 1% 伸びると，年収が 2.98 万円増える」ことになります。修学年数の平均はおよそ 14 年なので，平均的な人の修学年数の 1% の伸びはおよそ 0.14 年，つまり 1.7 か月を意味しています。これをもとに修学年数が 1 年伸びたときどれだけ年収が増えるのかを計算すると，2.98 ÷ 0.14 ≒ 21.3 となり，修学年数の対数をとらなかったときと近い値になっていることがわかります。

最後に，年収と修学年数の両方を自然対数にした単回帰モデル

$$\ln Y = \beta_0 + \beta_1 \ln X + U$$

を推定しましょう。

```
. regress lincome lyeduc

      Source |       SS       df       MS              Number of obs =    4327
-------------+------------------------------           F(  1,  4325) =   67.91
       Model |   53.58981     1    53.58981           Prob > F      =  0.0000
    Residual | 3412.80868  4325   .789088713           R-squared     =  0.0155
-------------+------------------------------           Adj R-squared =  0.0152
       Total | 3466.39849  4326    .80129415           Root MSE      =  .88831

------------------------------------------------------------------------------
     lincome |      Coef.   Std. Err.      t    P>|t|     [95% Conf. Interval]
-------------+----------------------------------------------------------------
      lyeduc |   .8127273   .0986204     8.24   0.000     .6193808    1.006074
       _cons |   3.159469   .2586862    12.21   0.000     2.652311    3.666626
------------------------------------------------------------------------------
```

すると，傾きパラメターの推定値はおよそ 0.81 となります。つまり，「修学年数が 1％ 伸びると，年収が 0.81％ 増える」ことになります。これを言い換えると，「年収の就学年数に対する弾力性は 0.81」と言うこともできます。平均的な人の修学年数の 1％ の伸びは 0.14 年でしたので，修学年数が 1 年伸びたときの年収の伸びは，0.81 ÷ 0.14 ≒ 5.79％ となり，年収のみを対数としたときの結果に近いものになります。

CHECK POINT 19

□ 回帰モデルの係数パラメターの解釈は，被説明変数と説明変数の単位によって変わります。とくに被説明変数と説明変数それぞれの自然対数をとったときには，「％」の解釈になります。

最小 2 乗法の別解法

▶ 残差 2 乗和の最小化

上で見たモーメント法は，2 つの仮定から得られるモーメント条件を満たす

ように回帰パラメーターを求める方法でしたが，これとは別のやり方で回帰パラメーターを求めることもできます。そもそも最小2乗法（OLS）は残差2乗和を最小にするように回帰パラメーターを求める方法という意味なので，残差2乗和を最小にするこちらの方法のほうがより直感的に理解できるかもしれません。

データを (x, y) 平面にばらまいて，直線（1次関数）を1本引くと，それぞれのデータの説明変数 x_i の値に対して，1次関数上の値 $\hat{y}_i = \mathrm{E}[Y_i \mid X_i = x_i]$ と実際の被説明変数の値 y_i の2つが得られます。最小2乗法の基本的な考え方は，データをできるだけうまく説明してくれる直線（1次関数）を1本見つけるというものです。「できるだけうまく説明してくれる」1次関数とは，それぞれの観測値における説明変数 x_i の値に対して，実際の被説明変数の値 y_i と1次関数が予測する y の値 $\hat{y}_i$ の差 $y_i - \hat{y}_i = \hat{u}_i$（この $\hat{u}_i$ は誤差項の推定値という意味で**残差**とよばれます）をできるだけ小さくしてくれる直線になります（図5.1参照）。

ただし，差をできるだけ小さくするといっても，場合によって残差は正の値にも負の値にもなります。そこで，それぞれの残差を2乗したものをすべての観測値について計算し，その総和を最も小さくしてくれる1次関数を選ぶことで，切片パラメーターと傾きパラメーターを選びます。

具体的には，次の残差2乗和の最小化問題を解くことで，回帰パラメーターを求めることができます。

$$\min_{\hat{\beta}_0, \hat{\beta}_1} \sum_{i=1}^{n} \hat{u}_i^2 = \sum_{i=1}^{n}(y_i - \hat{\beta}_0 - \hat{\beta}_1 x_i)^2$$

つまり，残差2乗和を最小にする β_0 と β_1 を選ぶということです。この最小化問題の解き方は **Column ❿**（120ページ）を参照していただきたいのですが，この問題の答えは必ず次の2本の式（これらの式は，「最小化問題の1階の必要条件」とよばれます），

$$\sum_{i=1}^{n}(y_i - \hat{\beta}_0 - \hat{\beta}_1 x_i) = 0 \tag{5.7}$$

$$\sum_{i=1}^{n} x_i(y_i - \hat{\beta}_0 - \hat{\beta}_1 x_i) = 0 \tag{5.8}$$

を満たすものとなります。これは108ページで見たモーメント条件（5.3），(5.4) 式を標本平均で置き換えたもの（の両辺に標本サイズ n を掛けたもの）とまったく同じであることに注意してください。その結果，この方法によって求

CHART 図5.1 最小2乗法のイメージ ($\hat{u}_i = y_i - \hat{\beta}_0 - \hat{\beta}_1 x_i$)

められる回帰パラメーターの推定値も，モーメント法で求める推定値とまったく同じものが得られることが確認できます。

　モーメント法であれ，残差2乗和を最小にする方法であれ，最小2乗法によって得られる推定値はまったく同じものになります。さらに，これらの最小2乗推定量は次の性質を持っています。まず，最小2乗残差の和は0なので，最小2乗残差の平均も必ず0になります。また，説明変数 x_i と最小2乗残差 $\hat{u}_i$ の共分散も0になります。これは（5.6）式からわかるように，説明変数と誤差項の共分散が0になるように回帰パラメーターを求めたので，当たり前のことです。さらに，最小2乗法で推定した単回帰モデルは必ず標本の平均 $(\bar{x}, \bar{y})$ を通ります。これも，（5.5）の式からわかるように回帰パラメーターのうち，切片パラメーターはそのようになるように選んだので，当たり前の性質です。

決定係数

　最小2乗法で求めた回帰パラメーターを使うと，残差2乗和が必ず最小になっていますが，標本サイズが大きいとき，すべての観測値を完全に予測すること

ができる1次関数を選ぶことは（一般的には）不可能です。そこで、最小2乗法によって求めた1次関数が、どの程度データを説明してくれているのかを表す指標として、最小化された残差2乗和がどのくらい残されているのかから判断することがあります。「もし1次関数がデータをうまく説明してくれている（フィットが良い）のであれば、この最小化された残差2乗和は十分に小さくなっているはず」というのが基本的な考え方です。

しかしながら、残差2乗和は0以上の値をすべての観測値について足し合わせたものなので、標本サイズが大きくなると自動的に残差2乗和も大きくなってしまいます。そこで、回帰モデルの当てはまりの良さの指標を考えるためには、この標本サイズの影響を何らかの形で標準化する必要があります。1つの方法は、被説明変数のばらつき（これを**総変動**とよびます）のうち、どれだけの割合が残差2乗和（これを**残差変動**とよびます）によるものなのかという比率をとることです。そして、総変動に占める残差変動の割合を1から引いたものが当てはまりの指標である**決定係数**になります。

具体的に、標本サイズ n のデータ $\{(y_i, x_i)\}$ において、「総変動」は $\sum_{i=1}^{n}(y_i - \bar{y})^2$（ただし、$\bar{y}$ は被説明変数 y_i の平均）となり、「残差変動」は残差 $\hat{u}_i = y_i - \hat{\beta}_0 - \hat{\beta}_1 x_i$ を使って、$\sum_{i=1}^{n} \hat{u}_i^2$ となります。これらを使うと、決定係数 R^2 は、

$$R^2 = 1 - \frac{\sum_{i=1}^{n} \hat{u}_i^2}{\sum_{i=1}^{n}(y_i - \bar{y})^2}$$

となります。

もし被説明変数を完全に説明してくれる1次関数を見つけることができるのであれば、残差変動は0になり、その結果、決定係数は1になります。逆にデータをまったく説明してくれない場合には、総変動に占める残差変動の割合が1になり、決定係数は0になります。このように、決定係数は0から1までの値をとり、1に近いほど回帰モデルのデータへの当てはまりが良いということになります。

例5.2：決定係数

例5.1の回帰分析結果の最初の出力表の右上の上から4行目に「R-squared =0.0607」と表示されています。これが2乗されたR、つまり決定係数です。決定係数が0.0607ということは、「この単回帰モデルを使うと、被説明変数の

Column ❿ 最小化問題と 1 階条件

　残差 2 乗和の最小化問題を解くことで回帰パラメーターを推定することができることを説明しましたが，ここでは残差 2 乗和の最小化問題の解き方について簡単に説明します。

　まず基本的な考え方を理解するために，$f(x) = (x-2)^2 = x^2 - 4x + 4$ を最小にする x の求め方を見てみましょう。この式は $f(x) = (x-2)^2$ となっていますので，必ず 0 以上の値になることがわかります。それでは，$f(x)$ が最小になるのは x がいくつのときでしょうか。それは $x = 2$ のときで，$f(x)$ の最小値は $f(2) = (2-2)^2 = 0$ になります。

　この $f(x)$ を書いたグラフが次のものです。

　$f(x)$ の値が最小になる点は $x = 2$ ですが，$x = 2$ のときにこの $f(x)$ に接する直線の傾きが 0 になっています。最小化問題の 1 階の必要条件とは，この傾きが 0 になるという条件です。もし接線の傾きが負のとき（x が 2 より小さいとき）は，さらに x を増やすことによって $f(x)$ の値を減らすことができます。逆に，接線の傾きが正のとき（x が 2 より大きいとき）は，さらに x を減らすことによって $f(x)$ の値を減らすことができます。そして接線の傾きがちょうどゼロのときには，それ以上 $f(x)$ の値を減らすことができなくなっているので，$f(x)$ が最小となる点になっています。

　さて，$f(x)$ の接線の傾きはどうやって求めることができるのでしょうか。それは $f(x)$ を x で微分したものです（微分が接線の傾きとなっている点については第 3 章 65 ページの **Column ❺** を参照してください）。一般的に正の整数 a について $f(x) = x^a$ を x について微分すると，

$$\frac{df(x)}{dx} = a \times x^{a-1}$$

になります。この関係を利用して，$f(x) = x^2 - 4x + 4$ を x で微分して x における

動き（総変動）のおよそ 6% を説明変数の動きで説明できる」ことを意味しています。

CHECK POINT 20

☐ 最小 2 乗法の解法として，モーメント法のほかにも残差の 2 乗和を最小にする方法がありますが，どちらの解法を用いても結果はまったく同じものになります。

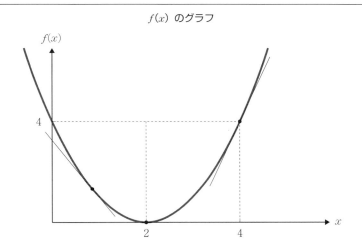

$f(x)$ のグラフ

傾きを求めると，
$$\frac{df(x)}{dx} = 2x - 4$$
となります。この傾きが 0 になる点を探すためには，$2x - 4 = 0$ から $x = 2$ が求まります。

残差 2 乗和も必ず 0 以上になるので，基本的には $f(x) = x^2 - 4x + 4$ の最小化問題と同じです。ただし，単回帰モデルの残差 2 乗和の最小化問題は β_0 と β_1 の 2 つのパラメーターを選んで残差 2 乗和を最小化するので，1 階の必要条件は，残差 2 乗和を β_0 と β_1 のそれぞれで偏微分したものを 0 とするものになります（偏微分についても第 3 章の **Column ❺** を参照してください）。本文で見た 2 本の式は，β_0 と β_1 のそれぞれで偏微分したものを 0 とおいたものです。

5 最小 2 乗推定量は良い推定方法か？

回帰分析は，標本を使って母集団分布の性質の 1 つとしての回帰パラメーターを推測するという意味で，統計的推論となっています。統計的推論の方法は一般的に推定量とよばれることはすでに述べました。いま説明した最小 2 乗法は，

標本から回帰パラメーターを推測する1つの方法という意味で，**最小2乗推定量**とよばれます。

統計的手法のおさらいで，推定量（推定方法）の良し悪しを見るうえで着目する性質として，その推定方法（推定量）は不偏性を持っているか，つまり「平均的に正しい値を得ることができる方法になっているのか」というものがありました。「平均的に正しい値を得ることができる」というのは，「推定量の期待値をとると，推定しようとしている母集団分布のパラメーターと同じになる」ということでしたが，実はこの最小2乗推定量は，ある一定の仮定が満たされているのであれば不偏推定量になっています。ここでは最小2乗推定量が不偏推定量になるための4つの仮定をまとめて書いておきます。

最小2乗推定量の不偏性のための4つの仮定

> **不偏性のための仮定**
> (1) 母集団分布において，確率変数 (Y, X, U) の間には次のような関係がある：
>
> $$Y = \beta_0 + \beta_1 X + U \text{（母集団モデルを単回帰モデルとして書ける）}$$
>
> (2) 母集団から標本サイズ n の無作為抽出標本 $\{(x_i, y_i)\}$（ただし $i = 1, \cdots, n$）が得られる（無作為抽出）
> (3) $E[U \mid X] = 0$（説明変数と誤差項は平均独立）
> (4) 説明変数 X に変動がある（すべての観測値が同じではない）

これらの不偏性のための4つの仮定は，単回帰モデルを使った政策の因果効果の推定のための2つの仮定と実は同じなのですが，それぞれの意味をもう一度確認しておきましょう。まず1つ目の仮定は，被説明（確率）変数，説明（確率）変数および誤差項 (Y, X, U) が従っている母集団分布において，この3つの確率変数の関係（母集団モデル）を単回帰モデルの形で表すことができるというものです。そもそも単回帰モデルについて議論しているので，この仮定はトートロジーのように聞こえるのですが，このように「単回帰モデルとして書ける」ということを明確にしておけば，いったい何を推測しようとしているのか（推定する回帰パラメーターは何か）をはっきりさせることができるので，と

ても大切です。母集団モデルの回帰パラメーターは**真のパラメーター**とよばれるもので，標本から真のパラメーターを推測することが分析の目的になっています。通常の単回帰分析においては，この仮定は満たされているものと（仮定）して分析を行います。

2つ目の仮定は標本データが無作為抽出になっているというものです。この仮定の重要性の説明はもう必要ないでしょう。

3つ目の仮定は誤差項と説明変数が平均独立であるという仮定で，外的条件が制御できているのであれば成り立っている仮定です。この仮定が成り立っていないと，最小2乗法で推定した説明変数の傾きパラメーターを因果効果として解釈できないので，とても大切な仮定であることはすでに繰り返し強調してきました。

最後の4つ目の仮定は，傾きパラメーターを「識別」するために必要な仮定です。回帰パラメーターを「識別できる」とは，真の回帰パラメーターを母集団分布の期待値の組合せで書き表すことができることだと述べました。もし説明変数 X の値がすべて同じだと，説明変数の分散が0となるので，

$$\mathrm{Cov}[X, Y] - \beta_1 \mathrm{V}[X] = 0$$

の式を

$$\beta_1 = \frac{\mathrm{Cov}[X, Y]}{\mathrm{V}[X]}$$

と書き直すことができません（0で割ろうとする行為は，数学上のルール違反です）。この4つ目の仮定が満たされていないと，説明変数の分散が0になり，傾きパラメーターを推定（識別）できなくなってしまうので，上で傾きパラメーターを求める際には，実は暗黙のうちに仮定されていたのです。

これらの4つの仮定が満たされているときに，最小2乗法は不偏性を持つ推定量（推定方法）になっています。最小2乗法が不偏性を持つということは，回帰パラメーター (β_0, β_1) の最小2乗推定量 $(\hat{\beta}_0, \hat{\beta}_1)$ の期待値が，真のパラメーター (β_0, β_1) となる，つまり

$$\mathrm{E}[\hat{\beta}_0] = \beta_0$$
$$\mathrm{E}[\hat{\beta}_1] = \beta_1$$

が成り立っているということと同じになります(最小2乗推定量の不偏性の証明は,ウェブ補論を参照してください)。最小2乗法はとても直観的な推定方法ですが,これらの4つの仮定が満たされているのであれば,平均的に正しい値を得ることができる良い方法であるともいえます。逆に言うと,この4つの仮定のうち,1つでも欠けると最小2乗推定量は必ずしも不偏性をもたないので,これらの4つの仮定は,最小2乗推定量が良い推定方法であると主張するうえでとても大切だといえます。

最小2乗推定量の分散

最小2乗推定量は4つの仮定のもとで不偏性を持つことがわかりました。最小2乗推定量が不偏性を持つということは,最小2乗法が平均的に正しい値を得る方法になっているということでした。この「平均的に正しい値を得ることができる」ということは,逆に言うと「正しい値以外の推定値を得ることもある」ということでもあります。これは,最小2乗法によって得られる推定値は,真の回帰パラメターの周りに散らばっている(分布している)ことを示唆しています。

最小2乗推定量は平均的に当たっている推定方法ですが,最小2乗推定量が真の値の周りにどのように分布しているのかがもう少しわかれば,実際に得られた推定値がどの程度信頼のできる結果なのかがわかります。回帰分析では,推定された回帰パラメターの値に意味があるかどうかを必ず統計的に検定しますが,この推定量の分布がわかってはじめてこのような検定が可能となります。この分布を調べるために,まずは誤差項の分散が説明変数 X の値によって変わらないという**分散均一**のケースについて見ていきましょう。

誤差項 U の分散均一の仮定は,第3章で定義した条件付き分散を使って,

$$\mathrm{V}[U \mid X] = \mathrm{V}[U] = s^2$$

と書くことができます。つまり,誤差項 U の分散が,説明変数 X の値によらず一定であるということです。

誤差項の分散が均一であるという仮定のもとで最小2乗推定量の分散を求めると,傾きパラメターの最小2乗推定量の(説明変数 $X_1 = x_1, \cdots, X_n = x_n$ で条件付けした)分散は,

$$\mathrm{V}[\hat{\beta}_1 \mid x_1, \cdots, x_n] = \frac{s^2}{\sum_{i=1}^{n}(x_i-\bar{x})^2}$$

となり,誤差項の分散 s^2 を説明変数の変動 $\sum(x_i-\bar{x})^2$ で割ったものになります。また,切片パラメーターの最小2乗推定量の分散は,

$$\mathrm{V}[\hat{\beta}_0 \mid x_1, \cdots, x_n] = s^2\left(\frac{1}{n} + \frac{\bar{x}^2}{\sum_{i=1}^{n}(x_i-\bar{x})^2}\right)$$

となります(この最小2乗推定量の分散の導出方法を知りたい方は,ウェブサポートページの補論を参照してください)。

この分散の式を見ると,誤差項の分散 s^2 が大きいほど,回帰パラメーターの推定量の分散が大きくなることがわかります。さらに,説明変数の変動 $\sum_{i=1}^{n}(x_i-\bar{x})^2$ が大きいほど,回帰パラメーターの推定量の分散は小さくなることもわかります。一般的に標本サイズが大きいほど情報量が多いので,推定の精度が上がるのですが,傾きパラメーターの推定においても,標本サイズが大きくなるほど説明変数の変動が大きくなるので,傾きの推定量の分散が小さくなり,結果として推定の精度が上がっていくことが見てとれます。

誤差項の分散の推定法

回帰パラメーターの最小2乗推定量の分散は分散均一の仮定のもとでは説明変数の変動と誤差項の分散(および標本サイズ)を組み合わせることで求めることができました。しかしながら,実際の推定において誤差項の分散 s^2 があらかじめわかっていることは稀ですので,誤差項の分散も回帰パラメーターと同様に推定する必要があります。

まず当たり前のこととして,誤差項 U_i は観測できないので,誤差項の分散 s^2 は事前にはわかりません。しかし,最小2乗法によっていったん回帰パラメーターを推定した後には,残差 $\hat{u}_i = y_i - \hat{\beta}_0 - \hat{\beta}_1 x_i$ を求めることができます。この残差が誤差項 U_i の推定値になります。この(目に見える,観測された誤差項の推定値としての)残差を使えば,誤差項の分散を推定することができます。

具体的には,残差2乗和を標本サイズ(から回帰パラメーターの数2を引いたもの)で割ったもの

$$\hat{s}^2 = \frac{1}{n-2}\sum_{i=1}^{n}\hat{u}_i^2$$

が誤差項の分散の推定値になります。この残差2乗和を標本サイズから2を引いたもので割った誤差分散の推定量は不偏性をもっていることが知られています。

例5.3：誤差項の分散

例5.1の最初の分析結果から、残差2乗和は126657674となることがわかりました（Stataの出力表では、左上の表のResidual〔残差の意味です〕のすぐ横に残差2乗和が表示されています）。これを標本サイズから推定するパラメターの数2を引いた値（自由度）で割ると、誤差項の分散の推定値が得られ、およそ29285となります。

CHECK POINT 21

☐ 最小2乗法は、4つの仮定が満たされているときには平均的に正しい係数パラメターを推定できる不偏性という望ましい性質を持っています。

EXERCISE ●練習問題

◎確認問題

5-1 1次関数 $y = \beta_0 + \beta_1 x$ について、
 (1) $\beta_0 = -5$, $\beta_1 = 2$ のときのグラフを描きましょう。
 (2) $\beta_0 = 2$, $\beta_1 = -1$ のときのグラフを描きましょう。

5-2 単回帰モデル $Y_i = \beta_0 + \beta_1 X_i + U_i$ を、次の標本サイズ5のデータを使って推定します。

$$x : -2, -1, 0, 1, 2$$
$$y : -4, -2, 3, 1, 2$$

 (1) x と y の平均を求めましょう。
 (2) x の標本分散と、x と y の標本共分散を求めましょう。
 (3) (1) と (2) の結果を使って、傾きパラメターと切片パラメターの最小2乗法による推定値を求めましょう。
 (4) (3) で求めた回帰パラメターの推定値を使って、5つの観測値それぞれ

について残差を求めましょう．
(5) (4)で求めた残差の2乗和を計算し，それを y の総変動で割ったものを1から引くことで，決定係数を求めましょう．
(6) (5)で計算した残差2乗和を（標本サイズ−2）で割ることによって，誤差項の分散の推定値を求めましょう．
(7) (6)で求めた誤差項の分散の推定値を使って，傾きパラメターの最小2乗推定量の分散の推定値を求めましょう．なお，この分散の推定値の平方根が「標準誤差」とよばれるものになり，第6章で詳しく説明します．

5-3 次の表は，ある大学の4人の大学生のGPA（「grade point average」の略称で，学生の成績評価の指標です）と，大学入学試験での偏差値をまとめたものです．

学生	GPA	入試偏差値
1	2.7	50
2	2.4	55
3	3.3	65
4	3.5	70

(1) GPAと入試偏差値の関係を調べます．GPAを入試偏差値に回帰する単回帰モデル GPA $= \beta_0 + \beta_1$(偏差値) $+ U$，の回帰パラメター (β_0, β_1) を最小2乗法で推定しましょう．入試偏差値とGPAの関係はどのようになっていますか．入試偏差値が5ポイント高いと，GPAがどれだけ変化するでしょうか．
(2) 入試偏差値から予測されるGPAと残差をそれぞれの学生について求め，残差の和がゼロになることを確認しましょう．
(3) 決定係数を求めましょう．入試偏差値はGPAをどのくらい説明しているでしょうか．

5-4 次の条件付き期待値に関する式が成り立つことを確認しましょう．
(1) a は定数，X は確率変数とすると，$\mathrm{E}[aX \mid X] = aX$
(2) X, U はともに確率変数とすると，$\mathrm{E}[UX^2 \mid X] = X^2 \mathrm{E}[U \mid X]$
(3) X, Y, U はともに確率変数で，$\mathrm{E}[YU \mid X] = 0$ とすると，$\mathrm{E}[UXY] = 0$

5-5 繰り返し期待値の法則を使って，確率変数 X と U が平均独立 $\mathrm{E}[U \mid X] = \mathrm{E}[U]$ であれば，X と U の共分散 $\mathrm{Cov}[X, U]$ は必ず0になることを確認しましょう．

5-6 単回帰モデルの傾きパラメターの推定量が不偏性を持つ，つまり $\mathrm{E}[\hat{\beta}_1] = \beta_1$ となることを確認しましょう．

5-7 単回帰モデルを標本サイズ n のデータを使って最小2乗法で推定し，残差

2乗和を自由度 $n-2$ で割った誤差項の分散の推定量 $\hat{s}^2$ が不偏性を持つ，つまり $\mathrm{E}[\hat{s}^2] = s^2$ となることを確認しましょう。

◎実証分析問題

5-A 本文中で見た年収と修学年数の関係についての単回帰モデルを使った分析結果を確認しましょう。本書のウェブサポートページから「**5_1_income.csv**」をダウンロードして，Excel や Stata を使って年収と修学年数の関係を表す 4 つの単回帰モデルをそれぞれ推定し，結果が同じになることを確認しましょう。

5-B 通勤時間が長いと，睡眠時間が短くなるか調べてみましょう。本書のウェブサポートページにある「**5_2_sleep.csv**」には，3726 人分の通勤時間（commute，単位は分）と睡眠時間（sleep，単位は分）のデータが収録されています。このデータを使って，睡眠時間を通勤時間に回帰する単回帰モデル

$$sleep_i = \beta_0 + \beta_1 commute_i + U_i$$

の回帰パラメターを推定しましょう。通勤時間が 1 分長くなると，睡眠時間がどれだけ短くなるでしょうか。

5-C 所得や生活水準といった経済的要因は，政治的な選好に影響を与えるのでしょうか。本書のウェブサポートページにある「**5_3_abe.csv**」には，4276 人分の年収（income，単位は万円）と当時の首相であった安倍晋三氏への感情を 0 から 100 までの数値で表したもの（abe，大きいほど支持が強い）が収録されています。このデータを使って，単回帰モデル

$$abe_i = \beta_0 + \beta_1 income_i + U_i$$

の回帰パラメターを推定し，賃金所得と支持感情の関係について議論してみましょう（ヒント：傾きパラメターの符号はどうなるでしょうか）。

CHAPTER

第 **6** 章

重回帰分析の基本

外的条件を制御して本質に迫る

INTRODUCTION

　単回帰モデルの分析では，外的条件が制御されているときにだけ，傾きパラメターの推定値を政策の因果効果と解釈できることを学びました。本章では，外的条件を制御する方法の1つとして，政策変数以外の説明変数（共変量）を回帰式に含めて分析を行う重回帰モデルについて学びます。

1 外的条件を制御する重回帰モデル

　政策の効果を測定するうえで最小限必要とされるものは，政策と成果に関する情報であり，単回帰分析においては政策の情報を説明変数，成果の情報を被説明変数とよびました。もし政策の効果を推定するために使用する標本の外的条件が（実験等によって）制御されていれば，単回帰モデルの傾きパラメターの推定値を政策の効果と解釈することができました。

　しかしながら，政策評価が必要とされる多くの場面においては，実験的な状況で集められたデータが手元にあるケースは稀です。そのため，外的条件の制御されていない状況で収集された観察データから，政策の効果を推測しなければならない場合が多くあります。観察データが政策と成果についての情報を変数として含んでいても，外的条件に関する情報がなければ，いくら単回帰モデルの回帰パラメターを推定したところで，その推定結果を政策の因果効果と解釈することはとても難しくなります。

　観察データ自体は外的条件の制御されていない状況で集められたものだとしても，外的条件に関する情報を同時に調査していて，それらの情報が標本データの中に含まれている場合には，これらの情報を使うことによって，政策の因果効果に迫ることができます。

　例として，朝ご飯とテストの点数の関係について再び考えてみましょう。算数のテストの点数（Y）と毎朝ご飯を食べているかどうか（毎日食べていれば 1, そうでなければ 0 になるダミー変数 X）の関係を調べるために，次の条件付き期待値

$$E[Y \mid X]$$

を調べます。この条件付き期待値を 1 次関数としてモデル化し，誤差項を付け加えたもの

$$Y = \beta_0 + \beta_1 X + U$$

が単回帰モデルとよばれるものでした。この単回帰モデルの回帰パラメターを

推定すると，傾きパラメーターの推定値 $\hat{\beta}_1$ を得ることができます。この推定値を「朝ご飯を毎日食べることによるテストの点数の増加分」と解釈するためには，推定に用いた標本データにおいて，家庭環境をはじめとする外的条件が制御されている必要がありました。そして外的条件を制御するためには，家庭環境などの，政策変数以外で成果変数に影響を与えそうな要因を回帰モデルに含めて推定する必要があります。

重回帰モデル

そこで，アンケート調査において朝ご飯を毎日食べているかという調査項目のほかに，両親の学歴や家計所得，塾に通っているかといった家庭での学習環境に関する質問項目も含まれていたとします。この家庭環境に関する情報（ここでは C とよんでおきましょう）を使うことで，家庭環境を制御したうえでの条件付き期待値

$$\mathrm{E}[Y \mid X, C]$$

を調べることができます。実はこの条件付き期待値を調べることにより，「家庭環境という外的条件を制御したうえで，毎日朝ご飯を食べることがテストの点数に与える効果」を計測することができます。この条件付き期待値を，単回帰モデルのように回帰パラメーターについて線形の式でモデル化してやると，

$$\mathrm{E}[Y \mid X, C] = \beta_0 + \beta_1 X + \beta_2 C$$

となります。単回帰モデルとの違いは，最後に共変量としての家庭環境を制御するための変数が追加されている点です。さらに，単回帰モデルと同様に誤差項 U を付け加えることによって，被説明変数 Y を左辺の変数とする式

$$Y = \beta_0 + \beta_1 X + \beta_2 C + U$$

が書けます。この回帰式は，右辺の変数が複数（多重に）あるという意味で**重回帰モデル**とよばれます。もしテストの点数に影響を与える外的条件 C に関する情報がデータとして含まれているのであれば，この重回帰モデルの回帰パラメーター $(\beta_0, \beta_1, \beta_2)$ を推定することによって，外的条件を制御しながら「朝ご飯を毎日食べることがテストの点数に与える因果効果（この式では説明変数 X の

係数 β_1 の推定値になります)」を測定することができるのです。

上で見た重回帰モデルは，説明変数が政策変数と外的条件を制御するもう1つの変数（共変量）からなるモデルですので，単回帰モデルをもう1段階拡張したものと言えます。外的条件を制御する変数は何も1つでなければならないということはなく，成果変数に影響を与える外的な要因で観測できるものを複数含めることもできます。たとえば，k 個の説明変数をもつ重回帰モデルは，

$$Y = \beta_0 + \beta_1 X_1 + \beta_2 X_2 + \cdots + \beta_k X_k + U$$

と書くことができます。この重回帰モデルの回帰パラメターは $(\beta_0, \beta_1, \cdots, \beta_k)$ の $k+1$ 個となります。この回帰パラメターの意味は単回帰モデルと同じで，β_0 は切片パラメター，β_1 は X_1 の傾きパラメター，β_k は X_k の傾きパラメターということになります。当然のことですが，この式の回帰パラメターを推定するためには，たとえば n 人分の $(Y_i, X_{1i}, \cdots, X_{ki})$ の観測値 $\{(y_i, x_{1i}, \cdots, x_{ki})\}$（ただし $i=1, \cdots, n$）を使うことになります。

朝ご飯とテストの点数の関係についての例では，最初の説明変数が政策変数，2番目の説明変数が外的条件を制御するための共変量となっていました。この重回帰モデルを使うと，家庭環境がテストの点数に与える効果も見ることができます。たとえば，家計所得を家庭環境を表す変数とすると，家計所得を「政策変数」，朝ご飯を食べているかどうかを「共変量」とすることで，「朝ご飯を毎日食べているかどうかという外的条件を制御したうえで，家計所得を増やすとテストの点数が上がるか」を調べていると見ることもできます。このように，共変量を使って外的条件を制御しながら，政策変数の効果を見るというアプローチは，「他の要件を一定とする」という意味のラテン語，「セテリス・パリブス」（ceteris paribus）からとって，**セテリス・パリブス・アプローチ**とよばれます。傾きパラメター β_1 の解釈は，「家計所得という他の要因は一定として（制御して），朝ご飯を毎日食べるとテストの点数が β_1 だけ上がる」ということになります。また，β_2 の解釈も同様に，「朝ご飯を毎日食べるかどうかという他の要因は一定として（制御して），家計所得を増やすとテストの点数が β_2 だけ上がる」ということになります。

例6.1：教育の収益率（ミンサー方程式）

修学年数を1年伸ばすことによる所得の増加率は，**教育の収益率**とよばれ，この計測は長い間，労働経済学における中心的な位置を占めています。教育の収益率を計測する際に使われる重回帰モデルは次のようなものです。

$$\ln(賃金) = \beta_0 + \beta_1(修学年数) + \beta_2(就業可能年数) + \beta_3(就業可能年数)^2 + U$$

この式の β_1 が「修学年数を1年増やしたときの賃金の増加率」つまり教育の収益率になっています。

この重回帰モデルには，修学年数の他に「就業可能年数」が説明変数として含まれています。就業可能年数とは，最後の学校を卒業してからの年数で，「就業可能年数＝年齢－修学年数－6」として計算します（ここで6を引くのは小学校に入学する年齢が6歳だからです）。就業可能年数はその人の「熟練度」を表しています。熟練度は賃金に影響を与えますので，修学年数の純粋な効果を計測するためには，外的条件としての熟練度を制御する必要があります。また，就業可能年数の2乗の項を共変量として含めることで，熟練度が賃金に与えるより複雑な影響を捉えることができます（2乗項の係数の解釈については，第7章で詳しく見ます）。

教育の収益率を調べるために使うこの重回帰モデルは，開発者であるポーランド人労働経済学者，ジェイコブ・ミンサーの名前をとって**ミンサー方程式**とよばれます。このミンサー方程式は，個人が修学年数を最適に選ぶという最適化行動の結果として導くことができますので，理論的な裏付けを持った重回帰モデルにもなっています。

重回帰モデルの推定

次に，複数の説明変数をもつ重回帰モデルの回帰パラメーターの推定方法について見ていきましょう。単回帰モデルの推定のときには，データをできる限りうまく説明してくれる直線（1次関数）を1本探すことによって回帰パラメーターを求めました。重回帰モデルの推定も基本的に同じアイデアを使って回帰パラメーターを求めます。ただし，重回帰モデルの場合には，直線ではなく，データをうまく説明してくれる（多次元の）平面を1枚探すことになります（**図6.1**

CHART 図6.1 重回帰モデルのイメージ

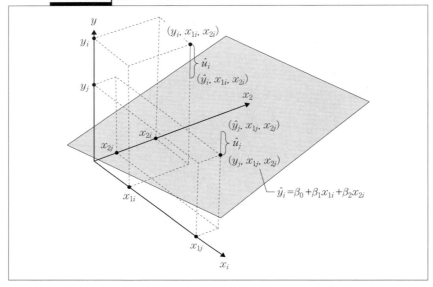

参照）。そして，データをうまく説明してくれる平面の探し方は，データにおいて観測された k 個の説明変数から予測される被説明変数の値（平面上の点にあたります）と，実際に観測された被説明変数との差（残差）の2乗和を最小にするというものになります。この残差2乗和の最小化問題の1階条件として，$k+1$ 本の式が得られますが，この $k+1$ 本の式から $k+1$ 個の回帰パラメターを求めることができます（単回帰モデルでは，切片パラメターと説明変数の傾きパラメター1つで回帰パラメターの数が2だったので，2本の1階条件式からなる連立方程式を解いたことを思い出してください）。

また，単回帰モデルのときと同様に，モーメント法によってもまったく同じ回帰パラメターの推定値を得ることができます。この場合にもやはり単回帰分析のときと同様に，誤差項 U がそれぞれの説明変数（$X_1, \cdots, X_k$）と平均独立であるという仮定と，誤差項の期待値が0であるという仮定から得られる，$k+1$ 本のモーメント条件

$$\mathrm{E}[U \mid X_1]=0, \ \mathrm{E}[U \mid X_2]=0, \cdots, \mathrm{E}[U \mid X_k]=0, \ \mathrm{E}[U]=0$$

から，残差2乗和最小化問題の1階条件で得られるものとまったく同じ $k+1$ 本の式を得ることができます。この $k+1$ 本の式からなる連立方程式を解くことで，$k+1$ 個の回帰パラメーターの推定値を計算することができるのです。

例6.2：教育の収益率の推定

本書のウェブサポートページにある「6_1_income.csv」は，4299人分の年収（income，単位は万円）とその対数値（lincome），修学年数（yeduc），および就業可能年数（exper）とその2乗（exper2）が収録されています。このデータセットを使って，ミンサー方程式を推定してみましょう。

対数をとった年収を修学年数，就業可能年数およびその2乗に回帰する重回帰モデルの回帰パラメーターを Stata で推定した結果は次のようになります。

```
. regress lincome yeduc exper exper2

      Source |       SS       df       MS              Number of obs =    4299
-------------+------------------------------           F(  3,  4295) =  372.81
       Model |  712.697229     3   237.565743          Prob > F      =  0.0000
    Residual |   2736.9054  4295   .637230593          R-squared     =  0.2066
-------------+------------------------------           Adj R-squared =  0.2060
       Total |  3449.60263  4298   .802606474          Root MSE      =  .79827

-----------------------------------------------------------------------------
     lincome |      Coef.   Std. Err.      t    P>|t|     [95% Conf. Interval]
-------------+---------------------------------------------------------------
       yeduc |   .1175467   .0070603    16.65   0.000     .103705    .1313885
       exper |   .1961736   .0074935    26.18   0.000     .1814824   .2108649
      exper2 |  -.0063811   .0003162   -20.18   0.000    -.007001   -.0057613
       _cons |   2.485502   .1107823    22.44   0.000     2.268312   2.702693
```

修学年数の係数は0.118，つまり教育の収益率は11.8%になっていることがわかります。なお，就業可能年数が年収に与える効果の解釈については，第7章で詳しく説明します。

重回帰分析における決定係数 R^2

単回帰モデルの推定の時に，推定された単回帰モデルがデータをどの程度うまく説明してくれているかを測る指標として，決定係数 R^2 を紹介しました。決定係数は，被説明変数の変動（総変動 $\sum_{i=1}^{n}(y_i-\bar{y})^2$）に占める残差2乗和（残差変動 $\sum_{i=1}^{n}\hat{u}_i^2$）の割合を1から引いたもの

$$1 - \frac{\sum_{i=1}^{n} \hat{u}_i^2}{\sum_{i=1}^{n} (y_i - \bar{y})^2}$$

でした。この決定係数は重回帰モデルの当てはまりの良さを表す指標としてもそのまま使うことができ，やはり総変動に占める残差変動の割合を1から引いたものとなります。また単回帰分析と同じように，この決定係数も0以上1以下の値をとり，大きいほど当てはまりが良いということになります。

決定係数の意味自体は単回帰分析のときと同じですが，重回帰分析における決定係数の使い方には少し注意が必要です。一般的に，説明変数の数が多いほど決定係数が大きくなります。たとえば，朝ご飯とテストの点数の重回帰モデルにおいて，家計所得のみを共変量とする重回帰モデルより，家計所得と父親の修学年数の2つを共変量とする重回帰モデルの方が，決定係数がほぼ確実に大きくなります。

このように説明変数の数が異なる重回帰モデルの当てはまりのよさを比較するのは公平ではないので，説明変数の数の違いを調整した決定係数 R_a^2（これを**自由度調整済み決定係数**といいます）を使って比較をします。自由度調整済み決定係数は，

$$R_a^2 = 1 - \frac{(1-R^2)(n-1)}{n-k-1}$$

となり，たいていの統計ソフトは自由度を調整した決定係数も報告してくれます（自由度調整済み決定係数について，詳しくは **Column ⓫** を参照してください）。

例6.3：教育の収益率の推定における決定係数と自由度調整済み決定係数

例6.2で教育の収益率を推定した結果，決定係数は出力表の右上のところに「R-squared」として表示され，その値は0.2066でした。そのすぐ下に「Adj R-squared」として出力されているのは，自由度調整済み決定係数（Adjusted R-squared）で，その値は0.2060となり，自由度を調整していない決定係数よりも少しだけ小さくなっていることがわかります。

Column ⓫　自由度調整済み決定係数

　重回帰分析における決定係数は，説明変数の数を増やすことによって大きくすることができます。とくに，標本サイズが n で説明変数の数を k とすると，$n=k+1$，つまり推定する回帰パラメーターの数が標本サイズと同じときには，決定係数が必ず1になってしまいます。

　決定係数は推定されたモデルがどの程度データに当てはまっているのかを表す指標ですので，もし異なるモデルの当てはまりの良し悪しを判断したいのであれば，説明変数の数を揃えて比較するのが公平なやり方です。また，説明変数の数が異なるときには，自由度調整済み決定係数 R_a^2 を使うほうが良いでしょう。

　自由度調整済み決定係数の特徴として，次の性質があります。回帰モデルに説明変数を追加すると，通常の決定係数が減少することはありません。しかし，その追加した説明変数の傾きパラメーターの推定値の t 値（の絶対値）が1に満たない場合には，自由度調整済み決定係数は減少します。つまり，追加した説明変数が統計的にさほど意味がない場合には，説明変数を追加したことによる説明力の増加よりも，説明変数を追加したことによる「ペナルティー」のほうが大きくなり，結果として自由度調整済み決定係数は下がってしまいます。

重回帰分析における最小2乗法の性質

　単回帰分析において，最小2乗法は4つの仮定が満たされていれば，不偏性を持つ推定量であることを見ました。重回帰分析においても，最小2乗法は同様の4つの仮定が満たされていれば，不偏性を持つ推定方法（不偏推定量）になっています。最小2乗法の不偏性のための4つの仮定は以下のものです。

> **最小2乗推定量の不偏性のための4つの仮定**
> (1) 母集団分布において確率変数（$Y, X_1, \cdots, X_k, U$）の間には次のような関係がある：$Y = \beta_0 + \beta_1 X_1 + \beta_2 X_2 + \cdots + \beta_k X_k + U$（母集団モデルを重回帰モデルとして書ける）
> (2) 母集団から標本サイズ n の無作為抽出標本 $\{(x_{1i}, \cdots, x_{ki}, y_i)\}$（ただし $i = 1, \cdots, n$）が得られる（無作為抽出）
> (3) $E[U \mid X_1, \cdots, X_k] = 0$（平均独立）
> (4) X に変動があり（すべての観測値が同じではない），説明変数間に完全な共線関係がない

　これらの4つの仮定は単回帰分析のときとほとんど同じですが，仮定（4）では「X に変動がある」に加えて「説明変数間に完全な共線関係がない」という点が追加されています。**完全な共線関係**とは，「ある説明変数（の組合せ）が別の説明変数を完全に決定してしまう関係」のことです。この「説明変数間に完全な共線関係がない」という仮定の意味を理解するためには，完全な共線関係のある例を考えてみるとよいでしょう。そのような例として，テストの点数を被説明変数とする重回帰モデルにおいて，その生徒の性別を考慮するために，男性ダミー変数（つまり生徒 i が男子であれば1，そうでなければ0となるダミー変数）と女性ダミー変数（生徒 i が女子であれば1，そうでなければ0となるダミー変数）の2つを共変量として含めようとしたとします。すると，男性ダミー変数が1のときには必ず女性ダミー変数が0になり，逆に女性ダミー変数が1のときには必ず男性ダミー変数は0となることがわかります。つまり，男性ダミー変数は女性ダミー変数の値を完全に決定してしまいます。このように，説明変数間に完全な決定関係がある場合は，それぞれの説明変数の効果を個別に推定（識別）することはできません。男性ダミー変数と女性ダミー変数の両方を共変量として重回帰モデルに含めても，男子である効果と女子である効果それぞれを個別に推定することはできないということになります。

　また，説明変数が完全な共線関係になくても，相関の高い変数を同時に重回帰モデルに含めてしまうと，推定結果が不安定になることがあります。これは**多重共線性**とよばれる問題で，相関の高い変数それぞれの効果を見るのは，標本サイズがあまり大きくないときには難しい場合があるということです。たとえば，説明変数間の相関係数が0.9より大きいときなどはそれぞれの係数パラ

メーターを推定するのは困難な場合が多いので,相関の高い変数をいくつか落として推定する必要が出てきます。標本サイズが十分に大きければ豊富な情報量を使ってほんの少しの変化から,それぞれの変数の効果をあぶり出すことができるので,多重共線性の問題はそれほど重要ではなくなりますが,どの程度の相関があると多重共線性が問題となるのかというのは,標本サイズとの関係で変わってきますので,一概には言えません。しかし,一般論としては相関の高い説明変数を重回帰モデルに含める際には,少し注意が必要と言えるでしょう。

CHECK POINT 22

- □ 共変量を使って外的条件を制御するためには,複数の説明変数を含む重回帰モデルを使います。
- □ 重回帰モデルの回帰パラメーターも最小2乗法で推定します。
- □ 最小2乗推定量は,不偏性のための4つの仮定が満たされていれば,平均的に正しい値を得る推定方法になっています。

2　欠落変数によるバイアス

　重回帰モデルは複数の説明変数を右辺に持つ回帰モデルです。最も関心のある政策変数は必ず説明変数として右辺に含めるとしても,それ以外の共変量は,どの変数を含めるべきなのか事前にはわからないケースがほとんどだと思います。このようなときに,もし共変量として含めるべきだった変数を含めずに分析してしまうと,いったいどんな問題が起きるでしょうか。
　朝ご飯 X とテストの点数 Y の例でこの問題を考えてみましょう。家庭環境 C (ここでは家計所得) はテストの点数に対して影響を与える外的条件 (の1つ) だとすると,家計所得を共変量として回帰モデルに含める必要があります。推定すべき回帰モデルは

$$Y = \beta_0 + \beta_1 X + \beta_2 C + U$$

です。ところが,この家計所得がアンケート調査の項目に含まれていないため

に，回帰モデルに含めることができなかったとします．すると，誤差項 U だけではなく，家計所得 C も観測できないので，これらをまとめた新しい誤差項 V を使って，実際に推定することのできる回帰モデルは，

$$Y = \beta_0 + \beta_1 X + V \quad (ただし，V = \beta_2 C + U)$$

と書くことができます．この（単）回帰モデルを最小 2 乗法で推定すると，傾きパラメーターの最小 2 乗推定量は，

$$\hat{\beta}_1 = \frac{\frac{1}{n}\sum_{i=1}^{n}(X_i - \bar{X})(Y_i - \bar{Y})}{\frac{1}{n}\sum_{i=1}^{n}(X_i - \bar{X})^2}$$

となります．しかし，母集団モデル，つまり真の（正しい）回帰モデルは $Y_i = \beta_0 + \beta_1 X_i + \beta_2 C_i + U_i$ なので，この式を傾きパラメーターの最小 2 乗推定量 $\hat{\beta}_1$ に代入して整理すると，

$$\mathrm{E}[\hat{\beta}_1] = \beta_1 + \beta_2 \gamma_1$$

（γ_1 は $C = \gamma_0 + \gamma_1 X + U_c$，つまり C を X へ回帰したときの傾きパラメーター）

となります（γ はギリシャ文字のガンマの小文字です）．つまり，家庭環境を共変量として含めることができない単回帰モデルを最小 2 乗法で推定しても，政策の真の因果効果（β_1）を推定できていません．この推定量の期待値と真の因果効果との乖離（$\beta_2\gamma_1$）は，**欠落変数バイアス**の項とよばれます．

いま見たように，家庭環境についての変数を共変量として重回帰モデルの右辺に含めることができない場合には，たとえ政策変数の傾きパラメーターを推定しようとしても，最小 2 乗推定量の期待値は真の因果効果とは一致しない，つまり最小 2 乗法は不偏推定量になっていません．また，一致性についても同様のことが起きます．欠落変数がある場合には，いくら標本サイズを大きくすることができてもこのバイアスを取り除くことができないので，最小 2 乗推定量は一致性を持ちません．こういった理由からもわかるように，外的条件を制御するための共変量を含めた重回帰モデルを丁寧に推定することは，政策の因果効果を測定するうえで大変重要であるといえます．

実際に推定する際には，外的条件を制御するためのすべての変数を共変量として含めようとしても，ありとあらゆる変数を含めなければならないため，ほ

ぼ不可能です。しかしながら，経済学をはじめとする，学問的にも検証が積み重ねられてきた理論や，観察対象の背景，その他の要因との関連性についての知識を駆使することで，外的条件をある程度制御するために最小限含めておかなければならない変数の候補を選ぶことはできるかもしれません。もしそれらの候補のうち，情報（データ）が使える場合には，共変量として用いたほうがよいでしょう。逆にそのようなデータが使えない場合には，その説明変数を共変量として含めることができないために生じるバイアスについて議論することは，推定された結果を解釈するうえでとても大切です。

上の例で見た欠落変数バイアスの項を見ると，その符号の正負からバイアスの方向について推測することができます。もし家計所得と朝ご飯を毎日食べるという習慣の間に正の相関があれば，バイアス項のうち γ_1 は正の値になります。さらに，家計所得はテストの点数に対して正の影響を与えるということであれば，β_2 も正の値になります。その結果，バイアス項 $\beta_2\gamma_1$ も正の値になるので，家計所得を含めない単回帰モデルを推定することで得られる傾きパラメーターの推定値は，朝ご飯の真の因果効果 β_1 よりも過大になることがわかります。これは朝ご飯を毎日食べるという習慣が，高い家計所得の代理変数にもなってしまっているために，朝ご飯の因果効果だけではなく，家計所得の効果もあわせて推定していることを意味しています。

例 6.4：親の教育水準が子どもの修学年数に与える影響

親の学歴は子どもの学歴に影響を与えているのでしょうか。この問いに答えるために，子どもの教育水準を親の教育水準に回帰して，子どもの教育水準の違いは親の教育水準の違いでどの程度説明できるのかを調べてみましょう（このような分析は**人的資本の世代間移動度の計測**ともよばれることがあります）。

本書のウェブサポートページにある「6_2_yeduc.csv」には，3954人分の修学年数（yeduc）と，父親および母親の学歴として，それぞれが大学に通っていたかどうかを表す変数（pacograd および mocograd）のデータが収録されています。変数 pacograd（mocograd）は父親（母親）が大学に通ったことがあれば1，そうでなければ0となる変数です。

まず子どもの就学年数を母親が大学に通ったことがあるかの変数（mocograd）に回帰してみると，次のようになります。

```
. regress yeduc mocograd

      Source |       SS           df       MS      Number of obs =      3954
-------------+----------------------------------   F(  1,  3952) =    264.03
       Model |  464.436987         1  464.436987   Prob > F      =    0.0000
    Residual |  6951.64268      3952   1.7590189   R-squared     =    0.0626
-------------+----------------------------------   Adj R-squared =    0.0624
       Total |  7416.07967      3953  1.87606366   Root MSE      =    1.3263

-------------------------------------------------------------------------------
       yeduc |      Coef.   Std. Err.      t    P>|t|     [95% Conf. Interval]
-------------+-----------------------------------------------------------------
    mocograd |   1.211278    .0745445    16.25   0.000     1.065129    1.357428
       _cons |     13.855    .0220832   627.40   0.000     13.81171     13.8983
-------------------------------------------------------------------------------
```

　母親が大学に通ったことがあるかの変数の係数はおよそ1.21と正の値になりました。これは，母親が大学に通ったことがあれば，子の修学年数が1.2年伸びることを意味しています。

　次に母親だけでなく，父親が大学に通ったことがあるかの変数も追加した重回帰モデルを推定してみましょう。結果は次のようになりました。

```
. regress yeduc mocograd pacograd

      Source |       SS           df       MS      Number of obs =      3954
-------------+----------------------------------   F(  2,  3951) =    422.54
       Model |  1306.72283         2  653.361415   Prob > F      =    0.0000
    Residual |  6109.35684      3951  1.54628115   R-squared     =    0.1762
-------------+----------------------------------   Adj R-squared =    0.1758
       Total |  7416.07967      3953  1.87606366   Root MSE      =    1.2435

-------------------------------------------------------------------------------
       yeduc |      Coef.   Std. Err.      t    P>|t|     [95% Conf. Interval]
-------------+-----------------------------------------------------------------
    mocograd |   .4970149    .0762982     6.51   0.000     .3474274    .6466024
    pacograd |   1.108861    .0475107    23.34   0.000     1.015713    1.202009
       _cons |   13.59462    .0235193   578.02   0.000     13.54851    13.64073
-------------------------------------------------------------------------------
```

　これらの推定結果をまとめたものは**表6.1**のようになります。

　父親の学歴を含めたときの母親の学歴の変数の係数は0.497となり，含めないときの結果と比べてぐっと小さくなりました。このことは，上の単回帰モデルで推定した母親の学歴の影響には，母親の学歴そのものの影響だけではなく，父親の学歴の影響も含まれていたことを意味しています。

CHART 表6.1 推定結果のまとめ

	モデル1	モデル2
母親の学歴	1.211	0.497
父親の学歴		1.108
定数	13.855	13.595
R^2	0.0626	0.1762

　日本だけではなく，さまざまな国においても，父親の学歴と母親の学歴は強く正の相関を持つことが知られています。このデータセットにおける父親と母親の学歴の相関を計算すると次のようになります。

```
. correlate mocograd pacograd
(obs=3954)
             | mocograd pacograd
-------------+------------------
    mocograd |   1.0000
    pacograd |   0.4011    1.0000
```

　母親の学歴変数と父親の学歴変数の相関は 0.4 と正の値になっています。父親の学歴と母親の学歴の両方がそれぞれ子どもの修学年数に影響を与えているにもかかわらず，回帰モデルに母親の学歴しか含めないのであれば，母親の学歴変数が父親の学歴の影響もひろってしまいます。そのため，母親の学歴の影響を過大に評価することになります。この過大評価分が欠落変数バイアスです。

CHECK POINT 23

☐ 欠落変数があると，最小2乗法を使っても回帰パラメーターを正しく推定することができない場合があります。ただし，欠落変数とその他の変数との相関から欠落変数バイアスの符号を予想することができる場合もあります。

3 最小2乗推定量の分散

重回帰分析においても，不偏性のための4つの仮定が満たされているのであれば，最小2乗推定量が不偏性を持つ，つまり真のパラメターの周りに分布していることがわかりました。単回帰分析のときと同様に，この最小2乗推定量の分布がどのような形をしているか，より具体的にはこの分布の分散がわかれば，この推定量の正確さがわかります。

分散均一の仮定

単回帰分析のときにも，最小2乗推定量の分散を求める際には，簡単化のために分散均一の仮定をおきましたが，重回帰分析における分散均一の仮定は以下のようになります。

> **分散均一性の仮定**
>
> $$V[U \mid X_1, \cdots, X_k] = V[U] = s^2$$

つまり，誤差項 U の分散は，説明変数の値にかかわらず一定になっているということです。最小2乗推定量が不偏性をもつための4つの仮定と，この分散均一の仮定が満たされているときは，単回帰分析と同様に傾きパラメターおよび切片パラメターの最小2乗推定量の分散を求めることができます。

傾きパラメターの最小2乗推定量の分散

傾きパラメターの最小2乗推定量の（すべての説明変数で条件付けした）分散は，単回帰モデルのときと同じように求めることができますが，重回帰分析の場合には，単回帰とは少しだけ違う形をしています。j 番目の説明変数 X_j の傾きパラメターの最小2乗推定量 $\hat{\beta}_j$ の分散は，

$$V[\hat{\beta}_j \mid x_{11}, \cdots, x_{k1}, \cdots, x_{1n}, \cdots, x_{kn}] = \frac{s^2}{\sum_{i=1}^{n}(x_{ji} - \bar{x}_j)^2(1 - R_j^2)}$$

と書くことができます。ここで，$\sum_{i=1}^{n}(x_{ji}-\bar{x}_j)^2$ は x_j の総変動，R_j^2 は X_j をその他のすべての説明変数と定数項（切片パラメター）に回帰したときの決定係数，すなわち（重）回帰モデル

$$X_j = \gamma_0 + \gamma_1 X_1 + \cdots + \gamma_{j-1} X_{j-1} + \gamma_{j+1} X_{j+1} + \cdots + \gamma_k X_k + U_j$$

を推定したときの決定係数です。

　この分散の式を見ると，単回帰モデルのときと同様に，誤差分散 s^2 が大きいと，最小2乗推定量の分散が大きくなることがわかります。また，x_j の総変動 $\sum_{i=1}^{n}(x_{ji}-\bar{x}_j)^2$ が大きいと，最小2乗推定量の分散が小さくなることも同じです。違いは，分散の分母に $(1-R_j^2)$ があることです。この決定係数は，説明変数 X_j と，その他の説明変数との間にどの程度の線形関係があるのかを表しています。もし X_j が他の説明変数と完全共線の関係にあるとすると，他の説明変数が X_j を完全に決めてしまうので，この決定係数は1になります。この決定係数が1のときには，X_j の傾きパラメターの最小2乗推定量の分散が「無限大」になる，つまり β_j を推定することができなくなります。不偏性のための4つの仮定の最後に「説明変数間に完全な共線関係がない」というものが含まれていたことを思い出してください。説明変数間に完全な共線関係がなければ，この決定係数は必ず1より小さくなるので，$\hat{\beta}_j$ の分散が無限大にはならない，つまり β_j を推定することができます。

　また，多重共線性の問題についても同様のことがわかります。もしほかの説明変数の中に X_j と相関の強い変数が含まれているとすると，やはり決定係数 R_j^2 が1に近くなってしまいます。すると $\hat{\beta}_j$ の分散が大きくなる，つまり推定値が不安定になります。このことから，それぞれの説明変数の独自の効果を調べたいときには，説明変数間の相関が高くない（0に近い）ものを使ったほうが，精度の高い推定ができると言えます。つまり，説明変数それぞれがバラバラに動いているほうが，それぞれの説明変数の効果を測定しやすくなるということです。

　最小2乗推定量の分散は誤差項の分散に依存していますが，単回帰分析のときと同様にこの誤差項の分散も推定できます。推定方法は単回帰モデルのときとまったく同じです。推定された回帰モデルを使って誤差項の推定値である残差を推定し，その2乗和を自由度 $n-(k+1)$ で割ったものが誤差項の分散の推

定値になっています。

$$\hat{s}^2 = \frac{1}{(n-k-1)} \sum_{n=1}^{n} \hat{u}_i^2$$

$$= \frac{1}{(n-k-1)} \sum_{n=1}^{n} (y_i - \hat{\beta}_0 - \hat{\beta}_1 x_{1i} - \cdots - \hat{\beta}_k x_{ki})^2$$

例 6.5：教育の収益率の推定における分散

例 6.2 では，残差 2 乗和（Residual の行の SS）は 2736.9054 になっていました。これを自由度（Residual の行の df）4295 で割ると，誤差項の分散の推定値 0.6372 を求めることができます。

ガウス＝マルコフ定理

第 1 節の最後で説明した不偏性のための 4 つの仮定と，誤差項の分散均一の仮定を合わせた 5 つの仮定は，**ガウス＝マルコフ仮定**とよばれます。このガウス＝マルコフ仮定が満たされていれば，最小 2 乗推定量は **BLUE** つまり，**最良の**（Best）**被説明変数**（$Y_1, \cdots, Y_n$）について**線形な**（Linear）**不偏**（Unbiased）**推定量**（Estimator）であるということが，ガウスとマルコフという 2 人の有名な数学者によって証明されています。このことをガウス＝マルコフ定理とよびます。ここでの「最良の」というのは，最も効率性の高い推定量ということを意味しています。つまり，これらの 5 つの仮定が満たされているとき，最小 2 乗推定量は線形な不偏推定量の中で一番効率的な（分散の小さい）推定方法になるということです。最小 2 乗法はできるだけデータをうまく説明してくれるように回帰パラメーターを選ぶという，とても直観的な推定方法ですが，ガウス＝マルコフ仮定のもとでは，実は効率性という観点からもかなり優れた推定方法になっているのです。

CHECK POINT 24

□ 不偏性のための 4 つの仮定と，誤差項の分散が均一という仮定をあわせたガウス＝マルコフ仮定が満たされていれば，最小 2 乗法は線形不偏推定量の中で最も精度の高い推定方法です。

回帰分析後の検定

▶ 推定された効果は統計的に意味のあるものか？

　最小2乗法はとても直観的な推定方法ですが，ガウス＝マルコフ仮定が満たされているのであれば，それは最良の線形不偏推定量（BLUE）であるので，とても良い推定方法であることがわかりました。しかし，最小2乗法は線形不偏推定量の中では最良ですが，それは線形不偏推定量の中では一番小さな分散をもつということを意味しているにすぎず，「政策の効果をどのくらい正確に推定できているのか」という問いに答えてくれるものではありません。

　実際に説明変数の傾きパラメーターを推定して，それが正の値をとったとしても，その値自身がとても小さな値にしかならないときには，推定に使ったデータがたまたま傾きパラメーターの推定値を正の値にしてくれただけだったかもしれません。そういったときには，「正の効果がある」というよりも「効果はない」と結論づけるほうが妥当な場合もあるかもしれません。

　政策に「効果がある」とか「効果がない」と言うときには，どのような基準で効果の有無を判定しているのかをはっきりとしておく必要があります。ここでは，第4章で見た**仮説検定**を計量経済学の回帰分析に応用して，効果の有無を統計的に判断する方法を見ていきます。

古典的線形モデルの仮説検定

　ここまで見てきた回帰分析において，「政策の効果がある」ということは，政策変数の係数パラメーターが0ではないということもできます。たとえば，朝ご飯を毎日食べるという「政策」がテストの点数を引き上げてくれるのであれば，政策変数 X の係数パラメーター β_1 は0ではなく，正の値になっているということになります。

　統計的手法のところで「仮説検定」の作法について説明しましたが，ここでもその作法に従って政策の効果の有無を判断しましょう。政策の効果を調べたいときには，まず「政策の効果はない」という帰無仮説を立てます。たとえば，朝ご飯とテストの点数の関係についての重回帰モデル

$$Y = \beta_0 + \beta_1 X + \beta_2 C + U$$

において帰無仮説は,

$$H_0 : \beta_1 = 0$$

となります。そして「効果がない」という帰無仮説が正しいという前提で,推定された傾きパラメター $\hat{\beta}_1$ が"実現"する確率を計算します。もしその確率がある一定の値より低い（この基準となる確率の水準は**有意水準**とよばれ,5% という水準がよく用いられることは第 4 章で述べました),つまり効果がないということとの整合性がきわめて低い推定値 $\hat{\beta}_1$ が得られたのであれば,起こりにくい「奇跡」が起きたと理解するのではなく,むしろ帰無仮説が正しくない,つまり「政策に効果がある」と結論づけることになります。

　この仮説検定を行うためには,「効果がない」という帰無仮説が正しいという前提で,推定された傾きパラメター $\hat{\beta}_1$ が実現する確率を求める必要があります。この $\hat{\beta}_1$ が実現する確率を求めるためには,傾きパラメターの推定量がどのような分布に従っているのかを知る必要があります。この分布がどのような形になるのかは,回帰モデルの誤差項がどのような分布に従っているのかによって決まります。

　回帰モデルの誤差項 U について,重回帰分析のときと同じように説明変数 $X_1, \cdots, X_k$ とは平均独立であるとしましょう。さらに,誤差項 U は平均が 0 で分散 s^2 の「正規分布」に従っている,

$$U \sim N(0, s^2)$$

とします。このように誤差項が正規分布に従っているという仮定（**誤差項の正規性**とよばれます)のもとでは,傾きパラメターの最小 2 乗推定量も正規分布に従うことが知られています（**Column ⑫**を参照して下さい)。
つまり,

$$\hat{\beta}_1 \sim N(\beta_1, \mathrm{V}[\hat{\beta}_1])$$

となっています。推定量の期待値が β_1 となっているのは,最小 2 乗推定量が不偏性を持っているためです。傾きパラメターの分散がわかっている（つまり,

> **Column ⓬　誤差項の正規性**
>
> 　この「傾きパラメーターの最小2乗推定量が正規分布に従う」ということを簡単に確認しておきましょう。まず、誤差項 U_i が正規分布に従っているので、説明変数（$X_{1i}=x_{1i}, \cdots, X_{ki}=x_{ki}$）で条件付けした被説明変数もまた正規分布に従います。
> $$Y_i \mid X_{1i}=x_{1i}, \cdots, X_{ki}=x_{ki} \sim N(\beta_0 + \beta_1 x_{1i} + \cdots + \beta_k x_{ki}, s^2)$$
> 　次に、傾きパラメーターの最小2乗推定量は、被説明変数 Y_i について線形（つまり、被説明変数に適当なウェイトをつけて足し合わせた加重平均）になっていることを確認します。たとえば、単回帰モデルにおける傾きパラメーターの最小2乗推定量は、
> $$\hat{\beta}_1 = \sum_{i=1}^{n} w_i \times (Y_i - \bar{Y}) \quad (ただし、w_i = \frac{X_i - \bar{X}}{\sum_{i=1}^{n}(X_i - \bar{X})^2})$$
> と書けるので、$\hat{\beta}_1$ は被説明変数 Y_i にウェイト w_i を掛けて足し合わせたものになっていることがわかります（重回帰モデルでも同じであり、これこそがBLUEの「線形な」の意味になっています）。それぞれの被説明変数は（説明変数で条件付けすると）正規分布に従っているので、正規分布に従っている変数の加重平均である傾きパラメーターの最小2乗推定量もまた正規分布に従うことになります。

誤差項 U_i の分散があらかじめわかっている）ときには、この傾きパラメーターの最小2乗推定量から平均を引いて標準偏差 $sd(\hat{\beta}_1)$ で割ることで標準化すれば、この標準化された検定統計量は標準正規分布に従う、つまり、

$$\frac{\hat{\beta}_1 - \beta_1}{sd(\hat{\beta}_1)} \sim N(0, 1)$$

となります。誤差項の分散がわかっている場合には、この標準正規分布を使って、傾きパラメーターの推定値が実現する確率を求めることができます。

　誤差項の分散がわかっていない場合には、傾きパラメーターの推定量の分散および標準偏差を推定する必要があります。この推定された標準偏差は**標準誤差**とよばれます。この標準誤差 $se(\hat{\beta}_i)$ を使って標準化された傾きパラメーターの推定量、

$$\frac{\hat{\beta}_1 - \beta_1}{se(\hat{\beta}_1)}$$

は自由度が $n-(k+1)$ の t 分布に従うことが知られています。誤差項の分散を推定しなければならない場合には，標準正規分布の代わりにこの t 分布を使って傾きパラメターの推定値が実現する確率を求めます。

政策の効果があるかどうかを判断したい場合には，まず帰無仮説を

$$H_0 : \beta_1 = 0$$

とします。この帰無仮説が正しいのであれば，上の標準化された傾きパラメターの推定量（これは検定に使う統計という意味で**検定統計量**とよばれます）に $\beta_1 = 0$ を代入したものは，自由度 $n-(k+1)$ の t 分布

$$\frac{\hat{\beta}_1}{se(\hat{\beta}_1)} \sim t(n-(k+1))$$

に従います。もしこの検定統計量が十分に大きな値で，自由度 $n-(k+1)$ の t 分布の有意水準5%の閾値（限界値）よりも大きいのであれば，そのような推定値を得る確率は5%以下ということになりますので，効果がないという帰無仮説が正しい確率は5%以下になります。この場合には，帰無仮説が正しい確率がとても低いので，（5%の有意水準で）「帰無仮説は正しくない」と判断します（このような判断のことを「帰無仮説を5%の有意水準で棄却する」といいました）。また，帰無仮説を棄却したときには，$\hat{\beta}_1$ は「有意水準5%で統計的に有意である（または有意に0と異なる）」ということもできます。

それでは，「帰無仮説が正しくない」と判断したときには，何を正しいと判断すればよいのでしょうか。この考え方は第4章でも説明しましたが，重要なポイントなので改めて詳しく見てみましょう。それは帰無仮説に対立する仮説（対立仮説）をどのように立てるかで決まります。帰無仮説

$$H_0 : \beta_1 = 0$$

に対する対立仮説の1つは帰無仮説の否定である，

$$H_1 : \beta_1 \neq 0$$

というものです。このような対立仮説を立てる仮説検定は，$\beta_1 = 0$ を中心としてその両側が対立仮説になっている**両側検定**です。また政策の正の効果があるかどうかを調べたい場合には，

$$H_1: \beta_1 > 0$$

という対立仮説を立てることもできます。このような検定は両側検定に対して**片側検定**とよばれるものでした。

両側検定でも片側検定でも検定統計量は変わりませんが，同じ有意水準に対応した閾値が異なってきます。そのため，対立仮説をどのように立てるのかによって，効果があるかどうかの判断が変わってくる場合もあります。

上の例では，まず有意水準を決めて，その有意水準に対応した閾値を用いて帰無仮説を棄却することができるかどうかを判断していました。逆の見方として，得られた検定統計量のもとで，ちょうど帰無仮説を棄却する有意水準を求めることもできます。この値は **p 値** とよばれ，計量経済分析の結果を報告する際には，t 値ではなくこの p 値を使うこともしばしばあります。

以上のように，誤差項に正規性を仮定することによって政策の効果があるかどうかの仮説検定を行うことができることがわかりました。ガウス＝マルコフの5つの仮定に加えて，「誤差項の正規性」の仮定を合わせた6つの仮定は，**古典的線形モデルの仮定**とよばれます。実はこの古典的線形モデルの仮定のもとでは，最小2乗推定量はBLUEであるだけでなく，（被説明変数に関して線形な推定量に限定せずに）あらゆる不偏推定量の中で最小分散をもつ推定量であることも証明されています。

最後に，ここでは仮説検定を行うために誤差項の正規性を仮定して，推定量が正規分布または t 分布に従うことを確認しましたが，現実の応用例においては誤差項が正規分布に従わないケースもしばしばあります。たとえば，被説明変数が家計所得のときには，家計所得自体は0以上の値しかとりませんので，マイナス無限大からプラス無限大までの値をとりうるという正規分布の仮定とは整合的ではありません。しかしながら，標本サイズが十分に大きいときには，たとえ誤差項が正規分布に従っていなくても，回帰パラメーターの最小2乗推定量は近似的に正規分布に従ってくれるので，誤差項の分布がわからないようなときでも正規分布や t 分布を使って仮説検定を行うことができます。

この「標本サイズが大きいときに最小2乗推定量は近似的に正規分布に従う」という性質は，第4章で説明した中心極限定理を応用することで導き出すことのできる性質です。中心極限定理は，標準化された標本平均は近似的に標

準正規分布に従うというものでした.実は最小 2 乗推定量はさまざまな標本平均を組み合わせて推定値を作る方法になっていて,(ここでは詳しくは述べませんが)確率分布の収束に関する**スルツキー定理**とよばれる定理と組み合わせることで,最小 2 乗推定量は標本サイズを大きくしていくと徐々に正規分布に従うようになる,つまり漸近的に正規分布に従う(このことを「漸近正規性を持つ」ということもあります)ことを確かめることができます.この点については,第 5 節で説明する「大標本理論」においてまた立ち返ってくることとします.とりあえずは,標本サイズがある程度の大きさであれば,誤差項が正規分布に従っていないとしても,傾きパラメーターの統計的有意性を t 検定できると覚えておくとよいでしょう.

| 例 6.6:t 検定 |

例 6.2 の分析結果の出力表のうち,下半分をもう一度見てみましょう.

```
------------------------------------------------------------------------
    lincome |     Coef.   Std. Err.      t    P>|t|    [95% Conf. Interval]
------------+-----------------------------------------------------------
      yeduc |  .1175467   .0070603    16.65   0.000    .103705    .1313885
      exper |  .1961736   .0074935    26.18   0.000    .1814824   .2108649
     exper2 | -.0063811   .0003162   -20.18   0.000   -.007001   -.0057613
      _cons |  2.485502   .1107823    22.44   0.000    2.268312   2.702693
------------------------------------------------------------------------
```

この表の中には,「真の係数パラメーターの値は 0」という帰無仮説の t 検定に用いる t 値および両側検定の p 値が表示されています.たとえば,修学年数(yeduc)の係数パラメーターの推定値は 0.1175467 で標準誤差は 0.0070603 になっていますが,「yeduc の係数パラメーターの真の値は 0」という帰無仮説のもとでの t 値は係数パラメーターの推定値を標準誤差で割ったものですので,0.1175467/0.0070603 = 16.65 となっています.自由度が 4295 のときの t 分布はほぼ正規分布と同じ形をしていますので,有意水準 5% の両側検定のときに用いる上側 2.5% の閾値はおよそ 1.96 で,t 値はこの閾値を大きく上回っています.その結果,p 値は 5% を下回って(この例では 0.1% をも下回って)おり,「yeduc の係数は有意水準 5% で統計的に有意に 0 と異なる」と結論づけることができます.

複合仮説検定

政策の効果があるかどうかを判断する方法として，正規分布を使った検定と t 分布を使った検定（t 検定）について見てきましたが，政策変数以外の共変量についても同様に検定することができます。朝ご飯とテストの点数の関係の例，

$$Y = \beta_0 + \beta_1 X + \beta_2 C + U$$

では，共変量 C としての家計所得は外的条件を制御するために使われていました。しかし，そもそもこの家計所得がテストの点数に影響を与える外的条件になっているのかどうかは，家計所得の係数 β_2 の推定値が統計的に有意に 0 と異なることを t 検定で調べることで判断できます。

共変量として複数の説明変数を用いる場合にも，それらの共変量が外的条件を制御する変数として意味があるかどうかは，共変量の傾きパラメーターの推定値が統計的に有意に 0 と異なることを検定することでチェックできます。さらに，複数の共変量が 0 と異なるかどうかを「同時に」検定してやることもできます。

朝ご飯とテストの点数の例で具体的に見ていきましょう。外的条件を制御するための共変量として家計所得（C_1）に加えて母親の学歴（C_2）を使うと，テストの点数を被説明変数とする重回帰モデルは，

$$Y = \beta_0 + \beta_1 X + \beta_2 C_1 + \beta_3 C_2 + U$$

となります。この家計所得と母親の学歴がテストの点数に影響を与える外的条件を制御する共変量としての意味を持つかどうかは，これらの共変量の傾きパラメーターが 0 と統計的に有意に異なるか検定すればわかります。t 検定のときと同じように，帰無仮説は「家計所得と母親の学歴はともにテストの点数には影響を与えない」として，これを棄却できればこれらの共変量は外的条件を制御していると判断します。つまり，

$$H_0 : \beta_2 = \beta_3 = 0$$

が棄却できれば，これらの共変量を使うことは外的条件を制御するうえで役に立っているということになります。

この帰無仮説のように，$\beta_2=0$ と $\beta_3=0$ といった複数の等号（=）が成り立つかどうかを同時に調べる検定は**複合仮説検定**とよばれます。複合仮説検定を行う際の一般的な対立仮説は，「これらの等号のうち，成り立たないものが少なくとも1つある」というものになります。上の例では，対立仮説は，

$$H_1 : \beta_2 \neq 0 \quad \text{または} \quad \beta_3 \neq 0$$

ということになります。

複合仮説検定では，F 分布を用いた **F 検定**とよばれる方法を使います。F 検定に用いる検定統計量は，

$$F = \frac{(SSR_r - SSR_{ur})/q}{SSR_{ur}/(n-k-1)}$$

となります。この検定統計量の中に出てくる SSR_r は帰無仮説が正しい，つまり「$\beta_2=0$ かつ $\beta_3=0$」という仮定のもとでの回帰モデルで推定を行ったときの残差2乗和です。一方，SSR_{ur} はもとの回帰モデルを推定したあとの残差2乗和です。また，q は帰無仮説の等号の数（上の例では $q=2$ です）で，n は標本サイズ，$k+1$ は（対立仮説のもとで）推定する重回帰モデルの回帰パラメーターの数（上の例では $k+1=4$）です。この検定統計量は F 分布に従っており，必ず0以上の値をとるのですが，この値が自由度 $(q, n-k-1)$ の F 分布の（たとえば，上側5%の）閾値よりも大きくなれば帰無仮説を棄却することになります。

この F 検定統計量の直感的な意味を見てみましょう。SSR_r は帰無仮説が正しいという「仮定」のもとで重回帰モデルの推定を行ったときの残差2乗和なので，上の例においては

$$Y_i = \beta_0 + \beta_1 X_i + U_i$$

の回帰パラメーターを推定したあとの残差2乗和になります。一方，SSR_{ur} はもともとの重回帰モデルの推定を行ったときの残差2乗和なので，

$$Y_i = \beta_0 + \beta_1 X_i + \beta_2 C_{1i} + \beta_3 C_{2i} + U_i$$

を推定したあとの残差2乗和です。もし帰無仮説が本当に正しいのであれば，β_2 と β_3 の推定値は0に近いものになっているはずです。そのため，帰無仮説が正しい場合，もともとの重回帰モデルを推定した後の残差2乗和 SSR_{ur} は，

帰無仮説が正しいという仮定のもとで得られる残差2乗和 SSR_r に近いものになるはずです。その結果，F 検定統計量の分子は小さな値になるので，帰無仮説を棄却しにくくなります。

逆にもし対立仮説が正しいのであれば，帰無仮説が正しいという仮定のもとで推定した回帰モデルのデータへの当てはまりは悪くなってしまいます。そのため，帰無仮説が正しいという仮定のもとで得られた残差2乗和 SSR_r が大きくなってしまいます。結果として，F 検定統計量の（分子の）値が大きくなり，帰無仮説を棄却しやすくなります。つまり，もともとの（制約のない）重回帰モデルから，帰無仮説が正しいという（制約の付いた）重回帰モデルへと推定モデルを変更したときの残差2乗和の増加が大きい場合には，帰無仮説を棄却することになります。

例6.7：複合仮説検定

ミンサー方程式に就業可能年数およびその2乗の項を含めることに統計的な意味があるかどうかを調べるためには，これらの2つの項の係数が同時に0，つまり

$$H_0 : \beta_2 = \beta_3 = 0$$

を帰無仮説とする複合仮説検定を行う必要があります。例6.2で見たミンサー方程式を Stata を用いて推定した後に，「`test exper exper2`」と入力して実行すると，次の結果が出力されます。

```
. test exper exper2
 ( 1)  exper = 0
 ( 2)  exper2 = 0
       F(  2,  4295) =  499.75
            Prob > F =    0.0000
```

これは，「exper と exper2 の係数パラメーターが同時に 0」という帰無仮説を検定（test）した結果の F 検定統計量の推定値と p 値です。F 値は 499.75 となっていて，この値がゼロと異なるかどうかは F 分布表から評価します。この複合仮説検定の帰無仮説には 2 つの等号（=）があり，重回帰モデルの推定に

おける自由度は「4299（標本サイズ）−4（回帰パラメター数）＝4295」ですので，用いる F 分布は $F(2, 4295)$ です。自由度 $(2, 4295)$ の F 分布における上側 5％ の閾値は 2.998 なので（この値はたとえば Excel の F.INV.RT という関数を使って求めることができます），ここで求めた F 値はこの閾値をはるかに上回っていることがわかります。結果として，p 値も 0 となっていて，「就業可能年数およびその 2 乗項をミンサー方程式に含めることは統計的にも意味がある」ということが言えます。

CHECK POINT 25

☐ 推定した回帰パラメターに意味がある（0 ではない）ことは t 検定で調べます。また，複合仮説検定には F 検定を使います。

⑤ 大標本理論

単回帰分析でも重回帰分析でも，不偏性のための 4 つの仮定が満たされていれば最小 2 乗推定量は不偏性を持つことを見ました。さらに，分散均一の仮定が満たされれば，最小 2 乗推定量は線形の不偏推定量の中で最も分散が小さいことがわかりました。不偏性と効率性というこれらの 2 つの性質のおかげで，最小 2 乗推定量が良い推定方法であるということができるわけです。

第 4 章で，推定方法（推定量）の性質として，不偏性と効率性のほかに，一致性という性質を紹介しました。一致性というのは標本サイズを無限に大きくすると，正しい（真の）値に到達できる性質でした。別の言い方をすると，推定に用いる標本サイズを大きくすることで，説明変数の係数パラメターの推定値は正しい（母集団分布における）回帰パラメターにいくらでも近づけることができるということです。また，推定量の分布から考えると，一致推定量とは，標本サイズがどんどん大きくなるにつれて，推定量の分布が真のパラメター周りに"どんどん集まってくる"（推定量が真の値に「確率収束する」）推定量ということができます。このように，標本サイズを無限大に近づけるときの推定量の性質は**漸近的性質**とよばれ，漸近的性質についての理論は**大標本理論**といわ

れます。

　最小 2 乗推定量は，不偏性のための仮定よりも弱い仮定のもとで一致性を持つことが（大数の法則とスルツキー定理を使って）証明できます。具体的には，最小 2 乗推定量の不偏性には平均独立の仮定 $\mathrm{E}[U_i \mid X_{1i}, \cdots, X_{ki}] = 0$ が必要でしたが，これより弱い仮定

$$\mathrm{E}[U] = 0$$
$$\mathrm{Cov}[X_j, U] = 0, \qquad j = 1, \cdots, k$$

のもとで一致性は成り立ちます。この（弱い）仮定さえも成り立たないのであれば，最小 2 乗推定量は一致性を持たず，バイアスを持ちます。推定量が一致性をもたない場合には，いくら標本サイズを増やしても本来知りたいと思っていた回帰パラメーターに到達できないので，一致性は推定量にとって最小限要求される性質であるといえるでしょう。

　また，標本サイズが十分に大きいときには，重回帰モデルの誤差項が正規分布に従っていなくても，回帰パラメーターの最小 2 乗推定量は近似的に正規分布に従ってくれます。そのおかげで，誤差項の分布がわからないようなときでも，正規分布や t 分布を使って仮説検定を行うことができます。この標本サイズが大きいときに最小 2 乗推定量が近似的に正規分布に従うという性質は，第 4 章で紹介した「中心極限定理」を用いて証明できます。このありがたい漸近的性質（漸近正規性）のおかげで，たとえ重回帰モデルの誤差項が正規分布に従っていないときでも，標本サイズがある程度大きく，自由度が十分に大きいときには正規分布や t 分布を使って仮説検定ができます。さらに，カイ 2 乗分布を用いた複合仮説検定（**カイ 2 乗検定**といいます）を行うこともできます。複合仮説検定では F 分布を用いましたが，（変数変換した）F 分布は自由度が大きくなるとカイ 2 乗分布にどんどん近づくので，複合仮説検定に使うことができるのです。

CHECK POINT 26

- [ ] 標本サイズが十分に大きければ，たとえ誤差項が正規分布に従っていなくても，正規分布や t 分布を使った仮説検定を使うことができます。

EXERCISE ●練習問題

◎確認問題

6-1　k 個の説明変数と切片からなる重回帰モデルにおいて、残差 2 乗和の最小化問題の 1 階条件式を書いてみましょう。求めた 1 階条件の式は、モーメント条件の式と同じでしょうか。

◎実証分析問題

6-A　本書のウェブサポートページにある「6_1_income.csv」を使って、実際にミンサー方程式を推定してみましょう。

6-B　本書のウェブサポートページにある「6_2_yeduc.csv」には修学年数（yeduc）と父親（母親）が大学卒業以上であれば 1 となるダミー変数 pacograd（mocograd）が収録されています。

　（1）　母親の学歴（mocograd）を父親の学歴（pacograd）と定数項に回帰する単回帰モデルを推定し、残差を計算しましょう。

　（2）　子どもの修学年数（yeduc）を（1）で作った残差と定数項に回帰する単回帰モデルを推定しましょう。残差の係数パラメターの推定値は、例 6.4（141 ページ）の重回帰モデルにおける母親の学歴変数の係数パラメターの推定値と同じになりましたか（このように、重回帰分析を多段階に分けて行う方法は「回帰解剖」とよばれることがあります）。

6-C　通勤時間が長いと、仕事の満足度が低くなるか調べてみましょう。本書のウェブサポートページにある「6_3_happy_work.csv」には、3604 人分の通勤時間（commute、単位は分）と仕事に対する満足度（happy_work、不満から満足までの 5 段階）のデータが収録されています。

　（1）　仕事に対する満足度を通勤時間に回帰する単回帰モデル

$$happy\_work_i = \beta_0 + \beta_1 commute_i + U_i$$

の回帰パラメターを推定しましょう。通勤時間の係数の符号はどうなるでしょうか。また、係数パラメターは統計的に有意ですか。

　（2）　年収（income）と修学年数（yeduc）を共変量として追加した重回帰モデル

$$happy\_work_i = \beta_0 + \beta_1 commute_i + \beta_2 income_i + \beta_3 yeduc_i + U_i$$

の回帰パラメターを推定しましょう。通勤時間の係数の値はどのように変化しましたか。

(3) (2) で推定した重回帰モデルに年収（income）と修学年数（yeduc）を追加することに統計的に意味はあるのでしょうか。複合仮説

$$H_0: \beta_2 = \beta_3 = 0$$

を F 検定することで調べてみましょう。

6-D 所得や教育水準といった要因は，政治的な選好に影響を与えるのでしょうか。本書のウェブサポートページにある「6_4_minshu.csv」には 4218 人分の年収（income，単位は万円）と民主党に対する支持感情を 0 から 100 までの数値で表したもの（minshu，大きいほど支持が強い）が収録されています。

(1) このデータを使って，単回帰モデル

$$minshu_i = \beta_0 + \beta_1 \, income_i + U_i$$

の回帰パラメターを推定し，年収と民主党への支持感情の関係について議論してみましょう。年収の傾きパラメターは統計的に有意でしょうか。

(2) (1) で推定した単回帰モデルに修学年数（yeduc）を追加した重回帰モデル

$$minshu_i = \beta_0 + \beta_1 \, income_i + \beta_2 \, yeduc_i + U_i$$

の回帰パラメターを推定しましょう。賃金の傾きパラメターの係数は統計的に有意ですか。

CHAPTER

第 7 章

重回帰分析の応用

本質に迫るためのいくつかのコツ

INTRODUCTION

　これまでの章で基本的な統計的手法を含めて，回帰分析に必要なことを一通り学んできました。本章では実際に重回帰モデルを使って政策効果を分析するときに起こりがちな問題をいくつか紹介し，その解決方法について学んでいきます。とくに，複雑な政策効果をどのようにモデル化することができるのかについて，しっかりとマスターしましょう。

1 変数の単位と傾きパラメーターの解釈

　政策評価のための回帰分析において，最小限必要な情報は政策変数と成果変数でした。朝ご飯とテストの点数の関係の例では，政策変数は「朝ご飯を毎日食べているかどうか」を表すダミー変数でしたが，「1 クラス当たりの生徒数」や「生徒 1 人当たりの教育費支出」などが政策変数になる場合も実際の実証分析で多く見られます。このような場合には，政策変数が連続の値をとりうる「連続変数」と見なし，政策変数の傾きパラメーターの推定値は，「政策変数が 1 単位増えると，テストの点数がどれだけ変化するのか」を表す値として解釈することができます。

　たとえば，1 クラス当たりの生徒数を政策変数とし，少人数クラスにすることでテストの点数へ影響があるかどうかを調べたいとします。1 クラス当たりの生徒数を政策変数として回帰パラメーターを推定すれば，政策変数の係数パラメーターの推定値は，「クラスの生徒数を 1 人増やすと，テストの点数が $\hat{\beta}_1$ 点だけ変化する」と解釈することができます。

　少人数クラスの例における傾きパラメーターの解釈は，「クラスの生徒数を 1 人増やすと $\hat{\beta}_1$ 点だけテストの点数が変化する」と述べましたが，被説明変数であるテストの点数や説明変数である 1 クラスの生徒数の「単位」が変わると当然傾きパラメーターの推定値も変わってきます。たとえば，クラスの生徒数を 1 人減らすことによって（100 点満点の）テストの点数が 2 点高くなるとします。説明変数は 1 クラスの生徒数，被説明変数は 100 点満点のテストの点数そのものだとすると，$\hat{\beta}_1$ は -2 となります。もしこのテストが 100 点満点ではなく 1000 点満点だとすると，クラスサイズを 1 人分小さくするとテストの点数は 20 点増えることになるので，$\hat{\beta}_1$ は -20 になります。さらに，説明変数の単位も同じく 10 倍すると，傾きパラメーター $\hat{\beta}_1$ の推定値は -200 になり，解釈は「1 クラス当たりの生徒数を 10 人減らすことは，テストの点数を 200 点高くする」になります。

　このように，説明変数や被説明変数の単位を変えることによって傾きパラメーターの推定値そのものと，その解釈が変わってきますが，推定結果から得られ

るメッセージは同じ「クラスサイズを1人分小さくすることによって100点満点のテストの点数が2点高くなる」ということに変わりありません。また、傾きパラメターの統計的有意性を調べるときも、（検定統計量は標準化されているので）単位を変えることによって判断が変わることはありません。

 より複雑な政策効果をモデル化する

上のクラスサイズとテストの点数の例では、クラスの生徒数を1人増やすことによるテストの点数の変化に着目していました。しかし、現実的にはクラスの生徒数を1人増やす効果は、もともとの生徒数がどれだけいたのかによって変わってくるかもしれません。たとえば、もともと生徒が5人しかいないクラスで1人増えるのと、50人生徒がいるクラスで1人増えるのとでは、その影響は異なるようにも思えます。クラスの生徒数を政策変数とする線形の回帰モデルでは、これらの2つのクラスにおける効果は同じであることを暗黙のうちに仮定しています。

2乗項の導入と限界効果

もともとのクラスサイズによって1人生徒が増えることの効果が異なることを考慮することのできる簡単な方法は、クラスサイズについての高次項を含む重回帰モデルを考えることです。X を1クラスの生徒数とすると、たとえば2次の効果まで考慮する回帰モデルは、

$$Y = \beta_0 + \beta_1 X + \beta_2 X^2 + \beta_3 C_1 + U$$

となります。クラスサイズを大きくすることでテストの点数を引き下げる効果は、もともとのクラスサイズが小さいほど大きいということであれば、**図7.1**のようになります。

このテストの点数とクラスサイズの関係を表すと、軸が正で下に凸な2次関数になります。そのような2次関数の関係は、正の定数 a, b を使って、$y = a(x-b)^2$ と表すことができます。この式を展開すると、

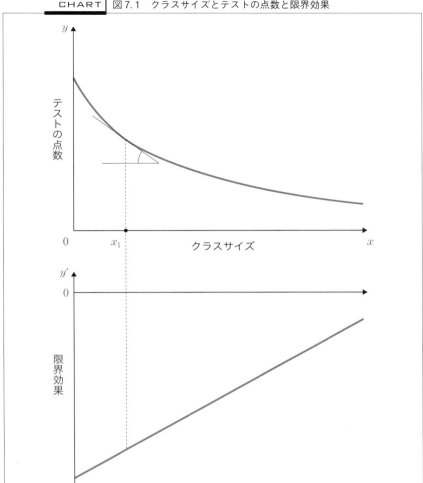

図7.1 クラスサイズとテストの点数と限界効果

$$y = ax^2 - 2abx + ab^2$$

となりますので，x^2 の係数は正，x の係数は負になります。これを先ほどの回帰式の傾きパラメーターとの関係で見ると，β_1 が負，β_2 が正の値をとる下に凸な2次関数ということになります。このときには，テストの点数（の期待値）はクラスサイズが大きくなるにつれて下がっていくが，下がり方は徐々に小さくなっていくことになります。

クラスサイズを1人分増やすことの効果は，政策変数を1単位だけ（限界的に）増やすことの効果という意味で**限界効果**とよばれます。重回帰モデルが政策変数の1次関数であれば，限界効果は政策変数の傾きパラメターとなります。一方，政策変数の2次関数になっている場合には，この2次関数を政策変数で「微分」したもの，

$$\frac{dY}{dX} = \beta_1 + 2\beta_2 X$$

が「クラスサイズが X のときに，クラスサイズを1人分増やすことによるテストの点数への（限界）効果」にあたります（微分については第3章の**Column ❺**を参照してください）。

上で見た例では政策変数の2次関数まで考えましたが，3次関数や4次関数といった高次の関数を使うことでより複雑な政策効果をモデル化することができます。より複雑な政策効果をモデル化した場合でも，限界効果はその関数を政策変数で微分したものの推定値を見ればわかるという点は変わりません。ただし，もともとの政策変数の値によって限界効果が変わる点には注意してください。

例 7.1：経験年数の年収への効果

例 6.2 で教育の収益率を推定し，次の結果を得ました。

$$\widehat{lincome} = 2.486 + 0.118 yeduc + 0.196 exper - 0.006 (exper)^2$$

この推定された式の自然対数をとった年収の予測値（$\widehat{lincome}$）と就業可能年数（exper）の関係を図に書くと**図 7.2**のようになります。

この図からわかるように，若いころは1年働くことによる年収の伸び（曲線の傾き）が大きいのですが，年をとるにつれてその伸びがだんだんと緩やかになっています。

就業可能年数が1年増えることにより賃金が何%増えるのかは，就業可能年数の限界効果，つまりこの推定された式を就業可能年数（exper）で微分して求めることができます。

$$\frac{d(\widehat{lincome})}{d(exper)} = 0.196 - 0.012(exper)$$

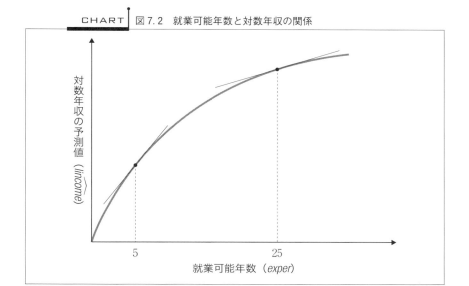

図7.2 就業可能年数と対数年収の関係

　この推定結果によると，就業可能年数が賃金に与える影響は，年数が増えるにしたがって減っていきます。働き始めた若いころの経験は，技能形成に大きな影響を与え，賃金を大きく高めてくれることが予想されます。もちろんかなりの経験を積んだ後でも，技能は形成され，賃金を引き上げてくれるのですが，若いころの伸びに比べるとその伸びは小さいかもしれません。この推定結果は，そのような効果を表しているのです。

CHECK POINT 27

☐ 政策変数の高次の項を含む重回帰モデルを使うと，より複雑な政策効果をモデル化することができます。

3 ダミー変数を使った分析

説明変数にダミー変数を入れた分析

　クラスサイズとテストの点数の例で見た政策変数は，1クラス当たりの生徒数という量的な意味を持つ変数でした。一方，朝ご飯とテストの点数の例では，政策変数は朝ご飯を毎日食べていることを示すダミー変数，つまり1か0の値をとる変数でした。このダミー変数は，変数の値自体には量的な意味はありませんが，政策変数として用いることができるだけでなく，たとえば男性と女性といったグループの違いを表すうえで大変便利ですので，よく分析に用いられます。さらに，政策効果がグループ間で異なるかどうかを調べるときにも使うことができます。

　具体的な例として，1人当たり教育支出がテストの点数に与える影響を調べたいとしましょう。1人当たり教育支出は（連続）変数 X とします。この効果を調べるときに，男性と女性では平均点が違うかもしれないので，男女の平均点の違いを考慮するために，女性であれば1，男性であれば0の値をとるダミー変数 D も考慮します（このとき，0の値をとるカテゴリーのグループは**基準グループ**とよばれます）。すると，テストの点数を被説明変数とする重回帰モデル

$$Y = \beta_0 + \delta_0 D + \beta_1 X + U$$

の回帰パラメーターを推定することで，その効果を調べることができます。この重回帰モデルは，性別によって切片が「シフト」するモデルと考えることができます。男性の場合には $D=0$ となるので，回帰モデルは

$$Y = \beta_0 + \beta_1 X + U$$

になります。逆に女性の場合には $D=1$ となるので，

CHART 図7.3 男性と女性の切片の違い

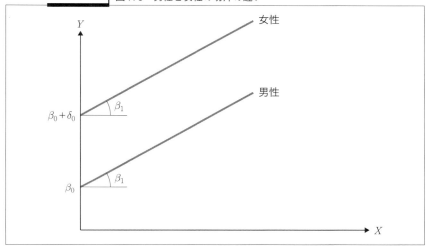

$$Y = (\beta_0 + \delta_0) + \beta_1 X + U$$

となります。この2つの回帰モデルの違いは切片パラメターのみで，男性の切片パラメターは β_0 であるのに対して，女子生徒の切片パラメターは $\beta_0 + \delta_0$ になります（**図7.3** 参照）。もし男性と女性のテストの点数が平均的に異なるのであれば，δ_0 は0ではないということになります。逆に男性と女性でテストの点数が平均的に同じということであれば，$\delta_0 = 0$ になります。

このように，2つのグループの違いを表現するためにダミー変数を使うことができるのですが，3つ以上のカテゴリーがある場合にも，ダミー変数をうまく組み合わせれば表現することができます。たとえば，学歴が高校中退，高卒，大卒のいずれかという3つのカテゴリーからなるとすると，高校中退，高卒，大卒を表すためには，高校を卒業していれば1，そうでなければ0の値をとるダミー変数（高卒）と，大学を卒業していれば1，そうでなければ0の値をとるダミー変数（大卒）の2つのダミー変数があれば十分です（大卒者は必ず高校も卒業しているとします）。この2つのダミー変数を使えば，高卒者は「高卒=1かつ大卒=0」，高校中退であれば「高卒=0かつ大卒=0」，大卒者であれば「高卒=1かつ大卒=1」ということになります（**表7.1** 参照）。

このように，いかなるカテゴリー変数もダミー変数の組合せで必ず表現でき

3 ダミー変数を使った分析 ● 167

| CHART | 表7.1　高校中退，高卒，大卒を表すダミー変数 |

	高卒ダミー	大卒ダミー
高校中退者	0	0
高卒者	1	0
大卒者	1	1

ますが，一般的に n 個のカテゴリーがあるとすれば $n-1$ 個のダミー変数があれば十分です。ただし，実際問題として（たとえば世界中の国や全都道府県といったように）あまりにも多くのグループがある場合には，いくつかのカテゴリーをまとめて，大きなカテゴリーを考えることもできます。たとえば，47都道府県の違いを表わすためには46個のダミー変数があればよいのですが，北海道，東北，関東，中部，近畿，中国，四国，九州といったより大きなカテゴリーであれば7個のダミー変数で十分になります。

交差項の導入

いままで見てきたように，グループの違いを表すダミー変数を組み合わせて，それを切片パラメターとして重回帰モデルの中に含めれば，グループ間の平均的な成果（期待値）の違いを調べることができます。たとえば，年収が男性と女性，さらには学歴によって平均的に違うというのはこれらのダミー変数を重回帰モデルに含めて傾きパラメターを推定すればよいのです。さらに，ダミー変数をうまく使うことによって政策の効果がグループによって異なるかを調べることもできます。

たとえば，1人当たり教育費支出とテストの点数の関係を調べたいとします。平均的なテストの点数が男女間で異なるかもしれない点を考慮する重回帰モデルはすでに見ました。さらに1人当たり教育支出がテストの点数に与える効果は男性と女性で異なることを調べるための重回帰モデルは，政策変数と女性ダミー変数を掛け合わせた項である $X \times D$（交差項とよばれます）を用いて

$$Y = \beta_0 + \delta_0 D + \beta_1 X + \beta_2 (X \times D) + U$$

となります。この重回帰モデルを使うと，男性の場合には $D=0$ となるので，

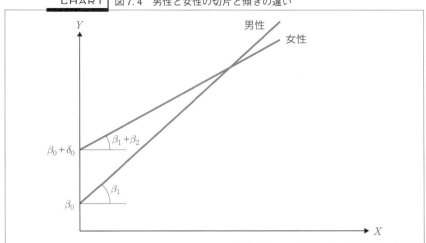

CHART 図7.4 男性と女性の切片と傾きの違い

$$Y = \beta_0 + \beta_1 X + U$$

となり，女性の場合には $D=1$ となるので，

$$Y = (\beta_0 + \delta_0) + (\beta_1 + \beta_2)X + U$$

となります。つまり，男性の切片パラメターは β_0，傾きパラメターは β_1 になり，女性の切片パラメターは $(\beta_0 + \delta_0)$，傾きパラメターは $(\beta_1 + \beta_2)$ になります（**図7.4**参照）。男女間の平均的なテストの点数の違いのときと同じように，もし1人当たり教育支出のテストの点数に与える影響が男性と女性で違うのであれば β_2 が0ではなく，逆に効果が同じであれば β_2 は0になります。このように，カテゴリーを表すダミー変数と政策変数の交差項を考えて，その傾きパラメターを推定することによって，政策の効果がグループによって違うのかどうかを調べることができます。

グループ間の違いの検定

グループ間で平均的な成果の違いがあるか，または政策の効果がグループによって異なるのかは t 検定を使って調べることができます。たとえば，1人当たり教育支出とテストの点数の関係で，男性と女性で平均的なテストの点数

(テストの点数の期待値) が異なるかは，δ_0 が 0 であるという帰無仮説を t 検定すればわかります。また，男性と女性で教育費支出を増やすことの効果が異なるかは，β_2 が 0 であるという帰無仮説を t 検定すればよいことになります。

この考え方をもう少し進めると，グループ間で回帰パラメターが異なるか (つまり切片パラメターと傾きパラメターがグループ間で異なるかどうか) を調べることもできます。このためには，カテゴリーを表すダミー変数と政策変数 (と共変量のすべて) との交差項を考えて，その係数が統計的に有意に 0 と異なるかという複合仮説を検定すればよいことになります。たとえば，テストの点数と 1 人当たり教育費支出の例では，「$\delta_0 = 0$ かつ $\beta_2 = 0$」という複合仮説を帰無仮説として，F 検定をすることになります。

例 7.2：教育の収益率の男女差

例 5.1 では単回帰モデルを使って教育の収益率を推定しました。そこでは，男性と女性の両方のデータを一度に使って 1 つの単回帰モデルを推定しました。しかし，平均的な年収は男女間で異なるかもしれませんし，教育の収益率も男女間に差があるかもしれません。

男女間で教育の収益率や平均的な年収が異なるかもしれないので，女性であれば 1 をとるダミー変数 (female) を使ってこの違いを表してみましょう。

平均的な年収の違いを表す回帰モデルは，女性ダミー変数を追加した，

$$lincome = \beta_0 + \beta_1 yeduc + \delta_0 female + U$$

となります。さらに教育の収益率が男女間で異なるかどうかを試す重回帰モデルは，

$$lincome = \beta_0 + \beta_1 yeduc + \delta_0 female + \beta_2 (yeduc \times female) + U$$

となります。

本書のウェブサポートページにある「7_1_income.csv」には，4286 人分の対数をとった年収 (lincome)，修学年数 (yeduc)，女性ダミー変数 (female) および女性ダミー変数と修学年数の交差項 (female_yeduc) が収録されています。このデータを使って上の重回帰モデルを推定した結果は次のようになります。

```
. regress lincome yeduc female female_yeduc

      Source |       SS           df       MS      Number of obs   =     4286
-------------+----------------------------------   F(  3,   4282)  =   421.49
       Model |  856.086525         3   285.362175  Prob > F        =   0.0000
    Residual |  2899.05329      4282   .677032529  R-squared       =   0.2280
-------------+----------------------------------   Adj R-squared   =   0.2274
       Total |  3755.13981      4285   .876345347  Root MSE        =   .82282

------------------------------------------------------------------------------
     lincome |      Coef.   Std. Err.      t    P>|t|     [95% Conf. Interval]
-------------+----------------------------------------------------------------
       yeduc |   .0240947   .0085334     2.82   0.005     .0073647    .0408246
      female |  -2.079202    .192386   -10.81   0.000    -2.456378   -1.702025
female_yeduc |   .0902285   .0137996     6.54   0.000     .0631742    .1172828
       _cons |   5.346895   .1209202    44.22   0.000     5.109829    5.583962
------------------------------------------------------------------------------
```

まず,女性ダミー変数の係数は負で統計的にも有意ですので,女性は男性に比べて平均的に年収が低いことを意味しています。一方,女性ダミーと修学年数の交差項は 0.090 と正の値であり,統計的にも有意になっています。修学年数の傾きパラメターの推定値は 0.024 ですので,男性の（年収で計測した）教育の収益率は 2.4%,女性の教育の収益率は $0.024 + 0.090 = 0.114$,つまり 11.4% ということになり,女性の教育の収益率は男性の教育の収益率よりも統計的に有意に高いことを意味しています。

チョウ（Chow）検定

グループ間で重回帰モデルの回帰パラメターが異なるかどうかを調べたいのであれば,すべての説明変数とグループを表すダミー変数との交差項の係数パラメターと,ダミー変数の係数パラメターがすべて 0 であるという帰無仮説を F 検定で調べればよいといいました。しかしながら,説明変数の数が多かったり,グループの数が多かったりする場合には,残差 2 乗和を組み合わせた検定統計量を使う**チョウ（Chow）検定**とよばれる検定方法を使うことがあります。この検定方法は,標本サイズがあまり大きくないけれども説明変数の数が多く,カテゴリーを表すダミー変数との交差項をすべて考慮すると,推定するパラメターの数が多くなってしまう場合に便利な方法です（標本サイズから推定するパラメターの数を引いたものが自由度になります）。

たとえば,教育の収益率を測定するミンサー方程式に,男性と女性の 2 つの

グループ間で違いがあるかどうかを調べるとします。まず，男性（グループ1）の重回帰モデルの回帰パラメターを，男性のデータだけを使って最小2乗法で推定して残差2乗和 SSR_1 を作ります。次に，女性（グループ2）についても同様に推定して残差2乗和 SSR_2 を作ります。最後に，男性と女性のすべてのデータを使って同じ重回帰モデルを推定し，残差2乗和 SSR を求めます。すると，次の検定統計量

$$F = \frac{SSR - (SSR_1 + SSR_2)}{SSR_1 + SSR_2} \times \frac{n - 2(k+1)}{k+1}$$

は自由度（2, $n-2k-2$）の F 分布に従うことが知られています。この検定統計量は正の値をとりますが，この値が特定の有意水準（たとえば，上側5%）の閾値よりも大きい場合には「グループ間の違いがない」という帰無仮説を棄却することになります。

このチョウ検定も，すでに見た F 検定と同じように直観的に理解することができます。男女のデータすべてを使って回帰モデルを推定するということは，「男性と女性で重回帰モデルの回帰パラメターが同じである」という制約（帰無仮説）のもとで推定をしていることにほかなりません。こうして得られた残差2乗和が SSR になっていますが，もしこの帰無仮説が正しくないのであれば，推定された重回帰モデルのデータへの当てはまりが悪くなります。その結果として残差2乗和が大きくなってしまい，帰無仮説を棄却しやすくなります。すべての説明変数とカテゴリーを表すダミー変数との交差項およびダミー変数そのものを含めた重回帰モデルは「帰無仮説が正しい」という制約を課してはいないモデルになっているので，その残差2乗和を計算すると必ず $SSR_1 + SSR_2$ となっています。もし帰無仮説が正しいのであれば，帰無仮説のもとで得られた残差2乗和 SSR も $SSR_1 + SSR_2$ になるので，検定統計量は0となり，帰無仮説は棄却されません。

例7.3：教育の収益率の男女差をチョウ検定で調べる

教育の収益率を推定する単回帰モデルを，「7_1_income.csv」に収録されている男性のみのデータを使って推定すると，次のようになりました。

```
. regress lincome yeduc if female==0

      Source |       SS       df       MS              Number of obs =    2150
-------------+------------------------------           F(  1,  2148) =    9.61
       Model |  5.39763576     1   5.39763576          Prob > F      =  0.0020
    Residual |  1205.95084  2148   .561429628          R-squared     =  0.0045
-------------+------------------------------           Adj R-squared =  0.0040
       Total |  1211.34848  2149   .563680073          Root MSE      =  .74929

------------------------------------------------------------------------------
     lincome |      Coef.   Std. Err.      t    P>|t|     [95% Conf. Interval]
-------------+----------------------------------------------------------------
       yeduc |   .0240947   .0077708     3.10   0.002     .0088556    .0393338
       _cons |   5.346895   .1101138    48.56   0.000     5.130955    5.562836
------------------------------------------------------------------------------
```

同様に女性のみのデータを使って推定すると，次のようになりました．

```
. regress lincome yeduc if female==1

      Source |       SS       df       MS              Number of obs =    2136
-------------+------------------------------           F(  1,  2134) =   94.83
       Model |  75.2380817    1   75.2380817          Prob > F      =  0.0000
    Residual |  1693.10245  2134   .793393837          R-squared     =  0.0425
-------------+------------------------------           Adj R-squared =  0.0421
       Total |  1768.34053  2135   .828262543          Root MSE      =  .89073

------------------------------------------------------------------------------
     lincome |      Coef.   Std. Err.      t    P>|t|     [95% Conf. Interval]
-------------+----------------------------------------------------------------
       yeduc |   .1143232   .0117398     9.74   0.000     .0913006    .1373458
       _cons |   3.267694   .1619845    20.17   0.000      2.95003    3.585358
------------------------------------------------------------------------------
```

男性と女性それぞれのデータで別々に単回帰モデルを推定しても，前の例で見た結果とまったく同じ教育の収益率の推定値を得ることができます．最後に，男性と女性のすべてのデータを使って同じ回帰モデルを推定すると，次のようになりました．

```
. regress lincome yeduc

      Source |       SS       df       MS              Number of obs =    4286
-------------+------------------------------           F(  1,  4284) =  105.71
       Model |  90.4328015    1   90.4328015          Prob > F      =  0.0000
    Residual |  3664.70701  4284   .855440479          R-squared     =  0.0241
```

3 ダミー変数を使った分析

```
-------------+----------------------------------   Adj R-squared =   0.0239
       Total |  3755.13981  4285  .876345347      Root MSE       =   .9249
-------------+----------------------------------
     lincome |    Coef.   Std. Err.      t    P>|t|   [95% Conf. Interval]
-------------+----------------------------------------------------------------
       yeduc |  .0772308   .0075114    10.28   0.000    .0625045    .0919571
       _cons |  4.190328   .1050539    39.89   0.000    3.984367    4.396288
------------------------------------------------------------------------------
```

　これらの結果から，男性と女性で回帰モデルが異なるかを調べるためのチョウ検定統計量を推定すると，

$$F = \frac{3665 - (1206 + 1693)}{1206 + 1693} \times \frac{4286 - 2(1+1)}{1+1} = 0.264 \times 2141 = 565$$

となり，自由度（2, 4282）の F 分布表から判断すると，男女間の差は統計的に有意であることがわかります。

被説明変数としてのダミー変数：線形確率モデル

　いままで見てきた回帰モデルは，ダミー変数を説明変数として含むものでした。しかし，成果変数としての被説明変数 Y がダミー変数になっているような場合も多く見られます。たとえば，ある学力達成度テストの結果，合格ラインを上回ったかどうかに興味がある場合には，成果変数としての被説明変数 Y は合格であれば 1，不合格であれば 0 となるダミー変数になります。

　このように，被説明変数がダミー変数になっている（重）回帰モデルは，その条件付き期待値 $E[Y | X, C]$ が $Y=1$ となる確率になっているので，**線形確率モデル**とよばれます。

　この点をもう少し詳しく見てみましょう。被説明変数 Y は 0 か 1 の値しかとらないので，条件付き期待値を見ると

$$E[Y | X, C] = P(Y=1 | X, C) \times 1 + P(Y=0 | X, C) \times 0 = P(Y=1 | X, C)$$

となります。これは X と C を条件としたときの Y の条件付き期待値 $E[Y | X, C]$ が，$Y=1$ となる確率 $P(Y=1 | X, C)$ になっていることを意味しています。また，いままで見てきた重回帰モデルのように，条件付き期待値を回帰パラメーターに関して線形な関数でモデル化すると，

$$\mathrm{E}[Y \mid X, C] = \beta_0 + \beta_1 X + \beta_2 C$$

となりますので，X と C を条件としたときの Y の条件付き期待値，すなわち $Y=1$ となる確率は

$$\mathrm{P}(Y=1 \mid X, C) = \beta_0 + \beta_1 X + \beta_2 C$$

となります。このように，被説明変数がダミー変数のとき，$Y=1$ になる確率を回帰パラメーターの線形関数として書いた回帰モデルが，線形確率モデルです。

たとえ被説明変数がダミー変数であっても，回帰パラメーターは最小 2 乗法で推定することができ，不偏性の 4 つの仮定が満たされていれば最小 2 乗推定量は不偏推定量になっています。さらに，推定された回帰パラメーターの解釈は，線形確率モデルの場合にはとても簡単です。線形確率モデルでは，被説明変数の条件付き期待値が $Y=1$ になる確率になっているので，$\hat{\beta}_1$ を「X が 1 単位増えたときに，$Y=1$ となる確率が $\hat{\beta}_1$ だけ変化する」と解釈することができます。

例 7.4：女性の労働供給関数

女性の労働参加は少子高齢化による将来的な労働力不足への対策の 1 つとして重要視されていますが，どのような女性が労働市場で働くことを選んでいるのでしょうか。このことを調べるために，女性が労働市場で働いていれば 1，それ以外は 0 となるダミー変数（work）を，配偶者の所得（income_s，単位は万円）と 6 歳以下の子どもがいれば 1，それ以外は 0 となるダミー変数（childu6）に回帰する重回帰モデル

$$work = \beta_0 + \beta_1 income\_s + \beta_2 childu6 + U$$

を推定しましょう。

本書のウェブサポートページにある「7_2_work.csv」には，1053 人分の配偶者のいる女性の上記の 3 つの変数（work, income_s, childu6）のデータが収録されています。これを使って上の重回帰モデルを推定した結果は次のようになります。

```
. regress work income_s childu6

      Source |       SS       df       MS              Number of obs =    1053
-------------+------------------------------           F(  2,  1050) =   27.23
       Model | 12.7653687     2  6.38268437            Prob > F      =  0.0000
    Residual | 246.157708  1050  .234435913            R-squared     =  0.0493
-------------+------------------------------           Adj R-squared =  0.0475
       Total | 258.923077  1052  .246124598            Root MSE      =  .48419

------------------------------------------------------------------------------
        work |      Coef.   Std. Err.      t    P>|t|     [95% Conf. Interval]
-------------+----------------------------------------------------------------
    income_s |  -.0002236   .0000624    -3.58   0.000    -.0003461   -.0001012
     childu6 |  -.2011961   .0299428    -6.72   0.000    -.2599507   -.1424415
       _cons |   .7703242   .0370387    20.80   0.000     .6976458    .8430026
------------------------------------------------------------------------------
```

配偶者の所得の傾きパラメターの推定値は負で統計的にも有意です。これは夫の所得が1万円高いと，妻が労働市場で働く確率は0.02％低いことを意味しています。また，6歳以下の子どもがいるダミー変数の係数パラメターの推定値も負で統計的にも有意です。これは6歳以下の子どもがいると，労働市場で働く確率は約20％低いことを意味しています。

非線形確率モデル

被説明変数がダミー変数だとしても，いままでと同じように重回帰分析を行うことができますが，潜在的な問題点もいくつかあります。まず，線形確率モデルを推定して得られる「$Y=1$になる確率」の予測値は，場合によっては0と1の間に収まらない場合があります。確率は必ず0と1の間にあるというのが「公理」ですので，この線形確率モデルは確率の公理を満たさないような予測をすることがあることになります。

また，線形確率モデルにおいては，必ず誤差項の分散が不均一，つまりXの実現値によって分散が異なります（線形確率モデルの分散不均一性についてはColumn ⓭を参照してください）。つまり，ガウス＝マルコフ仮定を満たしません。このような問題点を考慮するために，プロビット・モデルやロジット・モデルとよばれる**非線形確率モデル**を推定することも考えられますが，線形確率モデルは推定方法および推定結果の解釈が簡単という大きなメリットがあります。また，線形確率モデルの推定の精度がある程度高く，推定された回帰パラメターの標準誤差が十分小さいときには，非線形確率モデルの推定結果と大きく

> **Column ⑬ 線形確率モデルの分散不均一性**
>
> 被説明変数 Y が 0 か 1 の値をとるダミー変数となっている回帰(線形確率)モデル
>
> $$Y = \beta_0 + \beta_1 X + U$$
>
> において,$\beta_1 \neq 0$ のとき,誤差項 U の X での条件付き分散 $V[U \mid X]$ が必ず X に依存することを確かめましょう。
>
> $E[U \mid X] = 0$ なので,$V[U \mid X] = E[U^2 \mid X]$ となります。ここで,$U = Y - \beta_0 - \beta_1 X$ ですが,$P(Y=1 \mid X)$ の確率で $U = 1 - \beta_0 - \beta_1 X$,$P(Y=0 \mid X) = 1 - P(Y=1 \mid X)$ の確率で $U = -\beta_0 - \beta_1 X$ となるので,
>
> $$\begin{aligned} V[U \mid X] &= E[U^2 \mid X] \\ &= P(Y=1 \mid X)[1 - \beta_0 - \beta_1 X]^2 + [1 - P(Y=1 \mid X)][-\beta_0 - \beta_1 X]^2 \end{aligned}$$
>
> となります。この線形確率モデルでは,$P(Y=1 \mid X) = \beta_0 + \beta_1 X$ ですので,上の式に代入すると,
>
> $$\begin{aligned} V[U \mid X] &= E[U^2 \mid X] = P(Y=1 \mid X)[1-\beta_0-\beta_1 X]^2 + [1-P(Y=1 \mid X)][-\beta_0-\beta_1 X]^2 \\ &= [\beta_0+\beta_1 X][1-\beta_0-\beta_1 X]^2 + [1-\beta_0-\beta_1 X][-\beta_0-\beta_1 X]^2 \\ &= [\beta_0+\beta_1 X][1-\beta_0-\beta_1 X][[1-\beta_0-\beta_1 X] + [\beta_0+\beta_1 X]] \\ &= [\beta_0+\beta_1 X][1-\beta_0-\beta_1 X] \end{aligned}$$
>
> となり,誤差項の分散が必ず X の値に依存することがわかります。

異ならないことが多いので,まずはこの線形確率モデルを推定してみることをおすすめします。

CHECK POINT 28

☐ 0 か 1 の値しかとらないダミー変数は,グループ分けに使います。グループごとに政策の効果が異なる場合には,政策変数とグループを表すダミー変数との交差項を使うことで,より精緻な政策効果を調べることができます。

4. 分散が不均一なときの頑健な標準誤差

　重回帰モデルの回帰パラメーターの推定方法として，最小2乗法はガウス＝マルコフ仮定が満たされていれば，最良の線形不偏推定量であることを確認しました。ガウス＝マルコフ仮定は，

(1) 母集団モデルが線形
(2) 標本が無作為抽出
(3) 説明変数と誤差項は平均独立
(4) 説明変数に変動があり，完全な共線関係がない
(5) 誤差分散が均一

の5つの仮定でした。このガウス＝マルコフ仮定の1つである分散均一性の仮定は，たとえそれが満たされていなくても不偏推定量であることには変わりがありませんが，分散が均一であればそのような推定量の中で分散が最も小さいという効率性が保証されました。また，回帰パラメーターの最小2乗推定量の分散および標準偏差を求める際にも，分散均一の仮定をおきました。誤差項の分散が説明変数の値に依存せずに一定であるというこの仮定のもとでは，最小2乗推定量の分散と標準誤差を比較的簡単に求めることができました。
　しかしながら，分散が均一であるという仮定が満たされない例は，現実にはしばしば見られます。たとえば，修学年数が年収に与える影響を調べたいとします。年収を被説明変数とし，修学年数を説明変数とする回帰モデルに，生まれつきの能力を制御する共変量が含まれていないとすると，この能力は誤差項に含まれることになります。修学年数を決める要因は能力もさることながら，家計の裕福度をはじめとする家庭環境にも依存しているかもしれません。すると，修学年数の短いグループにはさまざまな能力の人が含まれ，修学年数が長いグループにはある一定の能力を持った人々が多く含まれているかもしれません。もしこのようなことが正しければ，誤差項の分散は修学年数が長くなるほど小さくなります。

逆に，学歴が高いほど仕事の機会の幅が広がるため，運良く良い仕事に就けたときとそうでないときの年収の差は，学歴が高いほど大きくなるかもしれません。このような場合には修学年数が長くなるほど誤差項の分散は大きくなります。

このように，誤差項の分散が政策変数や共変量の値によって異なる場合は，**分散が不均一**であるといいます。重回帰モデル

$$Y_i = \beta_0 + \beta_1 X_{1i} + \cdots + \beta_k X_{ki} + U_i$$

の誤差項 U_i が $(X_{1i}, \cdots, X_{ki})$ の実現値によって異なるという意味で，不均一分散のことを

$$V[U_i \mid X_{1i}, \cdots, X_{ki}] = s_i^2$$

と s^2 に添字の i をつけて書きます。つまり，標本における各観測値 i の誤差項 U_i の分散は，i ごとに異なることを意味しています。

分散が不均一な場合の標準誤差の求め方

不均一分散の場合には，最小2乗推定量の分散や標準誤差の求め方が，いままで学んできたものとは少しだけ異なります。逆に言うと，実際は分散が不均一にもかかわらず，分散が均一であると仮定して計算した標準誤差は「正しくない」ことになります。この正しくない標準誤差を使った t 検定や F 検定は，当然ながら正しくないので，場合によっては推定された係数パラメーターの統計的有意性などの判断を誤ってしまうこともあります。

分散が不均一なときは，誤差項の分散を直接推定するのではなく，最小2乗推定量の分散自体を直接推定します。この点を理解するために，誤差項の分散が均一である単回帰モデルの傾きパラメーターの分散がどのようになっていたのかを復習してみましょう。第5章で見たように，説明変数が政策変数のみである単回帰モデル

$$Y = \beta_0 + \beta_1 X + U$$

の場合，傾きパラメーター β_1 の最小2乗推定量 $\hat{\beta}_1$ の分散は，

となっていました．この分子にある誤差項の分散 s^2 を，残差 $\hat{u}_i = y_i - \hat{\beta}_0 - \hat{\beta}_1 x_i$ を使って，

$$\hat{s}^2 = \frac{1}{n-2} \sum_{i=1}^{n} \hat{u}_i^2$$

と推定したものを代入すると，分散の推定値

$$\hat{V}[\hat{\beta}_1 \mid x_1, \cdots, x_n] = \frac{\hat{s}^2}{\sum_{i=1}^{n}(x_i - \bar{x})^2}$$

（ただし，$\bar{x} = \frac{1}{n}\sum_{i=1}^{n} x_i$）を求めることができました．
一方，分散が不均一のときの最小2乗推定量 $\hat{\beta}_1$ の分散の推定値は，

$$\hat{V}[\hat{\beta}_1 \mid x_1, \cdots, x_n] = \frac{\sum_{i=1}^{n}(x_i - \bar{x})^2 \hat{u}_i^2}{[\sum_{i=1}^{n}(x_i - \bar{x})^2]^2}$$

となります（分散が不均一なときの標準誤差の求め方に興味のある人はウェブサポートページの補論を参照してください）．分散が均一のときには誤差項の分散が共通なので，まず誤差項の分散を推定してからそれを代入することで最小2乗推定量の分散を推定することができました．しかし，分散が不均一であれば，分散の式の中に出てくる誤差項のところに残差を直接代入することで最小2乗推定量の分散を求めることができます．重回帰モデルの誤差項の分散が不均一の場合にも，単回帰モデルのときと同じように最小2乗推定量の分散を推定することができます．

頑健な標準誤差

このように，誤差項の分散が均一であることを仮定せずに求める標準誤差は，分散不均一性があるとしても正しい値を得ることができるという意味で，分散不均一性に対して**頑健な**（robust）**標準誤差**とよばれます．誤差項の分散が均一かどうかは事前にはわからないうえ，均一分散は不均一分散の特殊ケースにすぎないので，この頑健な標準誤差は（一致性を持つという意味で）常に"正しい"標準誤差の値を得る方法になっています．

しかしながら，頑健な標準誤差は標本サイズが十分に大きいと正しい標準偏差の値に近づくということを意味しているにすぎないので，標本サイズが小さ

いときには頑健な標準誤差を用いて計算した t 検定量は厳密には t 分布に従っていません。一方，分散が均一であれば，分散均一性の仮定のもとで求めた標準誤差に基づいた t 検定統計量は（誤差項の正規性のもとでは）t 分布に従ってくれるので，もし分散が均一であることがあらかじめわかっているのであれば分散均一の仮定のもとでの標準誤差を用いたほうがより正確ということになります。ただし，実際に推定を行う際には，ある程度の標本サイズがあると考えて，頑健な標準誤差を使って計算した t 検定統計量に基づいた検定を行うことが多いです。多くの統計ソフトでは，誤差項の分散均一を仮定した標準誤差と，分散の不均一性に対して頑健な標準誤差の両方を自動的に計算してくれるので，自分の手で計算する必要はありません。

例 7.5：頑健な標準誤差と通常の標準誤差の比較

データ「6_1_income.csv」を使ってミンサー方程式を推定し，頑健な標準誤差を求めると次のようになります。

```
. regress lincome yeduc exper exper2, robust

Linear regression                               Number of obs  =    4299
                                                F(  3,  4295) =  365.05
                                                Prob > F      =  0.0000
                                                R-squared     =  0.2066
                                                Root MSE      =  .79827

------------------------------------------------------------------------
             |              Robust
     lincome |    Coef.   Std. Err.      t    P>|t|   [95% Conf. Interval]
-------------+----------------------------------------------------------
       yeduc |  .1175467  .0064022    18.36   0.000    .104995   .1300984
       exper |  .1961736  .0083157    23.59   0.000   .1798706   .2124767
      exper2 | -.0063811  .0003502   -18.22   0.000  -.0070677  -.0056946
       _cons |  2.485502  .1012619    24.55   0.000   2.286977   2.684028
------------------------------------------------------------------------
```

修学年数の傾きパラメターの推定値の標準誤差は，分散均一性を仮定したときのもの（135 ページ）よりも小さくなっています。逆に，就業可能年数およびその 2 乗の傾きパラメターの推定値は大きくなっています。このように，頑健な標準誤差は分散均一性を仮定した場合の標準誤差に比べて，大きくなる場合もあれば小さくなる場合もあります。

CHECK POINT 29

□ 誤差項の分散が観測値ごとに異なるとき，最小2乗法による回帰パラメーターの推定値は変わりませんが，標準誤差は頑健なものを計算する必要があります。

5 誤差項の分散が均一かどうか調べる

▶ 分散不均一性の検定

　誤差項の分散が均一でないときには頑健な標準誤差を用いればよいのですが，推定する前には誤差項の分散が均一かどうかは一般的にはわかりません。誤差分散が均一でなければ頑健な標準誤差を使うことになりますが，均一であれば「通常の」標準誤差を使うことになります。この分散が均一であるかどうかは回帰モデルを推定した後に統計的に検定することができます。もし検定の結果，誤差項の分散が均一であるという帰無仮説を棄却できないのであれば，分散均一の標準誤差を使い，逆に棄却したときには頑健な標準誤差を使えばよいことになります。

　均一分散の検定方法としてよく用いられるものとして，**ブルーシュ＝ペーガン検定**や**ホワイト検定**とよばれるものがあります。これらの検定では，まず帰無仮説として「分散が均一」つまり誤差項 U の分散 $V[U]$ が説明変数 X の値によらず一定であるという仮説を立てます。この帰無仮説を別の言葉で言い換えると，誤差項 U の分散 $V[U]$ は説明変数 X の値に依存しないとなります。誤差項の期待値が0という（いつもの）仮定のもとでは，誤差項の分散は誤差項の2乗の期待値 $E[U^2]$ になりますので，誤差項の2乗 U^2 を説明変数 X に回帰して，説明変数のどれか1つでも統計的に有意に誤差項の2乗 U^2 を説明しているのであれば，誤差項の分散が説明変数 X に依存している，つまり分散は不均一であるということになります。

ブルーシュ＝ペーガン検定

　まずは**ブルーシュ＝ペーガン検定**を見てみましょう。
　仮説検定のための帰無仮説として，「分散は均一である」とします。

$$H_0 : V[U \mid X_1, \cdots, X_k] = s^2$$

この誤差項の分散が説明変数の値にかかわらず一定であるという帰無仮説は，誤差項の期待値が0という仮定のもとでは

$$H_0 : E[U^2 \mid X_1, \cdots, X_k] = E[U^2] = s^2$$

と同じものになります。言い換えると，誤差項を2乗したものの期待値はいかなる説明変数にも依存しないということになります。このことを回帰モデルを使って表現すると，誤差項 U の2乗を被説明変数とする重回帰モデル

$$U^2 = \delta_0 + \delta_1 X_1 + \cdots + \delta_k X_k + V \quad (V はこの回帰式の誤差項)$$

のすべての説明変数の傾きパラメーターが0である

$$H_0 : \delta_1 = \delta_2 = \cdots = \delta_k = 0$$

ということになります。

　この帰無仮説は通常の F 検定統計量を使って検定することができそうですが，1つ問題があります。それは，被説明変数が観測されていない，つまり誤差項の2乗は観測できないので，この重回帰モデルの回帰パラメーターを推定できないということです。そこで，まずもとの重回帰モデルを推定し，その結果から得られる残差を計算します。その残差の2乗をすべての説明変数に回帰して説明変数の係数パラメーターがすべて0という帰無仮説を F 検定しましょう。もし帰無仮説を棄却すれば，誤差項の分散が説明変数に依存することになるので，分散は不均一ということになります。逆に帰無仮説を棄却しないときには，分散均一のもとでの標準誤差を使うことになります。

ホワイト検定

　ブルーシュ＝ペーガン検定は誤差項の分散が均一かどうかを検定できる良い方法なのですが，大きな仮定として誤差項の分散が説明変数の1次の項のみに依存している，つまり

$$V[U \mid x_1, \cdots, x_k] = \delta_0 + \delta_1 x_1 + \cdots + \delta_k x_k$$

を仮定していました。しかしながら，誤差項の分散は説明変数の2次の項や3次の項，さらにはそれぞれの交差項にも複雑に依存しているかもしれません。ブルーシュ＝ペーガン検定でもこれらの高次項や交差項を追加してF検定を行うこともできるのですが，高次項やすべての交差項を考慮するためには，非常に多くの係数パラメターを推定しなければならなくなるかもしれません。

この問題を解決する検定方法として，重回帰モデルから得られる被説明変数の予測値の高次項を誤差項の分散の式に含めるという方法があります。具体的には，残差の2乗を被説明変数の予測値とその高次項に回帰する重回帰モデル

$$\hat{U}^2 = \delta_0 + \delta_1 \hat{Y} + \delta_2 \hat{Y}^2 + V$$

の傾きパラメター δ_1 と δ_2 を推定して，$\delta_1 = \delta_2 = 0$ という複合仮説を検定すればよいということになります。この検定方法は，開発者の名前をとって**ホワイト検定**とよばれます。

ではなぜこのような複合仮説の検定で分散均一性を検定することができるのでしょうか。ホワイト検定でも誤差項の分散が説明変数に依存するかどうかを判断するという点ではブルーシュ＝ペーガン検定と何ら変わりはありません。ただし，このホワイト検定のうまいところは，誤差項の分散が説明変数に依存するかを，説明変数を直接使うのではなく，説明変数の組合せである被説明変数の予測値を使って間接的に調べているところです。被説明変数の予測値は

$$\hat{y}_i = \hat{\beta}_0 + \hat{\beta}_1 x_{1i} + \hat{\beta}_2 x_{2i} + \cdots + \hat{\beta}_k x_{ki}$$

からもわかるように，説明変数の関数になっています。この被説明変数の予測値を2乗すると，x_{1i} から x_{ki} までの2乗の項だけではなく，それぞれの説明変数の交差項も現れることになります。つまり，もし誤差項の分散が説明変数の2乗の項や交差項に依存しているのであれば，$\hat{y}_i^2$ の傾きパラメターである δ_2 が0と異なるはずであり，その結果，分散は均一であるという帰無仮説を棄却することになるわけです。このように，ホワイト検定は少ない数の傾きパラメターを推定することで分散均一性を検定できる方法なので，とても便利な方法だといえます。

この点をより深く理解するために，政策変数 X と共変量 C からなる重回帰モデル

$$Y_i = \beta_0 + \beta_1 X_i + \beta_2 C_i + U_i$$

で具体的に見てみましょう。最小2乗法で推定した後に得られる予測値は，

$$\hat{y}_i = \hat{\beta}_0 + \hat{\beta}_1 x_i + \hat{\beta}_2 c_i$$

となり，$\hat{y}_i$ の値は x_i と c_i の値に依存して決まることがわかります。この予測値の式の両辺の2乗をとると，

$$\begin{aligned}\hat{y}_i^2 &= (\hat{\beta}_0 + \hat{\beta}_1 x_i + \hat{\beta}_2 c_i)^2 \\ &= \hat{\beta}_0^2 + \hat{\beta}_1^2 x_i^2 + \hat{\beta}_2^2 c_i^2 + 2(\hat{\beta}_0 \hat{\beta}_1 x_i + \hat{\beta}_0 \hat{\beta}_2 c_i + \hat{\beta}_1 x_i \hat{\beta}_2 c_i)\end{aligned}$$

となっています。つまり，被説明変数の予測値 $\hat{y}_i$ の2乗は，x_i と c_i のみならず，x_i の2乗，c_i の2乗，さらには交差項 $x_i c_i$ に依存していることがわかります。同じように，$\hat{y}_i$ の3乗は x_i と c_i の3次の項とそれらの交差項までも含んでいます。つまり，分散不均一性の検定で，x_i と c_i の3次の項までも考慮したいのであれば，$\hat{y}_i$ の3乗までを回帰式に含めればよいということになります。

まとめ

ブルーシュ＝ペーガン検定もホワイト検定も，検定それ自体は F 検定にすぎませんので，検定そのものは簡単に実行できます。この検定で，もし帰無仮説である「均一分散」の仮定が棄却されるのであれば，頑健な標準誤差を使って検定を行いましょう。

CHECK POINT 30

- [ ] 誤差項の分散が均一かどうかは，回帰モデルを推定した後にブルーシュ＝ペーガン検定やホワイト検定で調べることができます。もし分散均一の帰無仮説が棄却されるのであれば，標準誤差は頑健なものを使いましょう。

EXERCISE ●練習問題

◎確認問題

7-1 次の重回帰モデルでXの限界効果を求めましょう。
  (1) $Y = 3 + 2X + U$
  (2) $Y = -5 - 3X + 2X^2 + U$
  (3) $\ln Y = X - X^2 - X^3 + U$

7-2 全国学力調査をはじめとするさまざまな学力テストにおいて，所得の高い家庭の子どもの学力は高い傾向が見られます。この傾向は大都市部や中小都市部，町村部で異なるのでしょうか。
  (1) すべての生徒は大都市部，中小都市部，町村部のいずれかに住んでいるとします。これら3グループをダミー変数で分類してみましょう。
  (2) テストの点数（score）が家計所得（income）に依存するかどうかを調べるために，単回帰モデル

$$score = \beta_0 + \beta_1 income + U$$

  を考えます。所得がテストの点数に与える影響が大都市部，中小都市部，町村部で異なる場合には，どのような回帰モデルを推定すればよいでしょうか。重回帰モデルを書いてみましょう。
  (3) (2)で書いた重回帰モデルを使って，3つの居住都市規模で所得がテストの点数に与える影響が異なるかどうかを検定するためには，どうすればよいでしょうか（ヒント：どのような帰無仮説を検定すればよいでしょうか）。

◎実証分析問題

7-A 本書のウェブサポートページにある「7_1_income.csv」を使って，例7.2（170 ページ）で出てきたミンサー方程式の推定結果を自分で確認してみましょう。

7-B 第6章の実証分析問題 6-C で推定した通勤時間と仕事の満足度の関係が，男女間で異なるかどうかを調べてみましょう。本書のウェブサポートページにある「7_3_happy_work.csv」には3097人分の通勤時間（commute，単位は分）と仕事に対する満足度（happy_work，不満から満足までの5段階）のデータが収録されています。
  (1) 仕事に対する満足度と通勤時間のモデルにおいて，切片パラメーターと通勤時間の傾きパラメーターが男女間で異なる重回帰モデルを書いてみましょ

う(ヒント:女性であれば1となる女性ダミー変数(female)およびそれと通勤時間との交差項を使いましょう)。

(2) (1)の重回帰モデルを,本書のウェブサポートページにあるデータセット「7_3_happy_work.csv」を使って推定しましょう。

(3) (2)で推定した重回帰モデルの結果を使って,男女間で回帰モデルが異なるかどうかを検定しましょう(ヒント:F 検定しましょう)。

(4) 男性と女性それぞれにとって,通勤時間が長くなると仕事の満足度はどうなるでしょうか。男性の標本と女性の標本を別々に使って,それぞれの回帰モデルにおける通勤時間の係数パラメターを推定し,統計的有意性についても確認しましょう。

7-C 第6章の実証分析問題 **6-D** で,年収(income,単位は万円)や修学年数(yeduc)と民主党に対する支持感情(minshu)の関係を重回帰モデル $minshu_i = \beta_0 + \beta_1 income_i + \beta_2 yeduc_i + U_i$ を使って調べました。この関係は都市部とそれ以外では異なるのでしょうか。

(1) 切片パラメターと年収および修学年数の傾きパラメターが都市部とそれ以外で異なる重回帰モデルを書いてみましょう(ヒント:都市部であれば1となる都市ダミー変数(city)およびそれと年収,修学年数との交差項を使いましょう)。

(2) (1)で書いた重回帰モデルを,本書のウェブサポートページにある「7_4_minshu.csv」を使って推定しましょう。

(3) (2)で推定した重回帰モデルの結果を使って,都市部とそれ以外で年収や修学年数が民主党支持感情に与える影響の回帰モデルが異なるかどうかを検定しましょう(ヒント:F 検定しましょう)。

7-D 例 7.4(175 ページ)では,妻が労働市場で働くかどうかは夫の所得と6歳以下の子どもの有無に強く依存することがわかりました。それ以外にも,母親が働いていた女性は,自分が結婚した後も働き続ける傾向があるかもしれません。このことを調べるために,15 歳のときに母親が労働市場で働いていたのであれば 1,そうでなければ 0 となるダミー変数(mowork15)を追加した重回帰モデル

$$work = \beta_0 + \beta_1 income_s + \beta_2 childu6 + \beta_3 mowork15 + U$$

を推定することを考えます。

(1) 本書のウェブサポートページにある「7_2_work.csv」には,15 歳の時に母親が労働市場で働いていたのであれば 1,そうでなければ 0 となるダミー変数(mowork15)も収録されています。このデータセットを使って,重回帰モデルを推定しましょう。15 歳のときに母親が働い

ていた女性は，労働市場で働き続ける傾向があるのでしょうか。
(2) 誤差項の分散不均一性に対して頑健な標準誤差を計算し，分散が均一であるという仮定のもとで計算した（通常の）標準誤差と比較してみましょう。

第 3 部

政策評価のための発展的方法

　第 2 部では政策の効果を調べるための基本ツールとして重回帰モデルについて学びました。そこでは外的条件がしっかりと制御されていれば，重回帰モデルの推定結果を政策の因果効果と考えることができるとわかりました。この「外的条件がしっかりと制御されている」という点がうまくいっていないと，回帰分析の結果を因果効果として解釈することはできないので，これをどうやってうまく制御するのかが実証分析家の腕の見せ所になります。第 3 部では重回帰モデルにおいて外的条件が制御されていないときに，うまく因果効果をあぶり出すための方法をいくつか例を交えながら紹介します。

CHAPTER 8　操作変数法――政策変数を間接的に動かして本質に迫る
　　　　　9　パネル・データ分析――繰り返し観察することでわかること
　　　　　10　マッチング法――似た人を探して比較する
　　　　　11　回帰不連続デザイン――「事件」の前後を比較する

CHAPTER

第 **8** 章

操作変数法

政策変数を間接的に動かして本質に迫る

INTRODUCTION

　回帰分析を使って政策の効果を調べるためには，外的条件が制御されている必要がありました。外的条件が制御できていないと，誤差項が説明変数と相関してしまい，回帰分析で得られた結果を政策の因果効果と見なすことはできません。しかし，誤差項と説明変数が相関してしまう場合でも，ある条件を満たす別の変数を使って政策変数を間接的に動かすことで，政策の効果を調べることができます。本章では，この「操作変数法」について学びます。近年の実証分析において最もよく用いられるものの1つであるこの分析手法をしっかりと身につけましょう。

1 内生性の問題と対応

説明変数の内生性

　最小2乗法で重回帰モデルの回帰パラメーターを推定する際に，最小2乗推定量が不偏性を持つための一番大切な条件は，「すべての説明変数が誤差項と平均独立である」というものでした。これは政策の効果を調べる際に外的条件がきちんと制御されているかどうかということと密接に関係しています。この平均独立の仮定は，「外的条件が十分に考慮されているのであれば説明変数の値によって誤差項の平均値が変わることはない」ということを意味していました。別の言い方をすると，「説明変数の値がわかったとしても，誤差項に関する情報はいっさいない」ということになります。

　平均独立の仮定は最小2乗推定量の不偏性にとって大切な仮定でしたが，「誤差項と説明変数が無相関」という，もう少し弱い仮定のもとでも最小2乗推定量は一致性を持つことも確認しました。一致性とは標本サイズを十分に大きくすることができれば，真の（正しい）回帰パラメーターの値に近づくことができるという性質です。これが満たされていないと，どれだけ多くのデータを集めたとしても知りたいこと（真の回帰パラメーターの値）を知ることができないので，推定量の性質の中で最も重要なものといえます。

　誤差項と説明変数が無相関であれば最小2乗法は一致推定量になりうるのですが，政策の効果を調べようとしているときには，政策変数と誤差項が相関しているのではないかと考えられる場合が数多くあります。これまでたびたび取り上げている朝ご飯とテストの点数の例では，家庭環境という外的条件が制御されていないときには，政策変数である朝ご飯を毎日食べているかどうかという変数と，誤差項（に含まれてしまっている家庭環境）が相関してしまいます。また，年収と学歴の関係についての例でも，もし年収と学歴の両方に同時に影響を与える（たとえば，観測できない個人の生まれつきの能力といった）外的条件が制御できていなければ，政策変数である学歴と誤差項（に含まれてしまっている観測できない個人の生まれつきの能力）が相関してしまうことになります。

　このように誤差項と相関している説明変数のことを，計量経済学では**内生変**

数とよびます。また，「説明変数が内生である」とか「説明変数に内生性がある」ということもあります。逆に説明変数と誤差項の間に相関がない場合には，「説明変数は外生である」といい，単に**外生変数**とよぶこともあります。説明変数に**内生性**があるときには，最小2乗法は一致性を持たないので，政策の効果を含め，推定された回帰パラメーターも信頼できないものになってしまいます。

操作変数による対応

　政策変数を含む説明変数に内生性がある場合でも，一致推定のできる方法として**操作変数法**があります。操作変数法の基本的な考え方は，「説明変数とは関係があるが，誤差項とは関係（相関）のない（操作）変数を探してきて，その変数を使って説明変数を間接的に動かしながら効果を探る」というものです。**図 8.1**を使って操作変数のイメージをつかみましょう。左側の「見せかけの相関」の図では，説明変数 X と被説明変数 Y の間には何の因果関係もないのですが，両方の変数と誤差項が正の相関をしています。そのため，誤差項の値が大きくなると X と Y も大きくなり，あたかも関係があるように見えます。一方，右側の「操作変数法」の図では，誤差項とは相関がないけれども，説明変数とは相関している操作変数 Z を使って X と Y の因果関係を探っています。操作変数自体は誤差項と相関のない外生変数なので，箱の外にあります。この操作変数が説明変数 X と正の相関をしているため，箱の外で操作変数を動かせば，誤差項を動かすことなく説明変数を動かすことができます。説明変数を箱の外から操作して，その結果，被説明変数が変化すれば，X と Y の間には因果関係があることになります。

　たとえば，学歴と年収の関係について考えてみましょう。ほとんどすべての時と場所において修学年数と年収の間には正の相関が観測されますので，年収を成果（被説明）変数，修学年数を政策（説明）変数として単回帰モデルの回帰パラメーターを推定すると，傾きパラメーターの推定値は正の値になります。しかしながら，外的条件として観測できない個人の能力があり，これが年収と修学年数の両方に正の影響を与えているとすると，推定された傾きパラメーターは学歴を高めるという政策の因果効果ではなく，この観測されない個人の能力を通じた見せかけの相関にすぎないかもしれません。これは，制御できなかった個人の能力が誤差項に含まれていて，それが説明変数である修学年数と相関して

| CHART | 図 8.1 操作変数法のイメージ

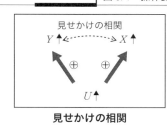
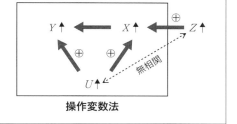

| 見せかけの相関 | 操作変数法 |

いる，つまり修学年数が内生変数であるために，最小2乗法で傾きパラメターを一致推定できていないことを意味しています。

そこで，17 歳のときに住んでいた場所から半径 20 キロ以内にある大学の数がわかったとします。住んでいる場所の近くに大学があるのであれば，通学の時間や交通費といった通学費用が小さいと考えられますので，そうでない人に比べると大学に通いやすくなっていると思われます。もしこの推測が正しいのであれば，半径 20 キロ以内の大学数と修学年数の間には正の相関があることになります。さらに，17 歳のときにどこに住んでいたのかは親の都合であり，個人の能力と関係がないのであれば，半径 20 キロ以内の大学数は修学年数と相関している外生変数，つまり操作変数であると考えられます。

この操作変数を使うと，大学の数が多いところと少ないところに住んでいる個人の能力は平均的に同じになるので，外的条件がある程度制御されていることになります。そして，たまたま大学の数が多いところに住んでいた人はそうでない人に比べて学歴が高いわけですから，それによって年収が高くなっているのであれば，それは学歴の効果と言えます。もちろんこのような解釈ができるかどうかは，この操作変数が有効かどうかにかかっています。もし 17 歳のときにどこに住んでいたのかは個人の能力とは関係がないという外生性の仮定が正しいのであれば，このような解釈が可能となるわけです。

CHECK POINT 31

□ 説明変数と誤差項が相関しているときには、最小2乗法では因果効果を推定できません。内生変数と相関しているけれども、誤差項とは相関していない変数を見つけることができれば、操作変数法を使って因果効果を推定することができます。

2 操作変数のモデル

単回帰モデルにおける操作変数法

操作変数をもう少し詳しく説明するために、被説明変数を Y、説明変数を X とする単回帰モデル

$$Y = \beta_0 + \beta_1 X + U$$

を考え、説明変数 X が誤差項 U と相関しているとしましょう。操作変数を Z とすると、操作変数は誤差項とは相関しない外生変数でなければならないので、共分散が0、つまり

$$\mathrm{Cov}[U, Z] = 0$$

を満たす必要があります。また、操作変数を使って説明変数を「操作」するためには、操作変数と説明変数の間に関係（相関）がなければならないので、共分散が0でない、つまり

$$\mathrm{Cov}[X, Z] \neq 0$$

も同時に満たされていなければなりません。これら2つの条件を満たす操作変数があれば、説明変数 X の傾きパラメーターを一致推定できます。

それでは、この2つの要件が満たされている操作変数 Z を見つけることができたとして、どのように説明変数 X の傾きパラメーターを推定できるのかを見てみましょう。まず、回帰モデル

$$Y = \beta_0 + \beta_1 X + U$$

の両辺の期待値をとると，$\mathrm{E}[U] = 0$ という仮定のもとでは，

$$\mathrm{E}[Y] = \beta_0 + \beta_1 \mathrm{E}[X]$$

となります。これを回帰モデルの両辺から引くと，

$$Y - \mathrm{E}[Y] = \beta_1(X - \mathrm{E}[X]) + U$$

となります。この両辺に $(Z - \mathrm{E}[Z])$ を掛けて期待値をとると，

$$\mathrm{E}[(Z - \mathrm{E}[Z])(Y - \mathrm{E}[Y])] = \beta_1 \times \mathrm{E}[(Z - \mathrm{E}[Z])(X - \mathrm{E}[X])] + \mathrm{E}[(Z - \mathrm{E}[Z])U]$$

となります。操作変数 Z と誤差項 U は無相関なので，それらの共分散 $\mathrm{E}[(Z - \mathrm{E}[Z])U] = \mathrm{E}[(Z - \mathrm{E}[Z])(U - \mathrm{E}[U])]$ は 0 になります。また，操作変数は内生変数と相関しているので，操作変数 Z と説明変数 X の共分散は 0 ではなく，$\mathrm{E}[(Z - \mathrm{E}[Z])(X - \mathrm{E}[X])] \neq 0$ となります。両辺をこの共分散で割ると，

$$\beta_1 = \frac{\mathrm{E}[(Z - \mathrm{E}[Z])(Y - \mathrm{E}[Y])]}{\mathrm{E}[(Z - \mathrm{E}[Z])(X - \mathrm{E}[X])]}$$

となり，傾きパラメーターを共分散の比として表すことができる，つまり識別することができます。この傾きパラメーター β_1 は識別可能なので，これらの期待値を標本平均で置き換えることによって推定できます。

操作変数法を使って回帰パラメーターを推定するときも，最小 2 乗法のときと基本的には同じ方法で推定量の分散および標準誤差を求めることができます。とくに，誤差項の分散が均一であるという仮定は，操作変数 Z での条件付き分散を使って

$$\mathrm{V}[U \mid Z] = \mathrm{E}[U^2 \mid Z] = s^2$$

と書けます。この仮定が満たされているときには，β_1 の最小 2 乗推定量の分散は，

$$\mathrm{V}[\hat{\beta}_1] = \frac{s^2}{[\sum_{i=1}^{n}(X_i - \mathrm{E}[X_i])^2](\rho_{X,Z})^2}$$

となります。ただし，$\rho_{X,Z}$ は X と Z の相関係数です。また，β_1 の最小 2 乗推

定量の標準誤差は，

$$se(\hat{\beta}_1) = \left(\frac{\hat{s}^2}{[\sum_{i=1}^{n}(X_i - \mathrm{E}[X_i])^2] R_{X,Z}^2} \right)^{\frac{1}{2}}$$

となります。ただし，$R_{X,Z}^2$ は X を被説明変数とし，Z を説明変数とする単回帰モデル $X = \delta_0 + \delta_1 Z + V$（この回帰式は**第 1 段階回帰式**，または**誘導形**とよばれます）を推定したときの（自由度の調整はしていない）決定係数です。また，$\hat{s}^2$ は操作変数法で推定した後に計算した残差 $\hat{u}_i = y_i - \hat{\beta}_0 - \hat{\beta}_1 x_i$ を使って推定した誤差分散の推定値 $\hat{s}^2 = (1/(n-2))\sum_{i=1}^{n}\hat{u}_i^2$ です。

　この標準誤差を最小 2 乗法の標準誤差と比べると，操作変数法のときにだけ分母に $R_{X,Z}^2$ があることがわかります。これは決定係数ですので，0 以上 1 以下の値をとります。このことから，最小 2 乗法を使うときよりも，操作変数法を使ったときのほうが標準誤差は大きくなることがわかります。また，内生変数と操作変数の相関が強ければ強いほど $R_{X,Z}^2$ は 1 に近づきますので，標準誤差は小さくなることもわかります。つまり，**良い操作変数**とは，「内生変数との相関が強い外生変数」といえます。

　ここまで見てきたように，操作変数の 2 つの要件を満たす変数を見つけることができれば，たとえ政策変数と誤差項の間に相関があったとしても，政策の因果効果に迫ることができることがわかりました。しかし，操作変数法を使ううえで最も難しい点は，良い操作変数を見つけることです。とくに 1 つ目の要件である「誤差項とは無相関である」という性質が満たされているかどうかは直接検定することが難しく，多くの場合は理論や，過去から蓄積されてきた経験や常識を用いて議論する必要があります。この操作変数の外生性は操作変数法が有効であるかどうかを決める重要なポイントで，この点を説得するために実験的手法や自然実験を使った分析が実証研究の最前線で盛んに行われています。参考までに，近年の実証研究において使われた操作変数の例をいくつか **Column ⓮** で紹介しておきます。

　一方，操作変数のもう 1 つの要件である「説明変数と相関している」という点は，統計的に調べることができます。具体的には，説明変数 X を操作変数 Z に回帰する回帰モデル，つまり誘導形の傾きパラメーターを推定し，その値が統計的に有意に 0 と異なるということであれば，操作変数は説明変数と（偏）

Column ⓮ 操作変数の例

　操作変数法を使うためには，操作変数を探してくる必要がありますが，なかなか良い操作変数を探すのは難しい場合が多いです。ここでは，これまでの先行研究で用いられた操作変数をいくつか紹介します。

操作変数の例

被説明変数	内生変数	操作変数	理由
所得	修学年数	最寄り大学までの距離	近くに大学があると通いやすく修学年数が伸びるが，所得に影響を与える個人の能力とは関係ない。
労働時間	子ども数	最初の2人の子どもの性別	最初の2人の子どもの性別が同じだと，別の性別の子を期待して3人目の子どもを持ちたがるが，子どもの性別は直接労働時間に影響を与えない。
修学年数	婚外子数	双子の有無	双子は予期せぬ理由で子ども数を増やすが，修学年数に影響を与える要因とは無関係。
健康	検診回数	病院までの距離	病院が近くにあると検診を受けやすいが，健康度とは無関係。
子どもの出生時体重	母親の喫煙数	タバコの値段	タバコの値段が安いと喫煙数が増える。

　その他にも自然実験を利用した，「良い」操作変数が先行研究ではたくさん用いられています。英語の文献になりますが，アングリストとクルーガーによる2001年の論文「操作変数と識別の探求――需要供給から自然実験まで」（Joshua Angrist and Alan B. Krueger, "Instrumental Variables and the Search for Identification: From Supply and Demand to Natural Experiments," *Journal of Economic Perspectives*, 15(4): 69-85, 2001）やローゼンツバイグとウォルピンによる2000年の論文「経済学における自然な『自然実験』」（Mark R. Rosenzweig and Kenneth I. Wolpin "Natural 'Natural Experiments' in Economics," *Journal of Economic Literature*, 38(4): 827-874, 2000）には操作変数の例が豊富に紹介されています。

相関しているといえることになります。

例 8.1：単回帰モデルの操作変数法

　本書のウェブサポートページにある「8_income.csv」には既婚男性734人

分の年収の対数値(lincome)と修学年数(yeduc)が収録されています。単回帰モデル

$$lincome = \beta_0 + \beta_1 yeduc + U$$

を最小2乗法で推定した結果は次の通りです。

```
. regress lincome yeduc

      Source |       SS       df       MS              Number of obs =     734
-------------+------------------------------           F(  1,   732) =   82.70
       Model |  9.43086662     1  9.43086662           Prob > F      =  0.0000
    Residual |  83.476804    732   .11403935           R-squared     =  0.1015
-------------+------------------------------           Adj R-squared =  0.1003
       Total |  92.9076706   733  .126749892           Root MSE      =   .3377

------------------------------------------------------------------------------
     lincome |      Coef.   Std. Err.      t    P>|t|     [95% Conf. Interval]
-------------+----------------------------------------------------------------
       yeduc |   .0553906    .006091     9.09   0.000     .0434327    .0673485
       _cons |   5.387691   .0870176    61.91   0.000     5.216857    5.558525
------------------------------------------------------------------------------
```

修学年数は誤差項 U に含まれる観測されない要因(たとえば,修学年数では捉えきれない能力など)と相関しているかもしれないので,内生性が疑われます。そこで,修学年数の操作変数として,父親の修学年数(payeduc)を使ってみましょう。

まずは本人の修学年数と父親の修学年数に相関があるかどうかを調べましょう。本人の修学年数を父親の修学年数に回帰した結果は次の通りです。

```
. regress yeduc payeduc

      Source |       SS       df       MS              Number of obs =     734
-------------+------------------------------           F(  1,   732) =  111.20
       Model |  405.386166     1  405.386166           Prob > F      =  0.0000
    Residual |  2668.43945   732  3.64540908           R-squared     =  0.1319
-------------+------------------------------           Adj R-squared =  0.1307
       Total |  3073.82561   733  4.19348651           Root MSE      =  1.9093

------------------------------------------------------------------------------
       yeduc |      Coef.   Std. Err.      t    P>|t|     [95% Conf. Interval]
-------------+----------------------------------------------------------------
     payeduc |   .2955396   .0280256    10.55   0.000     .2405196    .3505597
       _cons |   10.52203   .3501538    30.05   0.000     9.834601    11.20945
------------------------------------------------------------------------------
```

父親の修学年数の傾きパラメターの推定値は正で統計的に有意ですので，操作変数の要件のうち，内生変数と相関しているという要件は満たしていることがわかります。

　操作変数法による推定結果は次の通りです。

```
. ivregress 2sls lincome (yeduc=payeduc), first

First-stage regressions
-----------------------
                                              Number of obs   =        734
                                              F(   1,    732) =     111.20
                                              Prob > F        =     0.0000
                                              R-squared       =     0.1319
                                              Adj R-squared   =     0.1307
                                              Root MSE        =     1.9093

------------------------------------------------------------------------------
       yeduc |      Coef.   Std. Err.      t    P>|t|     [95% Conf. Interval]
-------------+----------------------------------------------------------------
     payeduc |   .2955396   .0280256    10.55   0.000     .2405196    .3505597
       _cons |   10.52203   .3501538    30.05   0.000     9.834601    11.20945
------------------------------------------------------------------------------


Instrumental variables (2SLS) regression         Number of obs =        734
                                                 Wald chi2(1)  =       3.04
                                                 Prob > chi2   =     0.0812
                                                 R-squared     =     0.0794
                                                 Root MSE      =     .34135

------------------------------------------------------------------------------
     lincome |      Coef.   Std. Err.      z    P>|z|     [95% Conf. Interval]
-------------+----------------------------------------------------------------
       yeduc |   .0295608   .0169539     1.74   0.081    -.0036683    .0627899
       _cons |   5.752898   .2400421    23.97   0.000     5.282424    6.223372
------------------------------------------------------------------------------
Instrumented:  yeduc
Instruments:   payeduc
```

　修学年数の係数パラメターの推定値は先ほどより小さくなり，統計的有意性も p 値が8.1％と先ほどより低くなっています。このことより，最小２乗法による教育の収益率の推定値は過大になっていた可能性があることがわかります。

重回帰モデルにおける操作変数法

　いままで単回帰モデルを使った操作変数法を見てきましたが，重回帰分析においても同じ方法を使って回帰パラメターを推定することができます。話を簡

単にするために，政策変数 X のみが内生変数であり，共変量 C は（すべて）外生変数とします。重回帰モデル

$$Y = \beta_0 + \beta_1 X + \beta_2 C + U$$

の傾きパラメター β_1 を一致推定するためには，少なくとも内生変数と同じ数だけの操作変数が必要です。ここでは内生変数は政策変数 X のみとしていますので，必要な操作変数の数は1つです。操作変数 Z は外生変数であり，かつ内生変数と偏相関している，つまり第1段階の回帰式

$$X = \delta_0 + \delta_1 Z + \delta_2 C + V$$

において $\delta_1 \neq 0$ であるとします。詳細は省略しますが，このような操作変数があるときには，単回帰モデルのときの操作変数法と基本的には同じ方法で β_1 を一致推定することができます。

例8.2：重回帰モデルの操作変数法

本書のウェブサポートページにあるデータセット「`8_income.csv`」に収録されている既婚男性のデータを使ってミンサー方程式を操作変数法で推定してみましょう。

$$lincome = \beta_0 + \beta_1 yeduc + + \beta_2 exper + \beta_3 exper2 + U$$

最小2乗法で推定した結果は次の通りです。

```
. regress lincome yeduc exper exper2

      Source |       SS       df       MS              Number of obs =     734
-------------+------------------------------           F(  3,   730) =   80.53
       Model |  23.102606     3  7.70086866            Prob > F      =  0.0000
    Residual |  69.8050646   730  .095623376           R-squared     =  0.2487
-------------+------------------------------           Adj R-squared =  0.2456
       Total |  92.9076706   733  .126749892           Root MSE      =  .30923

-----------------------------------------------------------------------------
     lincome |      Coef.   Std. Err.      t    P>|t|     [95% Conf. Interval]
-------------+---------------------------------------------------------------
       yeduc |   .084235   .0062404    13.50   0.000     .0719837    .0964863
       exper |   .0576637  .0152888     3.77   0.000     .0276484    .0876791
      exper2 |  -.0008313  .0005259    -1.58   0.114    -.0018637    .0002011
       _cons |   4.319774  .1387946    31.12   0.000     4.04729     4.592258
-----------------------------------------------------------------------------
```

次に父親の修学年数を操作変数として使った操作変数法での推定結果は以下の通りです。

```
. ivregress 2sls lincome (yeduc=payeduc) exper exper2, first

First-stage regressions
-----------------------
                                                Number of obs   =       734
                                                F(   3,   730)  =     84.91
                                                Prob > F        =    0.0000
                                                R-squared       =    0.2587
                                                Adj R-squared   =    0.2556
                                                Root MSE        =    1.7668

------------------------------------------------------------------------------
       yeduc |      Coef.   Std. Err.      t    P>|t|     [95% Conf. Interval]
-------------+----------------------------------------------------------------
       exper |   .161166   .0874457     1.84   0.066    -.010509    .332841
      exper2 |  -.0112405  .0029939    -3.75   0.000    -.0171181  -.0053628
     payeduc |   .2048556  .0272165     7.53   0.000     .1514236   .2582876
       _cons |  11.95087   .6817112    17.53   0.000    10.61252   13.28922
------------------------------------------------------------------------------


Instrumental variables (2SLS) regression        Number of obs =        734
                                                Wald chi2(3)  =      70.04
                                                Prob > chi2   =     0.0000
                                                R-squared     =     0.2465
                                                Root MSE      =     .30883

------------------------------------------------------------------------------
     lincome |      Coef.   Std. Err.      z    P>|z|     [95% Conf. Interval]
-------------+----------------------------------------------------------------
       yeduc |   .0752049  .0232233     3.24   0.001     .0296881   .1207218
       exper |   .059741   .0161129     3.71   0.000     .0281603   .0913218
      exper2 |  -.0009639  .0006196    -1.56   0.120    -.0021783   .0002504
       _cons |  4.448597   .3479544    12.79   0.000    3.766619   5.130575
------------------------------------------------------------------------------
Instrumented:  yeduc
Instruments:   exper exper2 payeduc
```

　単回帰モデルのときと同じように，重回帰モデルを使った場合でも教育の収益率が過大に計測されていた可能性があることがわかります。

CHECK POINT 32

- [ ] 操作変数とは，内生変数と偏相関しているが，誤差項とは相関のない変数です。説明変数に内生変数があるときには，操作変数を使うことで回帰パラメターをより正確に推定することができます。

3 誤った操作変数を用いたら？

　操作変数法は説明変数が内生変数のときに一致推定量を得る方法ですが，操作変数が外生変数かどうかを直接検定するのは困難であると述べました。もし誤差項と相関する変数を誤って操作変数として用いたら，いったいどんな問題が起きるのでしょうか。

　まず，当然のこととして誤った操作変数を使った操作変数法は一致性を持ちません。このことは当たり前なのですが，実は誤った操作変数がもう1つの要件である「内生変数と相関がある」という性質をも満たしていないときには，最小2乗法に比べてさらに大変なことが起きてしまいます。つまり，二重の意味で誤った操作変数を使うと，正しい回帰パラメターからの乖離（バイアス）が最小2乗法をそのまま適用したときよりもはるかに大きくなってしまうことがあるのです。

　この点を確認するために，単回帰モデルの傾きパラメターの2つの推定量として，「内生変数をそのまま使った最小2乗法」と「誤った操作変数を使った操作変数法」を比べてみましょう。標本サイズを十分に（無限に）大きくしたときに，傾きパラメターのそれぞれの推定量は次の値に確率収束します。

　誤った操作変数法：

$$\operatorname*{plim}_{n \to \infty} (\hat{\beta}_1^{IV}) = \beta_1 + \frac{\rho_{Z,U}}{\rho_{Z,X}} \times \frac{sd(U)}{sd(X)}$$

　そのまま最小2乗法：

$$\operatorname*{plim}_{n \to \infty} (\hat{\beta}_1^{OLS}) = \beta_1 + \rho_{X,U} \times \frac{sd(U)}{sd(X)}$$

　これらの式を比べると，そのまま最小2乗法と誤った操作変数法のどちらに

おいても正しいパラメーターを推定できていないという点は同じですが，そのバイアスの大きさは大きく異なりうることがわかります。バイアス項における誤差項と説明変数の標準偏差の比率（$sd(U)/sd(X)$）は共通ですが，その係数が異なっています。最小2乗法のときは−1から1までの値をとる説明変数と誤差項の相関係数 $\rho_{X,U}$ が標準偏差の比率に掛かっていますが，操作変数法のときには，この係数が操作変数と誤差項の相関係数を操作変数と説明変数の相関係数で割ったものになっています。もし操作変数と説明変数の相関が非常に弱い（このような変数は**弱い操作変数**とよばれます）場合には，相関係数 $\rho_{Z,X}$ が0に近い値となり，バイアスの項の絶対値はいくらでも大きくなります。このように弱い操作変数しか使えない場合には，むしろ説明変数の内生性を無視して最小2乗法を使ったほうが（一致性は持たないけれども）正しい回帰パラメーターの値に近い推定値を得ることができることがあります。

説明変数に内生性があるときには，操作変数法の適用を検討するべきですが，良い操作変数を見つけるのが困難なときには，推測を大きく誤ってしまう危険性もはらんでいます。操作変数法を使うときには，操作変数が2つの要件を満たしているかどうかしっかりと吟味しながら分析を行ってください。

例8.3：誤った操作変数を使ったら

本書のウェブサポートページにある「8_income.csv」において，既婚男性の対数をとった年収と修学年数の関係を表す単回帰モデル

$$lincome = \beta_0 + \beta_1 yeduc + U$$

を操作変数法で推定する際に，生まれた月（mbirth, 1から12の値をとります）を操作変数として使ってみましょう。

この生まれ月が操作変数として妥当かどうかを調べるために，修学年数を生まれ月に回帰してみましょう。

```
. regress yeduc mbirth

      Source |       SS       df       MS              Number of obs =     734
-------------+------------------------------           F(  1,   732) =    0.94
       Model |  3.94366902     1  3.94366902           Prob > F      =  0.3325
    Residual |  3069.88194   732  4.19382779           R-squared     =  0.0013
```

3 誤った操作変数を用いたら？ ● 203

```
-------------+----------------------------            Adj R-squared =  -0.0001
       Total |  3073.82561     733  4.19348651        Root MSE      =   2.0479

------------------------------------------------------------------------------
       yeduc |      Coef.   Std. Err.      t    P>|t|     [95% Conf. Interval]
-------------+----------------------------------------------------------------
      mbirth |   .0207556   .0214037     0.97   0.333    -.0212645    .0627756
       _cons |   14.00609   .156491     89.50   0.000     13.69886    14.31331
------------------------------------------------------------------------------
```

生まれ月の係数パラメーターの推定値は統計的に有意ではないことがわかり，操作変数として妥当ではないことがわかります。実際にこの操作変数を使って教育の収益率を推定した結果は次のようになります。

```
. ivregress 2sls lincome (yeduc=mbirth), first

First-stage regressions
-----------------------
                                                  Number of obs  =       734
                                                  F(  1,    732) =      0.94
                                                  Prob > F       =    0.3325
                                                  R-squared      =    0.0013
                                                  Adj R-squared  =   -0.0001
                                                  Root MSE       =    2.0479

------------------------------------------------------------------------------
       yeduc |      Coef.   Std. Err.      t    P>|t|     [95% Conf. Interval]
-------------+----------------------------------------------------------------
      mbirth |   .0207556   .0214037     0.97   0.333    -.0212645    .0627756
       _cons |   14.00609   .156491     89.50   0.000     13.69886    14.31331
------------------------------------------------------------------------------


Instrumental variables (2SLS) regression          Number of obs =       734
                                                  Wald chi2(1)  =      0.97
                                                  Prob > chi2   =    0.3241
                                                  R-squared     =         .
                                                  Root MSE      =    .60003

------------------------------------------------------------------------------
     lincome |      Coef.   Std. Err.      z    P>|z|     [95% Conf. Interval]
-------------+----------------------------------------------------------------
       yeduc |   .2979076   .3021477     0.99   0.324    -.2942911    .8901063
       _cons |   1.958752   4.272113     0.46   0.647    -6.414437    10.33194
------------------------------------------------------------------------------
Instrumented:  yeduc
Instruments:   mbirth
```

教育の収益率の推定値は約 30% と非常に大きな値になりますが，統計的な有意性はありません。

> **CHECK POINT 33**
> ☐ 操作変数が2つの要件を満たしていないときには，操作変数法よりも最小2乗法のほうがより正しい値に近くなることがあります。

4. 2段階最小2乗法

　いままでは1つの内生変数に対して1つの操作変数を用いるケースを考えてきましたが，内生変数が1つあるときに，2つ以上の操作変数を使うこともできます。たとえば，学歴と年収の関係では，修学年数の操作変数として半径20キロ以内の大学数（「大学への近さ」とよびましょう）を検討しましたが，この情報に加えて父親の修学年数もわかるとします。父親が高学歴なほど子どもも高学歴になる傾向があるので，父親の修学年数は子の修学年数と相関していそうです。もしこの父親の学歴は子どもの観測されない個人の能力と関係がないとするならば，操作変数の要件を満たすことになります。

　内生変数の数以上に操作変数が使える場合は，どのような推定法を用いるのが良いのでしょうか。まず1つ目の方法は，「大学の近さ」と「父親の学歴」それぞれを操作変数として使って推定することです。この場合には，「大学の近さ」を使った場合と「父親の学歴」を使った場合の2つの回帰パラメターの推定値が得られますが，どちらのほうが良い推定方法になっているのかはどちらの操作変数がより良い操作変数になっているのかで決まります。もしどちらの操作変数も外生性の仮定を満たしているということであれば，修学年数との偏相関が高いほうが良い操作変数になります。

　2つの操作変数のうちのどちらか1つを使った方法でも，操作変数が有効なものであれば一致推定量になっていますが，どちらか一方の操作変数「しか」使わないということは，利用できる情報を捨てていることになり，もったいないように思えます。この2つの操作変数を使って「より良い」推定をすることはできないでしょうか。2つの操作変数（Z_1とZ_2とよんでおきます）が外生変数，つまり誤差項とは相関がないのであれば，この2つの操作変数の組み合わせ（$\bar{Z} = a_1 Z_1 + a_2 Z_2$）も外生変数になります。良い操作変数とは内生変数との偏相

関が高い外生変数ですので，この組み合わせの中から，内生変数との偏相関が最も強い変数を選んでやることができれば，それがこの2つの操作変数を使って作る最も良い操作変数になります。

では，どうすれば一番良い操作変数を探すことができるのでしょうか。最も相関が強い操作変数は，実は内生変数を2つの操作変数を含むすべての外生変数に回帰する第一段階回帰式（誘導形）

$$X = \delta_0 + \delta_1 Z_1 + \delta_2 Z_2 + \delta_3 C + V$$

を推定することで得られる内生変数の予測値

$$\hat{X}_i = \hat{\delta}_0 + \hat{\delta}_1 Z_{1i} + \hat{\delta}_2 Z_{2i} + \hat{\delta}_3 C_i$$

になります。まず，この内生変数の予測値 $\hat{X}_i$ は Z_{1i}, Z_{2i} と C_i という誤差項 U_i と無相関な変数の組合せなので，やはり誤差項とは無相関，つまり外生変数ということになります。さらに，この誘導形の推定においては，それぞれの外生変数の観測値（Z_{1i}, Z_{2i}, C_i）で条件付けした X_i の期待値として，できるだけよくデータを説明できる直線や平面を探しているので，X_i の条件付き期待値として得られる $\hat{X}_i$ は，X_i を（外生変数の線形的な組合せの中で）一番良く説明してくれるものになっているのです。結果として，$\hat{X}_i$ は X_i と一番強く相関している外生変数，つまり一番良い操作変数になります。

この最良の操作変数を得ることができれば，あとはもとの重回帰モデル（誘導形に対応して**構造モデル**や**構造方程式**とよばれます）の内生変数の代わりにこの予測値を代入したモデル

$$Y_i = \beta_0 + \beta_1 \hat{X}_i + \beta_2 C_i + U_i$$

の回帰パラメーターを最小2乗法で推定すれば，政策変数の傾きパラメーターを一致推定することができます。このように，1段階目で誘導形を推定して内生変数の予測値を作り，2段階目で構造モデルにこの予測値を代入して最小2乗推定する方法は，**2段階最小2乗法**とよばれます。ここでは，内生変数の数が1つの場合を見てきましたが，複数あっても，内生変数の数以上に操作変数が使えるのであれば，この2段階最小2乗法で構造モデルの回帰パラメーターを一致推定することができます。

推定された回帰パラメターの有意性などを検定したいときには，基本的には最小2乗法の時と同じようにt検定やF検定が利用できます。しかし，2段階最小2乗法で推定を行うときには，構造モデルの回帰パラメーターの標準誤差を少しだけ調整する必要があります。この調整が必要な理由は，2段階目の式で内生性のある説明変数の代わりに，1段階目で推定された結果を使った内生変数の予測値を説明変数として使っているからです。この予測値自体に推定誤差があるので，その推定誤差を考慮したうえで傾きパラメーターの推定値の標準誤差を求める必要があります。この調整についての詳細は省略しますが，たとえば，Stataなどの2段階最小2乗法のコマンドがある統計ソフトでは，自動的にこの調整を行ってくれます。2段階最小2乗法で推定する際には，自分で2段階推定を行うよりは，これらのソフトウェアのコマンドを使うことをおすすめします。

例8.4：重回帰モデルにおける2段階最小2乗法

例8.2においてミンサー方程式を操作変数法で推定する際には，修学年数の操作変数として父親の修学年数を使いました。修学年数と強い相関を持つ変数としては，兄弟姉妹数がよく知られていますので，父親の修学年数に加えて兄弟姉妹数（「sibs」として「8_income.csv」に収録されています）も操作変数として使い，2段階最小2乗法でミンサー方程式を推定してみましょう。

```
. ivregress 2sls lincome (yeduc=payeduc sibs) exper exper2, first

First-stage regressions
-----------------------

                                              Number of obs   =       734
                                              F(  4,    729)  =     66.44
                                              Prob > F        =    0.0000
                                              R-squared       =    0.2672
                                              Adj R-squared   =    0.2631
                                              Root MSE        =    1.7578

------------------------------------------------------------------------------
       yeduc |      Coef.   Std. Err.      t    P>|t|     [95% Conf. Interval]
-------------+----------------------------------------------------------------
       exper |   .1495938   .0870952     1.72   0.086    -.0213935    .3205811
      exper2 |   -.01084    .0029819    -3.64   0.000    -.0166942   -.0049858
     payeduc |   .2044263   .0270795     7.55   0.000     .1512633    .2575893
        sibs |  -.2342844    .080685    -2.90   0.004    -.3926871   -.0758817
       _cons |   12.36259   .6929297    17.84   0.000     11.00221    13.72297
```

```
------------------------------------------------------------------------
Instrumental variables (2SLS) regression      Number of obs =      734
                                               Wald chi2(3)  =    69.64
                                               Prob > chi2   =   0.0000
                                               R-squared     =   0.2432
                                               Root MSE      =    .3095

------------------------------------------------------------------------
     lincome |      Coef.   Std. Err.      z    P>|z|   [95% Conf. Interval]
-------------+----------------------------------------------------------
       yeduc |   .0699093   .0217281     3.22   0.001    .0273231   .1124956
       exper |   .0609592   .0160335     3.80   0.000    .0295342   .0923843
      exper2 |  -.0010417   .0006087    -1.71   0.087   -.0022348   .0001513
       _cons |   4.524145   .3277835    13.80   0.000    3.881701   5.166589
------------------------------------------------------------------------
Instrumented:   yeduc
Instruments:    exper exper2 payeduc sibs
```

推定結果から，2段階最小2乗法で得られた教育の収益率は最小2乗法のときよりも小さくなっていることがわかります。このことからもやはり教育の収益率が過大に計測されていた可能性があることがわかります。

CHECK POINT 34

□ 内生変数の数より操作変数の数のほうが多いときには，2段階最小2乗法を使いましょう。

EXERCISE ●練習問題

◎確認問題

8-1 次の単回帰モデルの政策変数は外生変数でしょうか，それとも内生変数でしょうか。

(1) （所得）$= \beta_0 + \beta_1$（修学年数）$+ U$

(2) （修学年数）$= \beta_0 + \beta_1$（父親の修学年数）$+ U$

(3) （仕事の満足度）$= \beta_0 + \beta_1$（通勤時間）$+ U$

(4) （妻の就業ダミー変数）$= \beta_0 + \beta_1$（夫の所得）$+ U$

8-2 ミンサー方程式を使って教育の収益率を推定したいのですが，修学年数が観測できない要因を通じて誤差項と相関している可能性があるので，操作変数法を使うことを考えています。操作変数の候補として，以下の変数を考えてい

ますが，これらは操作変数として適切でしょうか。それぞれの変数について，簡単に議論してみましょう。

(1) 母親の修学年数
(2) 名前の頭文字の50音での順番
(3) 現在住んでいる場所の都市規模
(4) 15歳のときに住んでいた場所の都市規模

◎実証分析問題

8-A 例8.1（197ページ）に出てきた教育の収益率の推定結果を，本書のウェブサポートページにある「8_income.csv」を使って確認してみましょう。

8-B 例8.4（207ページ）で見た教育の収益率の操作変数法による推定では，修学年数の内生性を考慮するために，父親の修学年数と兄弟姉妹数を操作変数として使いました。本書のウェブサポートページにあるデータセット「8_income.csv」には，母親の修学年数（moyeduc）も収録されています。

(1) 父親の修学年数と兄弟姉妹数に加えて，母親の修学年数も操作変数として使って2段階最小2乗法で教育の収益率を推定してみましょう。

(2) (1)の操作変数に加えて，生まれ月も操作変数として使ってみると，教育の収益率の推定値はどのように変化しますか。

CHAPTER 第9章

パネル・データ分析

繰り返し観察することでわかること

INTRODUCTION

いままで扱ってきたデータは，1時点の横断的なデータ（クロスセクション・データ）でした。「パネル・データ」とは，複数の人や複数の企業などを繰り返し観測したデータです。パネル・データを使うと，クロスセクション・データでは制御できなかったさまざまな要因を制御したうえで分析を行うことができます。本章ではパネル・データを使った政策評価方法について理解することをめざします。

1 複数時点で観測されたデータ

　前章までの話はすべて 1 時点において観測された複数の値，つまりクロスセクション・データを使った回帰分析法についてでした。クロスセクション・データが母集団分布から無作為抽出されたデータである場合には，その時点の母集団（調査対象）の形をうまく調べることができます。しかし，クロスセクション・データはあくまでもある 1 時点の母集団分布についての情報なので，異なる時点でこの母集団分布がどのように変化したのかといったことはわかりません。

　しかしながら，政策の効果を調べるということ自体が時間を通じた変化を調べることになっている場合も多くあります。たとえば，少人数クラスが学力に影響を与えるかを知りたい場合には，少人数クラスを導入する前と後で同じ生徒たちの学力に変化があったかを見るのが一番良いように思われます。そして，同じ生徒たちがどう変化したのかを知りたいのであれば，どうしても少人数クラスの導入という政策を実施する前と後のデータを見る必要があります。

　クロスセクション・データでの分析では，少人数クラスを導入していない学校をあたかも「少人数クラス導入前」，導入している学校を「導入後」と見なして，1 時点のデータから時間を通じた変化を推測しようとしていたと見ることもできます。しかしながら，もし同じ生徒たちを繰り返し観測することができれば，少人数クラス導入の前と後の違いから少人数クラス導入政策の効果をより直接的に調べることができるはずです。

　このように同じ人々や同じ企業，同じ国々の複数時点の観測値からなるデータは**パネル・データ**とよばれます。**表 9.1** は 6 つの国について 2008 年から 2011 年までの 1 人当たり GDP と 15 歳から 64 歳の女性の労働参加率（就業者数と求職者数の和を人口で割ったもの）のデータを収録しています。これは複数の国の異なる時点のデータが収録されているので，典型的なパネル・データです。

　このほかにも，ある大学の 2015 年の卒業生全員の 2016 年から 2022 年までの所得を調べれば，これは立派なパネル・データになります。また，東京メトロ千代田線各駅の 2015 年における日々の利用者数といったものもパネル・デ

CHART 表 9.1 パネル・データの例（GDP と女性の労働参加率）

国名	年	1人当たり GDP (US ドル)	女性の労働参加率 (%)
オーストラリア	2008	36213	69.96
オーストラリア	2009	36256	70.15
オーストラリア	2010	36604	69.97
オーストラリア	2011	37411	70.45
カナダ	2008	37031	74.30
カナダ	2009	35616	74.28
カナダ	2010	36410	74.23
カナダ	2011	37120	74.16
日本	2008	31239	62.23
日本	2009	29515	62.89
日本	2010	30886	63.15
日本	2011	30797	63.04
大韓民国	2008	27168	54.72
大韓民国	2009	27230	53.93
大韓民国	2010	28865	54.50
大韓民国	2011	29706	54.87
スペイン	2008	28919	64.52
スペイン	2009	27654	66.03
スペイン	2010	27542	67.14
スペイン	2011	27271	68.27
アメリカ	2008	44795	69.30
アメリカ	2009	43170	69.03
アメリカ	2010	43900	68.39
アメリカ	2011	44281	67.81

ータの良い例です。

　パネル・データと似ているのですが，少し異なるデータとして，**繰り返しクロスセクション・データ**があります。この繰り返しクロスセクション・データは，パネル・データと同じように複数時点のクロスセクション・データを集めたものではあるのですが，各時点のデータに含まれる人や国が異なっていてもかまわないというデータです。たとえば，**表 9.2** には文京区のいくつかの宅地の 2014 年と 2015 年の標準地価，面積および駅までの距離が収録されています。

CHART | 表 9.2　繰り返しクロスセクション・データの例（文京区の標準地価）

年	標準地価 (千円/m²)	面積 (m²)	駅までの距離 (m)
2014	571	78	500
2014	530	111	610
2014	685	99	400
2014	970	538	650
2014	580	157	500
2015	583	78	500
2015	907	153	400
2015	598	139	600
2015	641	126	530
2015	700	175	600

　この表には，異なる宅地の異なる時点の情報が収録されていますので，一見するとパネル・データのように見えるかもしれませんが，2014年と2015年で必ずしも同じ地点の地価を収録しているわけではありませんので，パネル・データではなく，2014年のクロスセクション・データと2015年のクロスセクション・データを合わせた繰り返しクロスセクション・データとなっています。

　実は，パネル・データも繰り返しクロスセクション・データの特殊形と言えますが，大きな違いとして，パネル・データでは基本的に同じ人や同じ企業，同じ個人が繰り返し観測されている点が最も重要です。

　さて，パネル・データであれ，繰り返しクロスセクション・データであれ，このようなデータを使うとどんな良いことがあるのでしょうか。一番の利点は，何よりもまず「情報量が多い」ことです。どちらのデータも複数時点のクロスセクション・データですので，各時点のクロスセクション・データそれぞれを使って，いままで学んできた方法を使った分析ができます。さらに，「同じ人でも時点が異なれば別の人」と見なすと，複数の時点のクロスセクション・データを1つのクロスセクション・データとしてまとめて，さらに標本サイズの大きなクロスセクション・データを作ることができます（このように複数のデータを1つにまとめることを，**データを一括〔プール〕する**とよびます）。たとえば，東京都民のデータと神奈川県民のデータといった複数の地域のデータを一括することもできますし，1990年の東京都民のデータと2000年の東京都民のデータ

のように同じ地域の複数時点のデータを一括して分析することもできます。

一括されたクロスセクション・データを使うと，異なる時点や地域で母集団の構造に違いがあるのかを統計的に調べることができます。たとえば，東京都民の平均年収が 1990 年と 2000 年で変わったのか知りたいのであれば，年収を被説明変数とする重回帰モデルに，2000 年のデータであれば 1，1990 年のデータであれば 0 となるダミー変数を追加して，その傾きパラメタを推定します。そのダミー変数の傾きパラメタの推定値を見れば，1990 年と 2000 年での平均年収（つまり重回帰モデルの切片パラメタ）の違いを知ることができます。

CHECK POINT 35

- □ 複数時点のクロスセクション・データのうち，同じ観測対象が繰り返し現れるものがパネル・データです。パネル・データを使うと，施策の前と後の変化を同じ観測対象について調べることができます。
- □ 複数時点のクロスセクション・データを一括すると，より大きな標本サイズで分析することができます。

差の差の推定量

政策の効果だけを取り出すことの難しさ

繰り返しクロスセクション・データやパネル・データがあれば，政策が実施される前と後を比較することで政策の効果を調べることができるように思うのですが，ただ単に時間方向の変化を見るだけでは不十分な場合もあります。たとえば，1995 年に失業対策として，企業の新たな雇用に対して雇用補助金を政府が導入したとします。その政策が雇用を促進し，平均所得を引き上げる効果をもったのかを評価するために，1990 年と 2000 年それぞれの時点の個人所得に関するクロスセクション・データを見たとします。この 2 つのデータを一括して，個人の所得を政策の有無を表すダミー変数，つまり雇用補助金制度が導入されているときに観測されたデータであれば $X=1$（2000 年），そうでなければ $X=0$（1990 年）となる政策変数を作ります。そして政策の効果を調べる

ために，個人所得を政策変数に回帰してみたとします。

この政策変数 X の傾きパラメターを推定したところ，推定値が負になったとします。これによって「雇用補助金制度は所得を引き下げた」と結論づけることはできるでしょうか。実は 1990 年から 2000 年というのは，いわゆる「失われた 10 年」のまっただなかで，日本経済が長い不況に陥っていた時期でもあります。この政策変数は，雇用補助金制度の有無を表すと同時に，1990 年と 2000 年のマクロ経済状況の違いを表す変数にもなっています。この負の係数パラメターの推定値というのが，不況の影響を表しているにすぎないのであれば，これを雇用補助金制度導入の効果と解釈するのは難しいでしょう。

それでは，どうすれば雇用補助金制度導入の効果を調べることができるのでしょうか。もしこの雇用補助金制度が日本全国一律に導入されているのであれば，政策の効果とマクロ経済的な景気状況を分けて調べることはできません。ただし，もし雇用補助金制度が導入されている地域と導入されていない地域があるのであれば，繰り返しクロスセクション・データを使って政策の効果を調べることが可能になることがあります。

2 つの差から政策効果を調べる

雇用補助金制度が導入されている地域と導入されていない地域でもマクロ経済の景気状況は変わらないとすると，どちらの地域においても 1990 年から 2000 年にかけては不況の影響で所得が同じように下がっていると考えられます。ただし，もし雇用補助金制度に所得を引き上げる効果があるのであれば，補助金制度が導入されている地域の所得の下がり方は，導入されていない地域の下がり方よりも小さくなっているはずです。この所得の下がり方の差は，「雇用補助金制度の所得上昇効果」と考えられます。

このことをもう少し詳しく見てみましょう。**表 9.3** は，雇用補助金制度が導入された地域と導入されていない地域それぞれの，1990 年と 2000 年における（仮想的な）平均所得（年収）を表しています。

1995 年に導入された雇用補助金の効果を調べるために，まず補助金ありの地域に着目してみましょう。補助金制度導入後の平均所得は 550 万円であるのに対し，導入前の平均所得は 600 万円となっているので，「補助金は所得を引き下げ」ているように見えます。

CHART 表9.3 2つの地域の1990年と2000年の平均所得

	補助金あり	補助金なし
1990年	600万円	700万円
2000年	550万円	600万円

　次に，補助金制度導入後の2000年における平均所得を補助金のある地域とない地域で比べて見ましょう。この表を見ると，補助金のない地域の平均所得は600万円であるのに対し，補助金のある地域は550万円ですので，補助金のない地域のほうが高くなっています。もし2000年のクロスセクション・データから補助金の効果を判断しようとすると，やはり「補助金は所得を引き下げる」と言いたくなりそうです。

　しかしながら，1990年から2000年までの所得の減少は，不況の影響が大きいと考えられます。補助金のない地域では補助金の影響がないはずなので，この所得の減少分（100万円）は不況の影響と考えられます。もし不況の影響は補助金のある地域でも同じだとすると，補助金のある地域でも所得は100万円減っているはずです。しかしながら，実際の所得の減少分は50万円にとどまっています。本当は100万円所得が減るところが，50万円の減少にとどまったのは補助金の効果と考えられます。そして，この補助金が所得を増やす効果は，100万円－50万円＝50万円となります。つまり，「補助金は平均所得を50万円引き上げた」と判断するのが妥当になります。

　この例で見たように，時間を通じた変化（差）が，政策導入の有無によって異なる（差がある）かを見ることで政策の効果を調べる方法は**差の差の推定法**（またはDifference in Differencesを省略して**D-in-D法**）とよばれます。

　別の例として，ゴミ処理場の建設と周辺の地価への影響を調べた分析を見てみましょう。政府によってゴミ処理場が近隣地域に建設されるとわかった場合，建設に反対する人が多いのではないでしょうか。ゴミの処理にまつわる焼却の煙をはじめとする負の影響が予想され，健康上の問題から反対するという人もいると思います。また，そのような懸念の帰結の1つとして，土地や家の価格が下がってしまうことも考えられます。もしゴミ処理場の建設によって地価が下がるのであれば，近隣住民は政府に対してその補償を求めることでしょう。

補償額が妥当な水準であるかを評価するためには，ゴミ処理場を建設したことによって住宅価格がどれだけ下がったのかを評価する必要がありますが，どのようにすれば納得のいく評価ができるでしょうか。

　1つの方法としては，ゴミ処理場の建設後にゴミ処理場の近くと遠くの住宅価格を比べることが考えられます。家の大きさや利便性といった条件が同じなのに，ゴミ処理場に近い家の価格がそうでない家の価格より低いのであれば，その差を「ゴミ処理場建設が家の価格に与えた影響」として補償額に認定するというやり方です。このやり方で評価された補償額は妥当なものと言えるのでしょうか。

　この評価方法では不十分であることは，「どのような場所にゴミ処理場を建設するのか」ということを少し考えるとすぐにわかります。そもそも，ゴミ処理場のような大型の施設は，宅地としての価格の高いところを選んで建設するのではなく，地価がもともと低いところに建設される傾向があります。そうすると，ゴミ処理場に近いところの住宅価格は，ゴミ処理場建設以前から低かったのではないかと考えられます。

　より確実な方法としては，ゴミ処理場を建設する前と後の価格の<u>変化</u>（差）が，ゴミ処理場の近くと遠くで異なる（差がある）かどうかを示す**差の差の推定量**を使う方法があります。ここで，政策（変数）は「ゴミ処理場の建設」で，ゴミ処理場の近くと遠くでゴミ処理場建設前と後の住宅価格の変化に差があるのかを見ることになります。ゴミ処理場の近くは，政策の影響を受けるグループという意味で**処置群**とよばれ，ゴミ処理場から遠くにある家は影響を受けにくいという意味で**対照群**とよばれます。また，ゴミ処理場建設前を時点1，建設後を時点2とし，対照群をグループA，処置群をグループB，さらに家の（平均）価格をYとし，それぞれの時点，それぞれのグループの平均価格は**表9.4**の通りだとします。

　すると，「差の差の推定量」は次のものになります。

> **差の差（D-in-D）の推定量**
>
> 　時点 $t=1, 2$，グループ $g=A, B$ のそれぞれの Y の平均は表9.4の通りとする。差の差の検定統計量は $(Y_{2B}-Y_{2A})-(Y_{1B}-Y_{1A})$（または $(Y_{2B}-Y_{1B})-(Y_{2A}-Y_{1A})$）となる。

CHART 表9.4 2つの地域の2時点における平均住宅価格

	対照群（グループA）	処置群（グループB）
時点 $t=1$	Y_{1A}	Y_{1B}
時点 $t=2$	Y_{2A}	Y_{2B}

　この差の差の推定量の1つ目 $(Y_{2B}-Y_{2A})-(Y_{1B}-Y_{1A})$ は，「ゴミ処理場の近くと遠くの住宅価格の差は，ゴミ処理場の建設によってどう変わったのか」を見ることによって政策の効果（ゴミ処理場建設の住宅価格への影響）を測っています。また2つ目の統計量 $(Y_{2B}-Y_{1B})-(Y_{2A}-Y_{1A})$ は「ゴミ処理場建設の前と後での価格の変化は，ゴミ処理場の近くと遠くで異なるのか」を見ることで同じ効果を測っています。この2つの推定量はまったく同じ値になり，ただ単に政策実施前と後の（平均価格の）変化を2つのグループ間で比較するだけで政策の効果を測ることができるのです。

　このほかにも，インドネシアで1970年代に行われた初等教育拡充政策が，初等教育の就学率に与えた影響を差の差の推定量を使って調べたデュフロによる2001年の論文「インドネシアにおける学校建設が教育と労働市場での成果に与えた帰結――めずらしい政策実験を使ったエビデンス」(Esther Duflo "Schooling and Labor Market Consequences of School Construction in Indonesia: Evidence from an Unusual Policy Experiment," *American Economic Review*, 91(4): 795-813, 2001) をはじめ，近年の実証分析において差の差の推定量は数多く利用されています。この差の差の推定量という考え方は，非常に直観的ですが，実際の測定も比較的簡単にできますので，とても有益な政策評価方法と言えます。とくに，この方法を実施するためには，繰り返しクロスセクション・データがあれば十分で，必ずしもパネル・データは必要ではない点も魅力的です。もちろん，ここの例の場合でも同一の家を繰り返し観測したパネル・データがあればさらに強力な方法で政策評価を行うことができますが，それに関しては後ほど説明します。

より精度の高い差の差の推定法

　「差の差の推定法」は単に処置群と対照群の施策前と後の「平均住宅価格」という4つの値がわかれば政策の効果を測ることができるという意味で，大変簡潔な方法です。しかし，平均価格だけではなく，各家の詳細な情報を使うこ

とができれば，重回帰モデルを使ってより精度の高い「差の差の推定」ができるようになります。この点について，ゴミ処理場建設の例の重回帰モデルを使って見ていきましょう。

時点 t における家 i の価格を Y_{it}，ゴミ処理場に近いのであれば 1，そうでなければ 0 となる政策ダミー変数を T_i，政策実施後（時点 $t=2$）であれば 1，そうでなければ 0 となる時間ダミー変数 $AFTER_t$ とそれらの交差項を使って，重回帰モデル

$$Y_{it} = \beta_0 + \beta_1 T_i + \beta_2 AFTER_t + \beta_3 (T_i \times AFTER_t) + U_{it}$$

を考えます。この式の回帰パラメーターを，一括されたクロスセクション・データを使って推定すると，β_3 が上述の差の差の推定量を使った推定値とまったく同じ値になります。さらに，部屋の数や土地の広さといった家の詳細な情報がわかれば，それらの外的条件を制御しながら政策効果を推定することができます。そのような外的条件を C_i とよび，

$$Y_{it} = \beta_0 + \beta_1 T_i + \beta_2 AFTER_t + \beta_3 (T_i \times AFTER_t) + \beta_4 C_i + U_{it}$$

としても，やはり β_3 が政策の効果ということになります。このように，4 つの平均価格のみからだけでも政策の効果を測ることはできますが，より詳細な情報を使うことができる場合には，さらに外的条件を制御しながら重回帰モデルを推定するほうが，より精度の高い政策効果の評価を可能にします。

自己選択によるバイアス

上で見た雇用補助金の例や，ゴミ処理場建設の例では，個人がどの地域に住んでいるのかや，家がどこにあるのかで処置群と対照群のどちらのグループに入るかが決まっていました。各個人の居住地の選び方が，これらの政策と無関係であれば，処置群と対照群が無作為に決まっていると言えるので，これらの 2 つのグループを比較することから政策の効果を見ることができました。

しかしながら，政策の種類によっては，処置群と対照群の決まり方が無作為ではない場合も多くあります。たとえば，失業者への支援プログラムとして，政府が職業訓練プログラムを導入しようと考えているとします。そのプログラムには，その後の賃金を上昇させる効果があるのかを調べたいとしましょう。

このようなプログラムへの参加・不参加は上の居住地の例とは異なって，個人がプログラムを受けるかどうかを決めている場合が多いと思います。その結果，職業訓練プログラムに参加する人たちは，もともとやる気のある（生産性の高い）人々かもしれません。そうすると，たとえプログラムには効果がないとしても，プログラムを受けている人はもともと生産性の高い人たちなので，職業訓練に参加した人たちの賃金は高くなることが想像されます。つまり，職業訓練プログラムに参加した人と参加しなかった人はもともと生産性の異なる人たちだったので，その2つのグループの平均賃金を比較しても，それを職業訓練プログラムの効果と解釈するのは難しいということになります。

このように，処置を受けるかどうかが個人の意思決定に依存し，特定の性質を持った人々が処置群に入ることを自ら選んでいる場合には，**自己選択**があると言います。自己選択がある際には，単に処置群と対照群の平均値を使った「差の差の推定」を行っても，政策の効果を見ることが困難になってしまいます。

この自己選択の問題の解決方法の1つとしては，重回帰モデルを使った「差の差の推定」を行うことが考えられます。成果変数に効果を与えると考えられる外的条件をできるだけ制御しながら，「差の差の推定」を行うことで，自己選択の効果をできるだけ小さくしようというものです。上の職業訓練プログラムの例であれば，労働者の学歴や職歴といった観測される外的条件をできるだけ制御しながら，政策の効果を分析していくことになります。この意味において，回帰分析に基づいた差の差の推定は，単なる平均値の比較に基づいた差の差の推定よりも優れている方法だといえます。

しかしながら，上の職業訓練プログラムの例における「やる気」や「観測されない個人の能力」といった，観測できる外的条件では制御できない要因が職業訓練プログラムに参加するかに影響を与えている場合には，観測できる外的条件を制御したとしてもまだ自己選択の影響が残ります。その結果，この方法によって推定された職業訓練プログラム参加の効果には（自己選択）バイアスがかかるため，この推定値を政策の効果と解釈するのには難しい問題がまだ残ってしまいます。

この自己選択問題を解決するために，各個人が処置群と対照群のどちらのグループに入るかを無作為に決める**無作為化**（ランダム化）**比較試験**（実験）（**RCT**）

を行ったり，自然災害や制度変更を利用した**自然実験**に着目したり，さらには第 10 章で説明するマッチング法とよばれる方法や，第 11 章で説明する回帰不連続デザインを使った準実験的な方法によって観測されない外的条件を制御しながら分析を行うことになります。これらの準実験的方法については，残りの 2 つの章で詳しく説明します。

CHECK POINT 36

□ 施策の前と後の 2 時点分のクロスセクション・データがあり，処置群と対照群が無作為に割り振られているときには，差の差の推定を行うことで政策の因果効果を調べることができます。

3　2 期間パネル・データ

前節で見た政策評価方法としての「差の差の推定法」は，繰り返しクロスセクション・データを使う推定方法です。パネル・データというのは同じ人や同じ家計の繰り返しクロスセクション・データですので，当然「差の差の推定」に使うこともできます。しかしながら，パネル・データが使えるときにはさらに良いことができます。これについては後ほど詳しく説明しますが，一言でいうと，政策の効果を推定する際にパネル・データが使えるのであれば，「個人特有で，時間を通じて不変な観測できない外的条件をすべて制御することができる」ということになります。

1 階差分法

パネル・データの一番簡単な例として，2 時点分のパネル・データを考えてみましょう。2 時点分のパネル・データを使って，次の重回帰モデルの回帰パラメーターを推定することを考えます。

$$Y_{it} = \beta_0 + \beta_1 X_{it1} + \cdots + \beta_k X_{itk} + A_i + U_{it}$$

ここで A_i は時間を通じて変化しない観測できない個人特有の（たとえば，生ま

れもっての個人の能力といった）要因です。この個人の要因 A_i は**個別効果**（individual effect）とよばれます。この個別効果は時間を通じて変化しない，個人 i 特有のありとあらゆるものを含みます。たとえば，「生まれもっての個人の能力」は漠然としていて観測もできないかもしれませんが，出身地や出生時の母親の年齢などは観測可能かもしれません。個別効果 A_i には，観測できようとできまいと，時間を通じて変化しないものすべてが含まれます。しかし，観測できない個人特有の要因が含まれているため，個別効果 A_i は全体として観測できないものとなります。

この個別効果 A_i は観測できないので，実際に回帰モデルを推定するときに説明変数として使うことができません。そのため，実際に推定できる回帰モデルは，

$$Y_{it} = \beta_0 + \beta_1 X_{it1} + \cdots + \beta_k X_{itk} + V_{it}$$
（ただし，V_{it} は新しい誤差項で，$V_{it} = A_i + U_{it}$）

となります。もし個別効果 A_i が説明変数と相関していると，推定できる回帰モデルの誤差項 V_{it} と説明変数が相関してしまうので，最小2乗法でこの式を推定しても推定値は欠落変数バイアスを含んだもの，つまり正しくないものになってしまいます。たとえば，成果変数を年収，政策変数を修学年数だとし，個人の要因 A_i は生まれもっての個人の能力だとします。すると，能力の高い人ほど修学年数は長いかもしれないので，個人の能力 A_i が政策変数と相関してしまい，結果として推定できる回帰モデルの誤差項 V_{it} が政策変数と相関してしまう，つまり，政策変数が内生変数になってしまいます（変数の内生性については，第8章を参照してください）。

政策変数（およびその他すべての説明変数）に内生性があると思われるときには，第8章で見た操作変数法を用いるのが一般的な対処法で，政策変数とは相関しているけれども，誤差項 V_{it} とは相関しない操作変数を探してくることになります。しかし，パネル・データを使うことができる場合には，操作変数を探してこなくても，この個別効果を制御することができる場合があります。

パネル・データを使って個別効果 A_i を制御する方法は，実は大変簡単です。それぞれの観測値 i について，時間方向の差分をとる，つまり引き算をすればよいのです。そうすると，この観測できない時間を通じて不変な個別効果 A_i

を推定式から取り除くことができます．このように，2期間以上のパネル・データがあると，個人特有の個別効果を制御して，欠落変数バイアスを取り除いたうえで回帰パラメターの推定ができることになります．この時間を通じた差分をとることによって個別効果を取り除くやり方は，**1 階差分法**とよばれます．

具体的に，上の重回帰モデルについて，説明変数，被説明変数および誤差項について，

$$DY_i = Y_{i2} - Y_{i1}, \quad DX_{ij} = X_{i2j} - X_{i1j}, \quad DU_i = U_{i2} - U_{i1}$$

と時間方向の引き算をする（「1 階の差分をとる」とも言います）ことで，推定できる回帰モデル

$$DY_i = \beta_1 DX_{i1} + \cdots + \beta_k DX_{ik} + DU_i$$

を作ることができます．この回帰モデルには時間を通じて不変な個別効果 A_i が含まれていないことに注意してください．1 階の差分をとることで，この個別効果を消去，つまり制御することができています．誤差項の差分 DU_i と説明変数の差分 DX_i に相関がないのであれば，たとえ説明変数と個別効果 A_i が相関していたとしても，推定できる回帰モデルには個別効果が含まれていないので，最小 2 乗法によって，もともと調べたいと思っていた説明変数の傾きパラメターを一致推定することができます．

上で見た 1 階の差分をとった回帰モデルには定数項 β_0 が含まれていません．これは時点 1 と 2 に共通の定数項は，1 階の差分をとることで消えてしまうからです．また，時点 1 と時点 2 で定数項が異なるモデルを推定することもできます．$t = 1$ であれば 0，$t = 2$ であれば 1 となるダミー変数 $I(t=2)_t$ を使って，回帰モデルを

$$Y_{it} = \beta_0 + \delta_0 I(t=2)_t + \beta_1 X_{it1} + \cdots + \beta_k X_{itk} + A_i + U_{it}$$

とすれば，1 階の差分をとった回帰モデルは

$$DY_i = \delta_0 + \beta_1 DX_{i1} + \cdots + \beta_k DX_{ik} + DU_i$$

となるので，時点 1 と時点 2 の定数項の違い δ_0 を推定することができます．このように時点によって定数項が違うことを考慮することは，**時点固定効果**を

考慮するとも言います。

最後に，1階差分法で推定する際の重回帰モデルの作り方の注意点を挙げておきます。1階差分法は個別効果 A_i を推定できる回帰モデルから取り除くことによってそれを制御する方法ですが，もし重回帰モデルに性別や出身地といった時間を通じて変化しない変数を説明変数として入れると，これらの変数もすべて消去されてしまいます。その結果，これらの説明変数の係数パラメターは推定できません。1階差分法を使って個別効果を取り除くときには，もともとの回帰モデルに時間を通じて変化しない変数を入れないように注意してください。

例9.1：2期間パネルを使った生活満足度と喫煙本数の関係

普段の生活に対するストレスが高くなり，満足度が低くなると，喫煙する傾向が高くなるのでしょうか。このことを調べるために，本書のウェブサポートページにあるデータセット「9_1_cig_xt.csv」を使って調べてみましょう。このデータセットには，3022人分の生活の満足度（life，0から4の5段階で大きいほど満足度が高い）と1日の喫煙本数（ncig）を2007年（$t=1$）と2009年（$t=2$）の2期間にわたって調べたパネル・データ（標本サイズは6044）が収録されています。

喫煙本数は各個人の特性にも大きく依存することが考えられるので，個別効果（A_i）も考慮した，次の単回帰モデルの係数パラメターを推定することを考えます。

$$ncig_{it} = \beta_0 + \beta_1 life_{it} + A_i + U_{it}$$

まずは $t=1, 2$ それぞれの時点のクロスセクション・データを使って単回帰モデル

$$ncig_{it} = \beta_0 + \beta_1 life_{it} + V_{it}$$

を推定してみましょう。まずは2007年のデータを使って，1日当たりの喫煙本数を生活満足度に回帰します。

2007年

```
. regress ncig life if t==1

      Source |       SS       df       MS              Number of obs =    3022
-------------+------------------------------           F(  1,  3020) =   44.77
       Model |  1261.4634        1   1261.4634         Prob > F      =  0.0000
    Residual |  85088.6816     3020  28.1750601         R-squared     =  0.0146
-------------+------------------------------           Adj R-squared =  0.0143
       Total |  86350.145      3021  28.5832986         Root MSE      =   5.308

------------------------------------------------------------------------------
        ncig |      Coef.   Std. Err.      t    P>|t|     [95% Conf. Interval]
-------------+----------------------------------------------------------------
        life |  -.6854144   .102435    -6.69   0.000    -.8862638   -.484565
       _cons |   5.736776   .2815675   20.37   0.000     5.184693    6.28886
------------------------------------------------------------------------------
```

次に2009年のデータを使って、1日当たりの喫煙本数を生活満足度に回帰します。

2009年

```
. regress ncig life if t==2

      Source |       SS       df       MS              Number of obs =    3022
-------------+------------------------------           F(  1,  3020) =   28.79
       Model |  703.230491       1   703.230491        Prob > F      =  0.0000
    Residual |  73761.8181     3020  24.4244431         R-squared     =  0.0094
-------------+------------------------------           Adj R-squared =  0.0091
       Total |  74465.0486     3021  24.6491389         Root MSE      =  4.9421

------------------------------------------------------------------------------
        ncig |      Coef.   Std. Err.      t    P>|t|     [95% Conf. Interval]
-------------+----------------------------------------------------------------
        life |  -.5079459   .0946631   -5.37   0.000    -.6935566   -.3223351
       _cons |   5.072487   .2727023   18.60   0.000     4.537786    5.607188
------------------------------------------------------------------------------
```

どちらの時点においても生活満足度の傾きパラメーターの推定値は負で統計的にも有意になりました。これは生活の満足度が上がると喫煙本数が減るということを意味しています。

次に個別効果を考慮するために、$t=1$ から $t=2$ の間の喫煙本数の変化を生活満足度の変化に回帰する単回帰モデル

$$Dncig_{it} = \beta_1 Dlife_{it} + DU_{it}$$

を推定してみましょう (Stataでは，変数名の前に"d."と書くと，時間についての1階の差分をとった変数が作れます)。ここでは時点固定効果を含めないモデルを推定するので，切片パラメターのないモデルを推定します (Stataの回帰コマンド「regress」の行の「,」の後に書いている「noconstant」という指示は，「切片なし」という意味です)。

```
. regress d.ncig d.life, noconstant

      Source |       SS       df       MS              Number of obs =    3022
-------------+------------------------------           F(  1,  3021) =    6.84
       Model |  193.760754     1   193.760754          Prob > F      =  0.0090
    Residual |  85607.6142  3021   28.3375089          R-squared     =  0.0023
-------------+------------------------------           Adj R-squared =  0.0019
       Total |   85801.375  3022   28.3922485          Root MSE      =  5.3233

------------------------------------------------------------------------------
      d.ncig |      Coef.   Std. Err.      t    P>|t|     [95% Conf. Interval]
-------------+----------------------------------------------------------------
      d.life |  -.2872658   .109858    -2.61   0.009    -.5026698   -.0718617
------------------------------------------------------------------------------
```

生活の満足度の傾きパラメターの推定値は負ではありますが，先ほどに比べて約半分になっています。このことは最小2乗法で推定された喫煙本数と生活の満足度の関係のうち，満足度が喫煙本数に与える影響は半分ほどで，残りの半分はこの両方の変数と相関している個別効果を通じて生み出された見せかけの相関であったということができるでしょう。

2期間パネル・データを用いた政策評価

さて，自己選択があるときに差の差の推定法を使って政策効果を評価したいときには，観測できる外的条件をできるだけ制御することが望ましいということでした。パネル・データが利用可能なときは，時間を通じて変化しない個別効果を制御しながら政策効果の評価を行うことが可能になります。差の差の推定を行うための重回帰モデルに，時間を通じて変化しない観測できない個別効果を考慮した重回帰モデル

$$Y_{it} = \beta_0 + \beta_1 T_i + \beta_2 AFTER_t + \beta_3 (T_i \times AFTER_t) + \beta_4 C_{it} + A_i + U_{it}$$

を見てみましょう。この式でも，差の差の推定量は先ほどと同じ β_3 の推定量です。2期間分のパネル・データを使って推定するとして，それぞれの時点の重回帰モデルを2期目，1期目の順番で書くと，

$$Y_{i2} = \beta_0 + \beta_1 T_i + \beta_2 + \beta_3 T_i + \beta_4 C_{i2} + A_i + U_{i2}$$
$$Y_{i1} = \beta_0 + \beta_1 T_i \qquad\qquad + \beta_4 C_{i1} + A_i + U_{i1}$$

となります。先ほどと同じように時間方向の1階の差分をとると，

$$DY_i = \beta_2 + \beta_3 T_i + \beta_4 DC_i + DU_i$$

となります。この式の回帰パラメーターを最小2乗法で推定すれば，差の差の推定量の推定値 $\hat{\beta}_3$ を得ることができます。もし自己選択が観測可能な外的条件と時間を通じて変化しない個別要因のみで決まっているのであれば，この推定方法を用いることで自己選択バイアスの問題を解決できていることがわかります。

　ここではパネル・データの中でも最も簡単な例である2期間のパネル・データを使って，どのように政策効果を一致推定できるのかを見てきました。3期間以上のパネル・データが使えるときにもこの方法は当然使えます。その場合には，2期目のデータから1期目のデータを引き，さらに3期目のデータから2期目のデータを引いた1階差分のデータを2期間分作って，そのデータを一括したうえで最小2乗法により差の差の推定量の傾きパラメーターを推定することができます。この場合には，推定に用いることのできるデータの標本サイズが大きくなるので，情報量が増え，より精度の高い政策効果の評価ができます。

例9.2：2期間パネルによる政策評価

　病気やけがをすると生活の満足度は下がるのでしょうか。このことを調べるために，$t=2$ 時点から見て過去1年間に病気やけがで休んだことがある場合は1，そうでない場合は0となるダミー変数（shock）と所得（income）に対して生活の満足度（life）を回帰する重回帰モデル

$$life_{it} = \beta_0 + \beta_1 shock_i + \beta_2 I(t=2)_t + \beta_3 (shock_i \times I(t=2)_t)$$
$$+ \beta_4 income_{it} + A_i + U_{it}$$

を推定しましょう。まず，個別効果を考慮せずに $t=2$ のクロスセクション・データを使って推定するならば，$I(t=2)_2 = 1$ なので，

$$life_{i2} = \beta_0 + \beta_1 shock_i + \beta_2 + \beta_3 shock_i + \beta_4 income_{i2} + V_{i2}$$
$$= (\beta_0 + \beta_2) + (\beta_1 + \beta_3) shock_i + \beta_4 income_{i2} + V_{i2}$$

となります。

本書のウェブサポートページにあるデータセット「9_2_life_xt.csv」には，3020人分の2007年（$t=1$）と2009年（$t=2$）の生活満足度（life，0から4で大きいほど満足度が高い），年収（income，単位は万円）および2008年にけがや病気で仕事を休んだことがあれば1，そうでなければ0となるダミー変数（shock）が収録されています。このデータセットにある2009年のデータを使ってこの重回帰モデルを推定すると，次のようになりました。

```
. regress life shock income if t==2

      Source |       SS           df       MS      Number of obs   =     3020
-------------+----------------------------------   F(  2,  3017)   =    14.99
       Model |  26.1736645         2  13.0868323   Prob > F        =   0.0000
    Residual |  2633.17865      3017  .872780462   R-squared       =   0.0098
-------------+----------------------------------   Adj R-squared   =   0.0092
       Total |  2659.35232      3019  .880871917   Root MSE        =   .93423

------------------------------------------------------------------------------
        life |      Coef.   Std. Err.      t    P>|t|     [95% Conf. Interval]
-------------+----------------------------------------------------------------
       shock |  -.1248732   .0346006    -3.61   0.000    -.1927163   -.0570301
      income |   .0002822    .000071     3.97   0.000     .000143    .0004214
       _cons |   2.673656    .03053     87.57   0.000    2.613794    2.733518
------------------------------------------------------------------------------
```

shock の傾きパラメターの推定値は負で統計的に有意になりました。

次に，個別効果を考慮するために2時点のデータを使って1階の差分をとった回帰モデル

$$Dlife_i = \beta_2 + \beta_3 shock_i + \beta_4 Dincome_i + DU_i$$

を推定すると次のようになりました。

```
. regress d.life shock d.income

      Source |       SS       df       MS              Number of obs =    3020
-------------+------------------------------           F(  2,  3017) =    5.20
       Model |  17.808203     2   8.9041015            Prob > F      =  0.0056
    Residual |  5168.72955  3017  1.71320171           R-squared     =  0.0034
-------------+------------------------------           Adj R-squared =  0.0028
       Total |  5186.53775  3019  1.71796547           Root MSE      =  1.3089

------------------------------------------------------------------------------
      d.life |      Coef.   Std. Err.      t    P>|t|     [95% Conf. Interval]
-------------+----------------------------------------------------------------
       shock |  -.1401174   .0484445    -2.89   0.004    -.235105   -.0451298
    d.income |   .0002233   .0001614     1.38   0.167    -.0000932    .0005398
       _cons |   .2153646    .031355     6.87   0.000     .1538853    .276844
------------------------------------------------------------------------------
```

このように，個別効果を制御した分析においても，shock の係数パラメーターは負であり，統計的にも有意となりました。このことから，病気やけがをしたということが原因で生活の満足度を引き下げていると解釈することができるでしょう。

平均差分法

パネル・データを使うことの最大のメリットは，標本サイズが大きくなるということでした。さらに，パネル・データを使った1階差分法を使えば，時間を通じて変化しない個別効果であれば，たとえそれが観測できない要因であったとしても，制御したうえで政策効果の評価が行えることを確認しました。

時間を通じて変化しない個別効果を制御する別の推定方法として，**平均差分法**とよばれる方法があります。これも1階差分法と同じで，差分をとることで個別効果を推定する重回帰モデルから消去する方法なのですが，ここでは個別効果を消去するために各個人について被説明変数，説明変数すべての時間平均を作り，それをそれぞれの重回帰モデルから引くことによって個別効果を消去します。たとえば，2期間分のパネル・データにある年収を Y_{i1}，Y_{i2} とすると，個人 i の年収の時間平均は $Y_i = (Y_{i1} + Y_{i2})/2$ になります。個別効果 A_i の2期間分の時間平均は $(A_i + A_i)/2 = A_i$ となりますので，もともとの重回帰モデルから時間平均の重回帰モデルを引き算することで，個別効果 A_i を推定できる

回帰モデルから消去（制御）することができます。平均差分法とは，このようにして個別効果を制御したうえで政策効果を含む回帰パラメーターを推定する方法になっています。

重回帰モデルを使って具体的に見てみましょう。観測できない個別効果 A_i を含む重回帰モデル

$$Y_{it} = \beta_0 + \beta_1 X_{1it} + \cdots + \beta_k X_{kit} + A_i + U_{it}$$

の回帰パラメーターを $T(>1)$ 期間分のパネル・データを使って推定します。各個人 i について両辺の時間平均をとると，時間平均の重回帰モデルは，

$$\bar{Y}_i = \beta_0 + \beta_1 \bar{X}_{1i} + \cdots + \beta_k \bar{X}_{ki} + A_i + \bar{U}_i$$

となります。ここで，$\bar{Y}_i = (Y_{i1} + \cdots + Y_{iT})/T$ は個人 i の時間平均です。重回帰モデルからこの時間平均の式を引くと，

$$(Y_{it} - \bar{Y}_i) = \beta_1 (X_{1it} - \bar{X}_{1i}) + \cdots + \beta_k (X_{kit} - \bar{X}_{ki}) + (U_{it} - \bar{U}_i)$$

となり，推定する重回帰モデルから個別効果 A_i を消去することができます。すべての説明変数がすべての誤差項と無相関である（このような性質は**強外生性**とよばれます）とすると，この式の回帰パラメーターは最小2乗法で一致推定することができます。

なお，1階差分法のときと同様に，平均差分法を使って回帰モデルの傾きパラメーターを推定したいのであれば，時間を通じて変化しない説明変数の傾きパラメーターは推定できませんので，もともとの回帰モデルにそのような変数を含めないようにしましょう。

| **例 9.3：平均差分法による政策評価** |

例 9.2 で推定した重回帰モデルを，平均差分法で推定してみましょう。本書のウェブサポートページにあるデータセット「`9_2_life_xt.csv`」には，例 9.2 で紹介した変数以外に，2009 年のデータであれば 1，2007 年であれば 0 となるダミー変数（y2），shock と y2 の交差項（shock_y2）が含まれています。これらの変数を使って，次の重回帰モデル，

$$life_{it} = \beta_0 + \beta_1 shock_i + \beta_2 y2_t + \beta_3 shock\_y2_{it} + \beta_4 income_{it} + A_i + U_{it}$$

を推定します。平均差分法を使った回帰分析は Stata ではパネル・データ分析で用いる「xtreg」というコマンドを使い，回帰モデルを書いた後に「，fe」と付け加えることによってできます。推定結果は次のようになります。

```
. xtreg life shock y2 shock_y2 income, fe
note:  shock omitted because of collinearity

Fixed-effects (within) regression               Number of obs      =      6040
Group variable: id                              Number of groups   =      3020

R-sq:  within  = 0.0188                         Obs per group: min =         2
       between = 0.0118                                        avg =       2.0
       overall = 0.0151                                        max =         2

                                                F(3,3017)          =     19.31
corr(u_i, Xb)  = 0.0102                         Prob > F           =    0.0000

------------------------------------------------------------------------------
        life |      Coef.   Std. Err.      t    P>|t|     [95% Conf. Interval]
-------------+----------------------------------------------------------------
       shock |          0  (omitted)
          y2 |   .2153646    .031355     6.87   0.000     .1538853    .276844
    shock_y2 |  -.1401174   .0484445    -2.89   0.004    -.235105   -.0451298
      income |   .0002233   .0001614     1.38   0.167    -.0000932   .0005398
       _cons |   2.481525   .0453239    54.75   0.000     2.392657   2.570394
-------------+----------------------------------------------------------------
     sigma_u |  .68240256
     sigma_e |  .92552734
         rho |  .35217604   (fraction of variance due to u_i)
------------------------------------------------------------------------------
F test that all u_i=0:     F(3019, 3017) =     1.09        Prob > F = 0.0115
```

まず，shock の係数パラメターは推定できないので，出力表からは省略（omitted）されています。これは，shock という変数が時間を通じて変化しないため，個別効果とともに取り除かれてしまったためです。

もっとも注目したい変数は shock と y2 の交差項（shock_y2）の係数パラメターですが，この推定値は−0.1401174 となり，統計的にも有意となっています。この係数パラメターの推定値は，先ほどの 1 階差分法による係数とまったく同じになっていることに注意してください。実は，2 期間パネル・データを使うと，1 階差分法でも平均差分法でも推定値はまったく同じになります（3 期間以上のパネル・データを使うと推定値は 1 階差分法と平均差分法で異なります）。

CHECK POINT 37

□ パネル・データを使うと，1階差分法や平均差分法を使って個別効果 A_i を制御したうえで政策効果を推定できます。

4 変量効果モデル

重回帰モデル

$$Y_{it} = \beta_0 + \delta_0 I(t=2)_t + \beta_1 X_{it1} + \cdots + \beta_k X_{itk} + A_i + U_{it}$$

のように，時間を通じて変化しない個別効果 A_i があるときには，1階差分法か平均差分法によって個別効果を消去したうえで，回帰パラメターを一致推定することができることを確認しました。このような方法で消去される個別効果は，**固定効果**ともよばれ，1階差分法や平均差分法は**固定効果モデル**の推定方法とよばれることもあります。

重回帰モデルに固定効果があるとき，パネル・データを一括して1つの大きなクロスセクション・データを作り，そのクロスセクション・データを使って回帰パラメターを最小2乗法により推定することもできます。この推定方法は**一括されたデータを使った最小2乗法**とよばれます。もし個別効果 A_i と誤差項 U_{it} が説明変数（$X_{1it}, \cdots, X_{kit}$）と無相関であれば，一括されたデータを使った最小2乗法による傾きパラメターの推定量は一致推定量になります。

説明変数と相関していない個別効果は，（説明変数と相関していてもよい）固定効果と区別して**変量効果**とよばれます。重回帰モデルの個別効果が変量効果の場合には，一括されたデータを使った最小2乗法で回帰パラメターを推定してもよいのですが，パネル・データの特徴を利用すると，さらに良い推定方法があります。この推定方法は**変量効果モデル**の推定方法とよばれるもので，一括されたデータを使った最小2乗法よりも効率性の高い推定方法です。詳細は本書の内容を超えるので「おわりに」で紹介しているより進んだ教科書に譲りますが，変量効果モデルの良い点として，性別や出身地といった時間を通じて変化しない変数も回帰モデルの説明変数として使えるといった点は覚えておいて

もよいかもしれません。

例9.4：変量効果モデルの推定

例9.3で推定した重回帰モデルを変量効果モデルとして推定してみましょう。Stata ではコマンド「xtreg」の一番最後を「, re」へ変更することで簡単に推定できます。

```
. xtreg life shock y2 shock_y2 income, re

Random-effects GLS regression                   Number of obs      =      6040
Group variable: id                              Number of groups   =      3020

R-sq:  within  = 0.0188                         Obs per group: min =         2
       between = 0.0124                                        avg =       2.0
       overall = 0.0155                                        max =         2

                                                Wald chi2(4)       =     95.63
corr(u_i, X)   = 0 (assumed)                    Prob > chi2        =    0.0000

------------------------------------------------------------------------------
        life |      Coef.   Std. Err.      z    P>|z|     [95% Conf. Interval]
-------------+----------------------------------------------------------------
       shock |   .0153078   .0349948     0.44   0.662    -.0532808    .0838963
          y2 |   .2129958   .0310253     6.87   0.000     .1521873    .2738043
    shock_y2 |  -.139777    .0484373    -2.89   0.004    -.2347123   -.0448418
      income |   .0003033   .000052      5.83   0.000     .0002014    .0004053
       _cons |   2.454395   .026336     93.20   0.000     2.402777    2.506012
-------------+----------------------------------------------------------------
     sigma_u |  .19293982
     sigma_e |  .92552734
         rho |  .04164764   (fraction of variance due to u_i)
------------------------------------------------------------------------------
```

変量効果モデルの場合，時間を通じて変化しない変数の係数パラメターも推定することができますので，shock の係数パラメターの推定値も出力されています。

もっとも注目している係数パラメターは shock と y2 の交差項（shock_y2）の係数パラメターですが，推定値は－0.139777 となっており，統計的にも有意です。固定効果モデルとして推定した値とも近い結果が得られています。

固定効果か変量効果か

固定効果モデルと変量効果モデルのどちらが正しいモデルなのかを検定する

Column ⓯　ハウスマン検定

　固定効果モデルと変量効果モデルのどちらが正しいモデルなのかを検定する方法として，「ハウスマン検定」とよばれる検定方法があります。ここでは，その基本的な考え方について簡単に紹介します。

　個別効果が変量効果なのか，それとも固定効果なのかは，個別効果が説明変数と相関しているかによって決まります。もし個別効果がどの説明変数とも相関していないのであれば，変量効果モデルとして推定しても，固定効果モデルとして推定しても，どちらも一致性を持っているという意味で正しい推定方法になっています。しかし，変量効果モデルとして推定したほうが固定効果モデルとして推定したときよりも効率性の高い推定方法になっているので，推定量の正確さ（の逆数）を表す推定量の"分散"は変量効果モデルのほうが固定効果モデルよりも小さくなっています。

　逆に，もし個別効果が説明変数のいずれかと相関しているのであれば，固定効果モデルとして扱うべきであり，変量効果モデルとして扱うと（一致性がないという意味で）正しく推定することができません。つまり，もし固定効果モデルが正しいときに変量効果モデルとして推定すると，推定値は真の値から大きく異なるため，固定効果モデルとして推定したときと，変量効果モデルとして推定したときの推定値が大きく違ってきます。

　そこで，もしこの2つの推定値の「距離」が大きければ，変量効果モデルは正しくないと推測し，固定効果モデルのほうがより信頼できるモデルと判断することができます。大雑把に言うと，ハウスマン検定統計量は，「2つの推定量の距離の2乗を，2つの推定量の分散の差で割ったもの」です。この統計量は説明変数の数を自由度とするカイ2乗分布に従うので，もしこの統計量がカイ2乗分布の（たとえば）上側5％の閾値よりも大きくなるのであれば，「個別効果は変量効果」という帰無仮説を棄却して，対立仮説の「個別効果は固定効果」を採用することになります。

　この検定は，推定量の効率性と一致性をうまく使ってどちらのモデルのほうが正しいのかを判別する検定方法なので，変量効果モデルと固定効果モデルの選択以外にも使うことができます。たとえば，最小2乗法と操作変数法のどちらを使ったほうがよいのかを判断する際にも使うことができます。

方法として，**ハウスマン検定**とよばれるものがあります。この検定の説明も本書の内容を超えるので，詳細は説明しませんが（基本的な考え方については Column ⓯を参照してください），パネル・データを使って重回帰モデルを推定する

際には,固定効果モデル,変量効果モデルの両方で推定した後に,ハウスマン検定を行って固定効果モデルと変量効果モデルのどちらの結果を採用するのかを判断すれば,より確実な結果を得ることができるでしょう。

まとめ

以上,パネル・データを使うメリットとその分析方法について見てきました。クロスセクション・データよりも豊富な情報量をもつパネル・データを使うことで,より精度の高い推定ができるようになることが最大のメリットです。その結果,パネル・データを使った政策効果の評価はクロスセクション・データを使ったものよりも,より説得力があると言えるでしょう。

CHECK POINT 38

☐ 個別効果のある重回帰モデルを,パネル・データを使って推定する方法には,固定効果モデルのほかに,変量効果モデルもあります。ハウスマン検定を行えば,どちらの結果がより正しいものか判断できます。

EXERCISE ●練習問題

◎確認問題

9-1 本文中で見たゴミ処理場建設による補償問題で,平均的な宅地の地価(千円/m^2)がゴミ処理場の建設前と後で次のようになったとします。

	ゴミ処理場から近い	ゴミ処理場から遠い
建設前	480	700
建設後	520	800

差の差の推定量を使って,ゴミ処理場建設による地価の下落はどれだけかを求めましょう。

9-2 本文218ページで紹介したデュフロの論文では,インドネシアで1973年から始まったインプレス(INPRES)小学校建設プログラムが子どもたちの修学年数にどれだけの影響を与えたのかが議論されています。この学校建設プログラムは,もともとの就学率の低い地域に重点的に学校を建設したので,学校

建設が盛んに行われた地域とそうでない地域の就学率を比較すると，学校建設が盛んに行われた地域のほうが就学率は低い傾向があります。その結果，修学年数も短い傾向があります。

学校建設プログラムが始まったのは 1973 年ですので，1974 年に 2 歳から 6 歳だった子どもたちはプログラムの影響を受けますが，12 歳から 17 歳だった子どもはすでに小学校を卒業しているのでプログラムの影響は受けません。また，1973 年以前の就学率をもとにして，就学率の高い地域 A と低い地域 B の 2 つに分けると，もともと就学率の低い地域は小学校が盛んに建設されたので，地域 B はプログラムの影響を強く受けた地域となり，地域 A はプログラムの影響をあまり受けなかった地域となります。

1974 年時点の年齢と居住地域で分類した 4 つのグループの平均的な修学年数を計算すると，次のようになっていました。

	地域 A	地域 B
1974 年に 2 歳から 6 歳	9.76	8.49
1974 年に 12 歳から 17 歳	9.40	8.02

小学校建設プログラムは，修学年数を何年引き上げたでしょうか。

9-3　$Y_{it} = \beta_0 + \beta_1 T_i + \beta_2 AFTER_t + \beta_3 (T_i \times AFTER_t) + U_{it}$ を用いても，β_3 の問題 9-2 で求めた最小 2 乗推定量が差の差の推定量とまったく同じになることを確認しましょう。

◎実証分析問題

9-A　例 9.1（224 ページ）で見た生活満足度と喫煙本数の関係について，もう少し調べてみましょう。データセット「9_1_cig_xt.csv」には所得（income，単位は万円）も収録されています。所得を共変量として追加して，生活の満足度が喫煙本数に与える影響を推定してみましょう。

9-B　例 9.2（227 ページ）で見た病気と生活の満足度の関係について，本書のウェブサポートページにあるデータセット「9_2_life_xt.csv」を使って結果を確認してみましょう。

CHAPTER

第10章

マッチング法

似た人を探して比較する

INTRODUCTION

重回帰分析の基本的な考え方は,「外的条件を制御」しながら政策の効果を計測するというものでした。実は,「外的条件を制御する」もう1つの方法は,「外的条件の似た人たち」を集めてきて政策効果を比較することです。本章では,「外的条件の似た人たち」の集め方である「マッチング法」について簡単に紹介します。

1 実験的手法の導入

近年の実証分析における一番大きな変化は，実験的手法を積極的に活用することで，本来は知ることが難しいと思われていた因果関係を明らかにしようとするものです。とくに開発経済学における実験の活用は非常に活発で，たとえば灌漑施設の建設が地域の経済発展に与える効果を評価するために，灌漑施設を整備する地域をくじによって決めることで，外的条件の似た地域どうしの比較を可能にしたうえで政策の効果を評価する研究があります（いくつかの興味深い実証分析例は，バナジーとデュフロの 2011 年の著書『貧乏人の経済学──もういちど貧困問題を根っこから考える』〔山形浩生訳，みすず書房，2012 年〕に収録されています）。また別の例として，小規模金融（マイクロ・ファイナンス）を実施する際に利子率を優遇する制度と，連帯保証制度とで返済率が高いのはどちらかを評価する研究があります。それぞれの人に適用される貸し出し制度をくじで決めることで，外的条件の同じ人どうしの比較を可能にし，それによって融資制度の効果を評価しています。

観察データによる準実験

このように，くじ引きで対照群を作る無作為化比較試験（RCT）は，政策評価の場においてもその威力を発揮し，盛んに行われています。しかし，実験データから得られた結果が，実験を行った環境以外においても適用できるのか（この適用可能性のことは実験結果の**外的妥当性**とよびます）という問題は重要な問題です。得られた結果がある程度の外的妥当性を持つためには，やはりそれなりの標本サイズが必要です。また，そのような実験を行うにはそれなりに費用がかかるので，できれば観察データで政策効果を評価したいという場面も多いことでしょう。このように実験が難しいときに，すでに集められた観察データと準実験的な状況をうまく組み合わせながら政策の効果を計測していくことができます。そのような方法の1つが，観察データの中から対照群を探してくるというものです。この方法は**マッチング法**とよばれるもので，基本的な考え方は非常に単純です。ある政策の効果を調べるために，まずその施策を受けた人

（仮に A さんとよびましょう）に着目します。次に、施策を受けていない人々の中から、A さんに最もよく似ている人（B さんとします）を探してきます。この A さんに似ている B さんを、「施策を受けていなかったとするならば実現したであろう A さんの姿」と見なします。そうすることで、A さんにとっての政策の効果は、A さんの実際の成果と、A さんの**反実仮想**としての B さんの成果との違いとして評価することができます。また逆に、B さんにとってみれば、この同じ成果の差が B さんにとっての「施策を受けなかったことによる効果」となります。

この点をもう少し詳しく見るために、同じ人物が「施策を受けたときの成果」と「施策を受けないときの成果」という、2 つの成果変数 Y_{1i} と Y_{0i} を考えてみましょう。たとえば、朝ご飯とテストの点数の例だと、Y_{1i} は「生徒 i が毎日朝ご飯を食べるときのテストの点数」になり、Y_{0i} は「(同じ)生徒 i が朝ご飯を毎日は食べないときのテストの点数」となります。生徒 i にとっての「朝ご飯を毎日食べることの効果」とは、この 2 つの成果変数の差

$$Y_{1i} - Y_{0i}$$

となるので、この Y_{1i} と Y_{0i} がわかれば、生徒 i に対する政策の因果効果が簡単に計測できます。

さらに、母集団全体において、政策の効果が平均的にどれだけあるのかを調べたいのであれば、この差の母集団分布における期待値

$$\mathrm{E}[Y_{1i} - Y_{0i}]$$

を調べればよいことになります。この期待値を標本平均で置き換えたもの

$$\frac{1}{N} \sum_{i=1}^{N} (Y_{1i} - Y_{0i})$$

が平均的な政策の効果（この効果のことは**平均処置効果**とよばれます）の推定量となります。また、施策を受けた人のみについて平均的な効果を見ると（この効果は前のものと区別するために**処置群への平均処置効果**とよばれます）、施策を受けたことを示すダミー変数 X_i を使って、

$$\mathrm{E}[Y_{1i} - Y_{0i} \mid X_i = 1]$$

1 実験的手法の導入

となり，その推定量は再び標本平均を使って

$$\frac{1}{\sum_{i=1}^{n} X_i} \sum_{i=1}^{N} X_i (Y_{1i} - Y_{0i})$$

となります。

　このように平均処置効果の推定方法自体は簡単にわかるのですが，ここで大きな問題が１つ残されています。それは，すべての生徒iに対して，２つの成果変数Y_{1i}とY_{0i}の「どちらか１つしか観測できない」ということです。朝ご飯を毎日食べている生徒についてはY_{1i}しか観測できませんし，それと同じ理由で「朝ご飯を毎日食べているわけではない」生徒についてはY_{0i}しか観測できません。このように２つの成果変数はそもそもどちらか１つしか観測できないので**潜在的成果変数**とよばれることもあります。第１章で「厳密に言うと，政策と成果の因果関係を完全に知ることは基本的に不可能」と言った理由は，この２つの潜在的成果変数を同時に観測することができないからにほかなりません。

マッチング法

　そこでマッチング法の登場です。マッチング法を使って，施策を受けた人と似た人を，施策を受けなかった人々のグループから探してくることができれば，その似た人の成果変数を反実仮想の成果変数として使うことができ，平均処置効果を計算することができます。

　それでは，具体的にはどのような方法でマッチングができるのでしょうか。最も単純なものは，**共変量によるマッチング**です。たとえば，朝ご飯とテストの点数の例では，家庭環境を表す変数の１つである家計所得に着目して，家計所得が同じ生徒どうしをマッチさせることができます。毎日朝ご飯を食べている生徒iと同じ家計所得だけれども，毎日は朝ご飯を食べていない生徒jをマッチさせます。もちろん家計所得だけではなく，両親の学歴をはじめとするその他の「外的条件」を共変量として使って，「家計所得が同じで，両親の学歴が同じで……」というように複数の共変量でマッチさせることもできます。この場合，１つの共変量を使うよりも，より精度の高いマッチングができます。

　また，まったく同じ共変量をもつ人を探してくるのが難しい場合には，まったく同じ人を探してくるかわりに，ある程度「近い」共変量をもつ人をマッチ

させることもできます。この「近さ」を表す指標として使われるものとして，距離を計算することが考えられます。たとえば，マッチングに使う共変量が家計所得 C_{1i} と父親の修学年数 C_{2i} の 2 つだとすると，i さんの共変量と j さんの共変量の距離は，

$$\sqrt{(C_{1i}-C_{1j})^2+(C_{2i}-C_{2j})^2}$$

となります。この距離が近ければ，i さんと j さんは似ているということになります。さらに，共変量の分散や共分散を考慮した距離として**マハラノビス距離**とよばれる指標を使うことがあります（マハラノビス距離を求めるためには行列計算が必要であり，本書の範囲を超えるので詳述はしません）。

　マッチングを行う方法もさまざまなものがあります。まず，距離がゼロ，つまりまったく同じ共変量を持っている人をマッチさせる方法は**完全マッチング**とよばれます。一番距離が近い人をマッチさせる方法は**最近傍マッチング**とよばれます。また，ある程度の距離に複数の人が入っている場合には，それらの人々の平均値を使うという**半径マッチング**とよばれる方法も可能です。さらに，カーネルとよばれる関数を使ってウェイトをつけながら加重平均を計算する**カーネル・マッチング**もよく使われるマッチング法の 1 つです。これらの方法のうち，どのやり方がよいのかについてはまだ意見が分かれるところですので，いろいろなやり方を試してみて，結果がどのように変わるのかを調べる（このような作業は**頑健性分析**とよばれます）のがよいでしょう。

　実は，似た人を探すというマッチング法は，施策を受けた人（処置群）と受けなかった人（対照群）の外的条件を揃えるという，重回帰モデルの目的と基本的には変わりません。重回帰モデルにおいては外的条件を揃えるために観測される外的条件で制御を行っているのですが，マッチング法も外的条件の揃っている人を探してくることで外的条件を制御していることになっています。そのため，マッチングの際に使う基準となる変数が重回帰モデルの共変量と変わらないのであれば，マッチング法によって計測された政策効果と重回帰モデルを使って計測された政策効果は基本的には似たものになります（回帰モデルとマッチング法の関係については，巻末の「おわりに」でも紹介している，アングリスト＝ピスケ『「ほとんど無害な」計量経済学──応用経済学のための実証分析ガイド』〔大森義明ほか訳，NTT 出版，2013 年〕の第 3 章を参照してください）。

外的条件を揃えるために似た人を探してくるという点を回帰分析の言葉で表すと，「外的条件 C_i で条件付けすれば，政策変数と誤差項は（平均）独立になる」ということになります。また，マッチング法における同等の条件は，「外的条件 C_i で条件付けすれば，潜在的成果変数と政策変数が独立になる」となります。この条件（仮定）のことは**条件付き独立の仮定**とよばれ，マッチング法によって政策効果を見ることができるかはこの条件付き独立の仮定が満たされているかに大きくかかっています。

　マッチング法によって政策効果を計測する際のもう1つの注意点として，それぞれの共変量に対して，施策を受けている人と受けていない人の両方が必ずいなければならないということがあります。これを後ほど説明する「傾向スコア」という，共変量 C_i を持っている人が施策を受ける（条件付き）確率 $P(X_i=1 \mid C_i)$ を使って表すと，観測される共変量 C_i それぞれについて，

$$0 < P(X_i=1 \mid C_i) < 1$$

でなければならないということになります。この条件は**共有サポートの仮定**とよばれますが，考え方はとてもシンプルなものです。施策を受けた処置群の人にとって，自分と同じ共変量を持つ人が対照群にいないのであれば，自分と似た人を対照群から探してくることができないので，マッチング法によって政策の効果を評価することができないということです。もちろん，対照群の人にとっても処置群に自分と同じ共変量を持つ人がいなければ，マッチング法は使えないことになります。「条件付き独立」と「共有サポート」の2つの仮定は，マッチング法によって平均処置効果を推定するうえで重要な仮定となっています。

CHECK POINT 39

- [ ] マッチング法とは，施策を受けた人と似てはいるが，施策を受けていない人を探してきて比べることによって政策の効果を調べる方法です。

傾向スコア・マッチング

　さて，実際にマッチングをやろうとすると，処置群の人と複数の属性が同じ人を探してくる必要があり，そのようなマッチングはすぐに難しくなります。たとえば，同じ性別と年齢の人を探してくるのは比較的簡単かもしれませんが，「性別と年齢と学歴と所得と両親の学歴と家族構成と……が同じ人」を探してこようとすると，そう簡単には見つからないかもしれません。そのときに便利な方法が**傾向スコア・マッチング**です。

　傾向スコアとは，観測できる属性から予測される，施策（処置）を受ける確率のことです。たとえば，職業訓練プログラムへの参加資格は，年齢や学歴のほかにも，それまでの職歴や家族構成といった属性を考慮して決まるとします。また，これらの属性がまったく同じ人々の中でも，訓練プログラムに参加する人としない人がいます。これらの属性からプログラムへの参加確率を推定したものが傾向スコアになります。傾向スコア・マッチングは，同程度の参加確率で実際にプログラムに参加した人と参加していない人を比較する方法です。別の言い方をすると，たとえそれぞれの属性に違いがあるとしても，施策を受ける確率が同程度であれば「（ほぼ）同じ人」と見なすやり方です。複数の属性でマッチさせるよりも，処置を受ける確率という1つの数字でマッチさせることができるので，マッチングの作業が格段に楽になります。

　具体的には，まず施策を受ける確率を推定して，処置群のそれぞれの人について，その確率の予測値が近いけれども処置を受けていない人を探してきてマッチさせます。処置を受ける確率，つまり傾向スコアは，処置を受けたことを表すダミー変数を共変量に回帰する重回帰モデル（線形確率モデル）を推定し，そのダミー変数の予測値を計算することによって得られます。また，プロビットやロジットといった非線形確率モデルを推定することによっても得られます。こうして得られた，処置を受ける確率の予測値が近い人を対照群から探してマッチさせます。

例 10.1：傾向スコア・マッチング

　大学を卒業することは，どの程度年収を引き上げるのでしょうか。もともと能力が高く，年収も高くなる傾向のある人たちが大学を卒業しているのであれば，それは大学に行くことによって年収が高くなっているのではないので，大学の効果とは言えません（これは第9章で見た自己選択バイアスの問題です）。そこで，大学を卒業する「確率」が近い人たちを集めてきて，大学に実際に通った人とそうでない人の年収を比べることで大学の効果を見てみましょう。

　大学進学への決定要因として，家庭環境は大きく影響を与えると考えられます。そのような要因として，父親の学歴や兄弟姉妹数が考えられます。そこで，本書のウェブサポートページにあるデータセット「10_1_income.csv」に収録されている4371人分のデータを使って，まず大学卒業の「確率」を求めてみましょう。大学を卒業していれば1，そうでなければ0の値をとるダミー変数（cograd）を，父親が大学に進学していれば1となるダミー変数（pacograd）と兄弟姉妹数（sibs）に回帰する線形確率モデル

$$cograd_i = \beta_0 + \beta_1 pacograd_i + \beta_2 sibs_i + U_i$$

を推定すると，次のような結果になります。

```
. regress cograd pacograd sibs

      Source |       SS           df       MS      Number of obs   =      4371
-------------+----------------------------------   F(  2,  4368)   =     53.87
       Model |  22.6242991         2  11.3121495   Prob > F        =    0.0000
    Residual |  917.230196      4368  .209988598   R-squared       =    0.0241
-------------+----------------------------------   Adj R-squared   =    0.0236
       Total |  939.854496      4370  .215069679   Root MSE        =    .45825

------------------------------------------------------------------------------
      cograd |      Coef.   Std. Err.      t    P>|t|     [95% Conf. Interval]
-------------+----------------------------------------------------------------
    pacograd |   .1305209   .014272     9.15   0.000     .1025405    .1585013
        sibs |  -.0421442   .0083107   -5.07   0.000    -.0584375   -.025851
       _cons |   .3234553   .0147169    21.98  0.000     .2946026    .352308
------------------------------------------------------------------------------
```

　この推定結果を使って，4371人それぞれに対して，大学卒業ダミー変数の予測値，つまり大学卒業確率

CHART 図 10.1 傾向スコアのヒストグラム

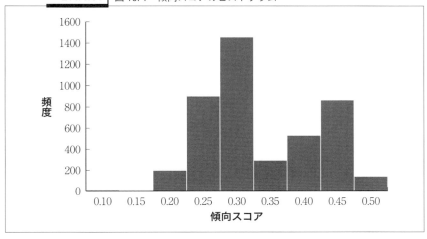

$$\widehat{cograd}_i = 0.323 + 0.131 \times pacograd_i - 0.042 \times sibs_i$$

を計算すると，これが傾向スコアになります（Stataでは上の回帰モデルの推定を行った直後に「predict score」とすれば「score」という変数名の傾向スコアを自動的に計算してくれます）。

この傾向スコアがどのように分布しているのかを見るために，ヒストグラムを書くと図10.1のようになります（Stataでは，「histgram score」とするとヒストグラムを自動的に作成してくれます。Excelでは，「データ分析」の中の「分析ツール」を使ってヒストグラムを作成できます）。

そこで，傾向スコアが「0以上0.24未満」，「0.24以上0.29未満」，「0.29以上0.4未満」，「0.4以上1以下」の4つのグループに分けて，それぞれのグループにおいて，共有サポートの仮定，つまりそれぞれのグループに大学卒業者とそれ以外の両方の人々が含まれているかどうかを調べてみます。それぞれのグループでどれだけの割合の人が大卒であるかを調べると次のようになります。

```
. summarize cograd if score<.24

    Variable |        Obs        Mean    Std. Dev.       Min        Max
-------------+--------------------------------------------------------
      cograd |       1096    .2107664     .408039          0          1
```

```
. summarize cograd if score<.29 & score>.24;
    Variable |        Obs        Mean    Std. Dev.       Min        Max
-------------+--------------------------------------------------------
      cograd |       1458    .3004115    .4585942          0          1

. summarize cograd if score<.4 & score>.29;
    Variable |        Obs        Mean    Std. Dev.       Min        Max
-------------+--------------------------------------------------------
      cograd |        818    .3545232    .4786613          0          1

. summarize cograd if score>.4;
    Variable |        Obs        Mean    Std. Dev.       Min        Max
-------------+--------------------------------------------------------
      cograd |        999    .4094094    .4919712          0          1
```

傾向スコアが「0以上0.24未満」のグループでは，21%の人が大卒で79%の人がそれ以外なので，共有サポートの仮定が満たされていることがわかります。同様に，傾向スコアが「0.24以上0.29未満」のグループでは30%の人が大卒で70%の人がそれ以外，傾向スコアが「0.29以上0.4未満」のグループでは35%が大卒で65%の人がそれ以外，傾向スコアが「0.4以上1以下」のグループでは41%が大卒で59%の人がそれ以外となっているので，すべてのグループで共有サポートの仮定が満たされていることが確認できます。

最後に，それぞれのグループにおいて大卒者とそうでない人々の対数をとった年収（lincome）の平均値を計算して比較しましょう（これは大卒プレミアムとよばれるものの1つで，大卒者とそれ以外の人々の平均的な年収の%差です）。

```
. summarize lincome if score<.24 & cograd==1

    Variable |        Obs        Mean    Std. Dev.       Min        Max
-------------+--------------------------------------------------------
     lincome |        231    5.767925    .5753303   2.525729   6.907755

. summarize lincome if score<.24 & cograd==0;
    Variable |        Obs        Mean    Std. Dev.       Min        Max
-------------+--------------------------------------------------------
     lincome |        865    5.141145    .8655364   1.832582   7.226209

. summarize lincome if (score<.29 & score>.24) & cograd==1;
    Variable |        Obs        Mean    Std. Dev.       Min        Max
-------------+--------------------------------------------------------
     lincome |        438    5.806065    .5700712   3.218876   7.296413

. summarize lincome if (score<.29 & score>.24) & cograd==0;
    Variable |        Obs        Mean    Std. Dev.       Min        Max
-------------+--------------------------------------------------------
     lincome |       1020    5.252566    .778031    1.832582   7.226209
```

CHART 表10.1 各グループの対数年収と大卒プレミアム

傾向スコア	大卒の対数年収	それ以外の対数年収	大卒プレミアム
0以上0.24未満	5.767925	5.141145	0.626780
0.24以上0.29未満	5.806065	5.252566	0.553499
0.29以上0.4未満	5.587648	5.079889	0.507759
0.4以上1以下	5.716905	4.913843	0.803062

```
. summarize lincome if (score<.4 & score>.29) & cograd==1;
    Variable |        Obs        Mean    Std. Dev.       Min        Max
-------------+--------------------------------------------------------
     lincome |        290    5.587648    .8269244    1.832582   6.907755

. summarize lincome if (score<.4 & score>.29) & cograd==0;
    Variable |        Obs        Mean    Std. Dev.       Min        Max
-------------+--------------------------------------------------------
     lincome |        528    5.079889    .8320292    1.832582   7.047517

. summarize lincome if score>.4 & cograd==1;
    Variable |        Obs        Mean    Std. Dev.       Min        Max
-------------+--------------------------------------------------------
     lincome |        409    5.716905    .6319051    1.832582   7.130899

. summarize lincome if score>.4 & cograd==0;
    Variable |        Obs        Mean    Std. Dev.       Min        Max
-------------+--------------------------------------------------------
     lincome |        590    4.913843    .9963304    1.832582   7.025538
```

これらの結果から、それぞれのグループにおける対数年収の差を計算すると、**表10.1**のようになります。大学卒業確率の近い人たちを比べても大学卒業による年収上昇効果が見られることがわかります。

便利な傾向スコア・マッチング

この傾向スコア・マッチングの便利なところは、(観測できる属性C_iを使ったマッチングによって政策効果を見ることができるために満たされている必要がある)「条件付き独立の仮定」が満たされているのであれば、C_iに基づいて計算された傾向スコアで条件付けしても、政策変数と誤差項の独立性が成り立つという点です。つまり、もともとの属性C_iで条件付けると政策変数と潜在的成果変数の独立性が満たされているのであれば、それ以上の仮定を必要とすることなく、傾向スコアでのマッチングを行うことができるので、マッチングの作業を

格段に簡単にしてくれます。なお，マッチングの方法は先に見たようにさまざまありますので，実際に分析する際には，いろいろなマッチング法を試すことをおすすめします。

例10.2：職業訓練プログラムがその後の賃金に与える効果の評価

実際に傾向スコア・マッチング法を用いて観察データから真の政策効果に迫ることができるかを実証した，デヘジアとワーバの研究を紹介しましょう（Rajeev H. Dehejia and Sadek Wahba "Causal Effects in Nonexperimental Studies: Reevaluating the Evaluation of Training Programs," *Journal of the American Statistical Association*, 94(448): 1053-1062, 1999. もう少し詳しい説明と関連文献については，先ほども紹介したアングリストとピスケの『「ほとんど無害な」計量経済学』の第3章を参照してください）。

1970年代半ばのアメリカにおいて，就業支援事業（National Supported Work）が行われました。この事業は就業に困難を抱える人々に6か月から18か月の間，職業訓練を受けさせることによって就業を支援しようというものでした。この事業の優れている点は，事業の効果を事後的に評価するために，支援事業を受ける人々（処置群）と受けない人々（対照群）をあらかじめ選んでおくという無作為化実験を行った点にあります。より具体的には，いままでの職歴や賃金の履歴，年齢や学歴，人種や婚姻状態などを参考にして，同じような背景を持つ人々のグループを作りました。そして，そこから職業支援プログラムを受ける人々を無作為に選んで，支援を受けた人々と受けなかった人々のその後の就業確率や賃金を比較するという方法をとりました。

この事業ではその効果を評価するために無作為化実験を行っていますので，処置群と対照群の賃金を比較すれば支援事業の効果はわかるようになっています。そこで，デヘジアとワーバは，傾向スコア・マッチング法を非実験的データに使うことによって，どこまで（実験によってあらかじめわかっている）本当の効果に近づくことができるのかを検討しました。

まずこの分析において施策を受けた「処置群」は職業訓練を受けた人々全員となります。無作為化実験におけるデータに含まれている，施策を受けなかった人々のことを「実験対照群」とよぶとすると，処置群と実験対照群の2つのグループの平均賃金の差を見れば，職業訓練の（平均的な）効果を知ることが

CHART 表 10.2 デヘジアとワーバ（1999）における処置群と対照群の年収差（ドル）

	実験データ	CPS	傾向スコア・マッチング
単純差	1794	−8498	1582
共変量あり	1672	972	1616

（出所）Rajeev H. Dehejia and Sadek Wahba (1999) "Causal Effects in Nonexperimental Studies: Reevaluating the Evaluation of Training Programs," *Journal of the American Statistical Association*, 94 (448): 1053-1062, より作成。

できることになっています。実際に単純な差を計算すると処置群のほうが対照群に比べて年収が 1794 ドル高くなっていました。もちろん処置群と実験対照群それぞれの中にもさまざまな（年齢や学歴，人種といった）人口学的要因の異なる人々が含まれているのですが，それを考慮したとしても平均年収の差は 1672 ドルと単純な差とあまり変わりませんので，無作為化実験はうまく行われたことが確認できます。

さて，ここで仮に（ほぼすべての政策評価におけるように）実験対照群がなかったとすると，どのようにして就業支援プログラムの効果を評価できるのでしょうか。職業訓練の効果を評価するためには，職業訓練を受けた人々と，職業訓練を受けなかった人々の両方のデータがどうしても必要です。処置群のデータはすでにあるわけですから，職業訓練を受けなかった人々のデータを別の情報源から探してくる必要があります。デヘジアとワーバは「人口動態調査（Current Population Survey）」という別の大規模な個票調査に含まれている人々を，職業訓練を受けていない人々として使うことにしました。

しかしながら，人口動態調査に含まれる人々をそのまま対照群として使うことには問題があります。処置群に含まれている職業訓練を受けた人々は，もともと就業に困難を抱えていた人々だったので，訓練を受ける前の賃金や学歴を比べると処置群のほうが対照群よりも低くなっています。その結果，たとえ職業訓練には賃金を高める効果があったとしても，処置群と対照群の平均賃金を単純に比較した場合には，処置群のほうが賃金は低くなってしまいます。実際に平均年収を単純に比較すると，処置群のほうが労働力調査に含まれている人々の平均年収よりも 8498 ドル低くなっています。

そこで，人口学的要因と職業訓練が行われる前の年収の情報を使って，職業訓練を受ける確率，すなわち傾向スコアをすべての人々について推定し，その

傾向スコアが近い人々どうしを比較するという傾向スコア・マッチングによってその効果を評価してみました。すると，処置群と傾向スコア・マッチングによって作った「準実験対照群」との間の平均的な年収の差は1582ドルで，処置群のほうが高いという結果になりました。実験対照群を使った結果である1794ドルの効果に比べると値自体は小さくはなっていますが，単純比較では−8498ドルであった"効果"が傾向スコア・マッチングで注意深く選んだ対照群との比較では真の効果に近い値を得ることができており，傾向スコア・マッチングによって真の効果に大きく近づくことができていることを確認できます。

最後に，人口学的要因と訓練を受ける前の年収を共変量とする重回帰モデルを推定した結果を見ておきましょう。実は単純にこれらの共変量を含めるだけでも職業訓練の効果は972ドルと正の値になります。真の効果は1700ドル程度ですので，それに比べると効果は過小に推定されていますが，−8498ドルの差から見るとこちらも真の値に大きく近づいているということができるでしょう。傾向スコア・マッチングは注意深く対照群を選ぶ方法ですが，共変量を使って外的条件を制御するという重回帰モデルで行っていることと基本的には同じアプローチであることが，この例からもうかがえます。

以上，傾向スコア・マッチングを職業訓練プログラムの効果測定の例を使って見てきました。この例では，実験で得られた真の効果に近い効果を傾向スコア・マッチングで計測することができることがわかりました。このことから，マッチング法は無作為化実験ができないような場合に政策効果を計測する方法としては重回帰分析と同様に有益な方法であるといえるでしょう。

CHECK POINT 40

☐ 施策を受ける確率である傾向スコアを使うと，マッチングを簡単にしながら政策効果を調べることができます。

EXERCISE ●練習問題

◎確認問題

10-1 6人の修学年数と，15歳のときに母親が就業していたかどうかを調べたところ，次のようになりました。

子どもの修学年数	母親の就業	母親就業の傾向スコア
10	1	0.7
9	0	0.7
12	1	0.5
10	0	0.5
16	0	0.2
18	0	0.2

母親の就業は子どもの修学年数にどのような影響を与えているのでしょうか。

(1) 母親が就業していた人々の平均修学年数と母親が就業していなかった人々のそれとを比較してみましょう。どちらのグループの平均修学年数が高くなっていますか。

(2) 15歳時点での暮らし向きや家計所得といった家庭環境に関する変数を使って母親が就業する傾向スコアを推定すると，表の3列目のようになりました。傾向スコアが同じ人々の修学年数を比較してみましょう。母親の就業は子どもの修学年数にどのような影響を与えていると言えるでしょうか。

◎実証分析問題

10-A 母親の就業が既婚の娘の就業選択に与える影響を調べましょう。本書のウェブサポートページにあるデータセット「10_2_work.csv」には既婚女性1132人のデータが収録されています。このデータセットには現在就業していれば1，そうでなければ0となる就業ダミー変数（work）をはじめ，15歳のときに母親が就業していたら1，そうでなければ0となる母親就業ダミー変数（mowork15），両親の学歴（mocograd および pacograd），および15歳時点の暮らし向き（life15）や学業成績（academic15），家庭の蔵書数（books15）が含まれています。

(1) 母親就業ダミー変数（mowork15）を両親の学歴（mocograd および pacograd），15歳時点の暮らし向き（life15），学業成績（academic15），家庭の蔵書数（books15）に回帰する線形確率モデルを推定し，その予

測値（母親が就業していた傾向スコア（score））を計算しましょう。
(2) 傾向スコアが（0, 0.65），（0.65, 0.7），（0.7, 0.74），（0.74, 0.78），（0.78, 0.82），（0.82, 1）のいずれかとなる標本からなる6つのグループを作り，それぞれのグループに対して，母親が就業していた人々とそうでない人々の現在の就業者割合を計算して，比較してみましょう。母親の就業は，既婚の娘の就業選択に影響を与えていますか。
(3) 現在の就業ダミー変数（work）を母親の就業ダミー変数（mowork15）と傾向スコア（score）に回帰して，母親就業ダミー変数の係数パラメターを推定してみましょう。傾向スコアを含めない場合の結果と比較して，どのような違いが見られますか。

CHAPTER

第 11 章

回帰不連続デザイン

「事件」の前後を比較する

INTRODUCTION

政策効果を測るためには，外的条件の制御が大切です。世の中のいろいろな政策や制度を注意深く見てみると，ほとんど同じような条件の人たちだけれども，ほんのちょっとの違いのために，一方の人たちは政策の影響を受け，他方の人たちは政策の影響を受けない状況があります。このようにほとんど同じ人たちの中に処置群と対照群を分ける「断絶」があるときには，政策効果をうまく計測することができます。本章ではその方法について理解することをめざします。

1 「制度」の特徴を利用する

　制度の特徴を注意して見ると，ほとんど同じ状況におかれてはいるけれども，制度の特徴や変更によってまったく異なる処置を受けている人たちを探すことができる場合があります。たとえば，小学校教育の内容を規定する学習指導要領が 2008 年に改訂され，2011 年度からいわゆる「脱ゆとり教育」が始まりましたが，2010 年に小学校 1 年生になった生徒と 2011 年に小学校 1 年生になった生徒とでは 1 年時に受ける教育の内容が異なります。2010 年と 2011 年では時代背景や社会環境は大きく異ならないのであれば，1 年時のゆとり教育の効果はこの 2 つのグループの成果を比較すればわかるはずです。このほかにも消費税が 2014 年の 4 月に 5％ から 8％ に上がりましたが，その家計消費への影響を調べる際にも 2014 年の 3 月と 4 月を比較してみることができます。このように，制度の変更を利用してその制度変更（政策）の効果を測るときには**回帰不連続デザイン**（RDD）とよばれる方法を使うことができる場合があります。

　回帰不連続デザインを使って政策の効果を調べる方法を理解するために，ここではクラスサイズとテストの点数の例を見ていきましょう。教育政策を議論するときに真っ先に掲げられる政策の 1 つとして，少人数クラスの導入があります。基本的な考え方は，1 クラス当たりの生徒数が少なくなれば，それぞれの生徒をより手厚く指導することができるので，学力をはじめとするいろいろな成果が向上するというものです。

『日本経済新聞』2014 年 10 月 23 日付

この少人数クラスの導入は，学校教育において最も多くの費用を占めている人件費に直接影響を与えます。1クラス当たりの生徒数を減らすためには，新たに先生を配置する必要があり，それが人件費を大きくすることになります。この教育予算に直結する少人数クラス政策の効果をしっかりと測ることは，予算要求の説得力を高めるうえでも，また行政の説明責任という面からもとても重要なことといえます。

　1クラス当たりの生徒数とテストの点数の関係を調べる方法として，まず思いつくものは，テストの点数を被説明変数，1クラス当たりの生徒数を説明（政策）変数とする重回帰モデルの傾きパラメターを推定するというものがあります。もちろん，テストの点数に影響を与える外的条件がしっかりと制御されていれば，1クラス当たりの生徒数の係数は少人数クラス導入の政策効果として解釈することができます。しかしながら，（多くの観察データを使った分析においてみられるように）外的条件が制御されていないと，この傾きパラメターの推定値を少人数クラス導入の効果と見なすことはできません。

　この点についてもう少し詳しく見てみましょう。最も極端な例として，1クラス当たりの生徒数のみを説明変数とする単回帰モデルを使って，少人数クラスの効果を測ることを考えます。Y_i を生徒 i のテストの点数，X_i を生徒 i のクラスの生徒数とすると，推定する単回帰モデルは

$$Y_i = \beta_0 + \beta_1 X_i + U_i$$

となります。もし少人数クラスに学力を高める効果があるのであれば，予想される傾きパラメター β_1 の符号は負になります。

　ところが，この式を推定してみたところ，傾きパラメターの推定値の符号は予想に反して正の値になったとします。実際に，生徒個人のテストの点数をその生徒のクラスの生徒数に回帰すると，多くの分析において傾きパラメターの推定値が正の値になることが知られています。いったい何が起こっているのでしょうか。もしかすると，1クラス当たりの生徒数が多いほど，学力が高まるというのが真実なのでしょうか。

CHECK POINT 41

□ 制度の変化や施策の前と後に注目すると，施策の前を対照群，施策の後を処置群と見なすことができる場合があり，この処置群と対照群を比較することで政策の効果を調べることができます。

例 11.1：制度を利用した実証研究の例

　この点を詳細に調べた研究として，アングリストとレヴィの 1999 年の論文 (Joshua D. Angrist and Victor Lavy "Using Maimonides' Rule to Estimate the Effect of Class Size on Scholastic Achievement," *Quarterly Journal of Economics*, 114 (2) : 533-575, 1999) があります。彼らはイスラエルの公立小学校の生徒の算数のテストの点数とクラスサイズの関係を調べました。彼らもまずは上で見たように，単にテストの点数をクラスサイズに回帰することから始めました。**表 11.1** の列 (1) は，イスラエルの公立小学校の 5 年生について，算数のテストのクラス平均点をそのクラスの人数に回帰した結果です。最小 2 乗法によるクラスサイズの傾きパラメターの推定値は 0.322 と，やはり正の値になっていました。

　1 クラス当たりの生徒数の係数パラメターの推定値が正の値になった理由として，いくつか思い当たることがあります。まず，1 クラス当たりの生徒数は，都市部の小学校のほうが地方の小学校に比べて大きくなる傾向があります。1 つの学区に住んでいる小学生の数は，都市部の方が地方部に比べて多く，その結果，1 クラス当たりの生徒数も多くなります。そこで都市部のほうが地方部に比べて学校外の教育サービスが充実していたり，都市部に住んでいる子どもの親のほうが社会経済的に恵まれていたりといった理由で都市部の生徒の学力が高くなっているということがあれば，1 クラス当たりの生徒数とテストの点数の間には正の「(見せかけの) 相関」があっても不思議ではありません。また，地域間の差以外にも，もし評判の良い学校は近隣の生徒を惹き付ける傾向があるのであれば，良い学校ほど生徒数が多くなり，その結果 1 クラス当たりの生徒数も多くなってしまいます。この場合，「良い学校」という外的条件がテストの点数と 1 クラス当たりの生徒数との間の正の「見せかけの相関」を生み出すことになるのです。

　ここでの最小 2 乗法による推定の問題点は，いままで見てきたものと同じで，

CHART 表11.1　クラスサイズがテストの点に与える効果（小学5年生，算数）

	全標本					分断点周辺±5人のデータのみ	
	最小2乗法			操作変数法			
	(1)	(2)	(3)	(4)	(5)	(6)	(7)
クラスサイズ	0.322	0.076	0.019	−0.013	−0.230	−0.185	−0.443
	(0.039)	(0.036)	(0.044)	(0.056)	(0.092)	(0.151)	(0.236)
貧困世帯比率		−0.340	−0.332	−0.355	−0.350	−0.459	−0.435
		(0.018)	(0.018)	(0.019)	(0.019)	(0.049)	(0.049)
学年生徒数			0.017		0.041		0.079
			(0.009)		(0.012)		(0.036)
標本サイズ（クラス数）	2018	2018	2018	2018	2018	471	471

(注)　（　）内数字は，同一学校内でのクラス間の相関を考慮した標準誤差。
(出所)　Angrist and Lavy (1999) TABLE II, IVより作成。

「外的条件が制御されていない」ということです。もちろん，家庭環境や学校外の教育サービスの利用可能性，さらには「良い学校」という外的条件を制御することができれば，重回帰モデルを推定することでも少人数クラス導入の因果効果に近づくことはできます。しかし，外的条件についての情報が利用できないときには，クラスサイズを決める「制度」の特徴をうまく使って，少人数クラスの導入効果を調べることができます。

イスラエルの公立小学校では（日本の小学校と同じように）1クラスの生徒数の上限は40人と，宗教的な決まりである「Maimonides' Rule」（マイモニデス・ルール）により決められています。たとえば，もし1学年の生徒数が40人以下であれば，全員が1つのクラスで授業を受けることになりますが，1学年の生徒数が40人を1人でも上回ると，クラスの数を増やさなければなりません。つまり，1学年に40人しかいない場合には1クラスしかないので，クラスサイズは40人になりますが，1学年に41人いる場合には2クラスが編成されることになるので，21人と20人という小さいサイズの2クラスが編成されます。1学年当たりの生徒数が40人の学校と41人の学校では，上で見たようなテストの点数に影響を与える外的条件がほとんど同じだと考えることができるのであれば，この2つの学校は「外的条件はほぼ同じであるが，クラスサイズだけが偶然異なっている学校」と見ることもできます。そこで，このような学校どうしのテストの点数を比較すれば，クラスサイズがテストの点数に与える因果

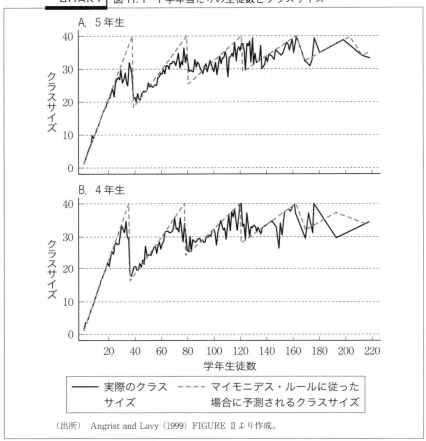

図11.1 1学年当たりの生徒数とクラスサイズ

（出所）Angrist and Lavy (1999) FIGURE II より作成。

効果を調べることができるということになります。

　このような「断絶」が起きているかどうかを確認する最も有効な方法は，グラフを描いて全体の分布を視覚的にチェックすることです。図11.1には実際の生徒数と，制度上予想される1クラス当たりの生徒数が描かれています。いくつかの例外はあるものの，多くの観測値において学年生徒数が40人の倍数のところでクラスサイズが不連続的に変化していることが確認できます。この40人の倍数が分断点になっているので，1学年当たりの生徒数が各分断点の前後になっている学校を比べれば，おおよその外的条件を制御したうえで少人数クラス導入の効果を見ることができます。

シャープかファジーか

　制度によって政策変数が「不連続的に」変化することに注目して，政策効果を調べる方法が「回帰不連続デザイン」です。もし40人を上回ると確実にクラスサイズが小さくなるといったように，分断点の前後で確実に政策変数が不連続的に変化する場合は，**シャープな回帰不連続**とよばれます。「シャープな回帰不連続」の場合には，分断点の前後で成果変数の平均を比較します。

　少人数クラスの効果を見る際に，1クラス当たりの生徒数の上限という制度をうまく使ったアングリストとレヴィの研究において，回帰不連続は実は「シャープ」にはなっていません（**図11.1**を参照）。というのも，学年のはじめには1学年に40人以下の生徒しかいなくても，年度の途中に生徒が転入して，算数のテストを実施したときには生徒数が40人を超えていたという学校もあります。このような場合には，1学年当たりの生徒数が40人以下と41人以上の学校を比較すると，41人以上の生徒がいる学校ではクラスサイズが小さくなる傾向はありますが，実際のクラスサイズが必ず小さくなるとは限らないことになります。しかしながら，クラスサイズが小さくなる確率は，学年生徒数が41人の学校のほうが，学年生徒数が40人以下の学校よりは（不連続に）大きくなるとも言えます。このように分断点の前後で政策変数が変わる「確率」が不連続な場合は，**ファジーな回帰不連続**とよばれます。

　回帰不連続が「ファジー」な場合も，シャープな回帰不連続のときと同じように分断点の前後で比較するという考え方は同じです。ただし，小さなクラスサイズになる確率が不連続になっている点に着目し，その確率が変わる前後での比較からクラスサイズの効果を測ることになります。具体的には，成果変数の平均の差を確率の差で割ったものがファジーな場合の少人数クラスの効果に対応しています（詳しくは『「ほとんど無害な」計量経済学』の第6章を参照してください）。

　上で見た回帰不連続デザイン法は，政策の効果を測る際に政策変数（または政策変数が変化する確率）が不連続に変化する前後の標本の平均値を比較するという，単純な考え方に基づく方法です。実は，シャープな回帰不連続で調べようとしている効果は，重回帰モデルを推定することによっても測ることができます。たとえば，C_iを1学年当たりの生徒数とし，X_iは少人数クラスであれ

ば 1, そうでなければ 0 となるダミー変数とすると, 重回帰モデル

$$Y_i = \beta_0 + \beta_1 X_i + \beta_2 C_i + U_i$$

の β_1 は「少人数クラス導入の効果」と見ることができます。また, さらに回帰不連続がファジーな場合には, 同じ重回帰モデルを「$X_i = 1$ となる確率」に影響を与える操作変数を使った 2 段階最小 2 乗法で推定すれば, 少人数クラスの効果を測ることもできます。

アングリストとレヴィの研究においては, X_i を「1 クラス当たりの (実際の) 生徒数」とし, X_i を内生変数, 制度から予測されるクラスサイズ Z_i を操作変数とする 2 段階最小 2 乗法を使ってクラスサイズの効果を測っています。実は, 「ファジーな回帰不連続」の場合には, 操作変数法によってクラスサイズの効果を調べることができ, 一定の条件のもとでは, 成果変数の平均の差を確率の差で割って求める効果に近い推定値を得ることができます。

例 11.2：操作変数法での推定

表 11.1 (257 ページ) の列 (4) と (5) には, 操作変数法によるクラスサイズの係数パラメーターの推定値が収録されています。これによると, 操作変数法によって推定された実際のクラスサイズの係数パラメーターの値は負になっています。さらに, 学年生徒数を共変量として含めた場合には, クラスの人数が 1 人少なくなると, 平均点が 0.23 点高くなるという, 統計的にも有意な効果が検出されていることがわかります。

また, 列 (6) と (7) には, 分断点の前後 5 人までの学年生徒数をもつ学校に絞って, 同様の操作変数法によりクラスサイズの効果を調べた結果が収録されています。これらの結果によると, やはりクラスサイズの係数パラメーターの推定値は負の値になっています。特に学年生徒数までも共変量として用いた列 (7) では, クラスサイズの係数は -0.443 となっていて, 列 (5) に収録された全標本を使ったときの係数の推定値のおよそ 2 倍の値になっています。これは, 分断点前後の観測値に絞って分析をした結果, 小人数クラスの効果がより正確に推定された可能性を示唆しています。

2 ま と め

　以上，回帰不連続デザインによる政策効果の調べ方を見てきました。この分析方法では，その制度の「ジャンプ」する所にいる人々への効果という意味で，局所的な効果を調べることはできるのですが，その効果が分断点から離れた場合にも応用できるかは慎重に判断する必要があるという注意点があります。しかし，外的条件を観測可能な変数で制御することが難しい場合には，この制度によって作られた「不連続」を自然実験のように活用して，政策の効果を測ることができるという意味で，回帰不連続デザイン法は役に立つ方法であると言えるでしょう。

CHECK POINT 42

- □ 制度上，大きな変化がある点に注目すると，ほぼ同じような外的条件を持っているにもかかわらず，まったく異なる制度や政策の影響を受けているグループを見つけることができる場合があります。この場合には，分断点の前後を比較することで，政策の影響を分析できます。
- □ シャープな回帰不連続の場合は，分断点の前後で平均を単純に比較できます。ファジーな回帰不連続の場合は，成果変数の平均の分断点の前後での差をジャンプの確率の差で割ったものが政策効果となりますが，操作変数法によってもその効果を分析できます。

EXERCISE ●練習問題

◎**実証分析問題**

　マサチューセッツ工科大学（MIT）の経済学部のアングリスト（Joshua Angrist）教授のウェブサイト（http://economics.mit.edu/faculty/angrist）で，「Data and Programs」→「Angrist Data Archive」と進んでいったページには，ここで紹介した Angrist and Levy（1999）で用いられたデータ（Stata 用）と，論文中にある表を作成するのに使われた Stata のプロ

グラムファイル（do ファイル）が掲載されています（do ファイルの使い方については，ソフトウェアの参考書として紹介しているものや本書のウェブサポートページを参照してください）。

以下のウェブサイトからは，次の Stata 用ファイルがダウンロードできます。論文も同じウェブサイトからダウンロードできます。

http://economics.mit.edu/faculty/angrist/data1/data/anglavy99

do ファイル：「AngristLavy_Table2.do」「AngristLavy_Table3.do」「AngristLavy_Table4.do」「AngristLavy_Table5.do」「mmoulton_post.do」

dta ファイル：「final4.dta」「final5.dta」

まずはこれらのデータとプログラム・ファイルをダウンロードして，1 つのフォルダ（たとえば，デスクトップに「angristlavy」というフォルダを作っておきましょう）に保存しましょう。

ここでは，論文中の表2（Table II）の結果を再現する方法を紹介します（ほかの表も同じ方法で再現できます）。

(1) Stata を起動して，「File」→「Change Working Directory…」を選ぶと，「フォルダの参照」ウィンドウが開くので，ファイルを保存したフォルダ（たとえば，「デスクトップ」→「angristlavy」）を選びます。

(2) Stata の「Window」→「Do-file Editor」→「New Do-file Editor」を選ぶと，do ファイルを編集するウィンドウが開きます。この新しく開いたウィンドウの「File」→「Open」とすると「開く」ウィンドウが開きますので，ファイルを保存したフォルダ（たとえば，「デスクトップ」→「angristlavy」）を選び，「AngristLavy_Table2」を選択して「開く」をクリックします。すると，AngristLavy_Table2.do の内容が do ファイルを編集するウィンドウに表示されます。

(3) 2 行目の「log using…」の前に「*」を追加して，「*log using…」とします（こうすることで，2 行目のコマンドは実行されなくなります）。同様に，14 行目の「cd"Z:…」，17 行目の「do"Z:¥…」，100 行目の「log close」も「*cd"Z:…」，「*do"Z:¥…」，「*log close」とします。

(4) 18 行目に「do mmoulton_post」と書きます（ここでは，仮に同じ学校のクラス間での誤差項が互いに相関していたとしても，正しい（頑健な）標準誤差を計算できるようにするためのプログラムを実行していま

　　　　す）。
（5）　doファイルを編集するウィンドウの「Tools」→「Execute（do）」を
　　　選ぶと，表2のすべての推定結果が表示されます。

ほかの表の結果も同様に再現できますので，ぜひチャレンジしてみてください。

おわりに

本書で学んだこと

　本書では政策効果の評価をはじめ，さまざまな実証分析の基礎となる統計学的手法と計量経済学的手法について学んできました。まず第1部では，方法論的な基礎となる確率・統計の基礎をおさらいしました。情報の宝庫であるデータの整理方法や，データの特徴を表す指標として平均や分散，共分散といった代表値を紹介しました（第2章）。次に，データを生み出すメカニズムである母集団分布について紹介し，データを母集団分布に従う確率変数の実現値と見るうえで必要な「確率」の考え方を学びました（第3章）。続いて，データから母集団分布の形を推測する統計的推論について学び，標本平均や標本分散の性質と，仮説検定の考え方について学びました（第4章）。

　第2部では，因果関係を分析するための基本的なツールとして回帰モデルを紹介しました。まず回帰モデルの中で最もシンプルな単回帰モデルを使って，回帰パラメターの推定方法としての最小2乗法を紹介し，最小2乗法の性質と，回帰モデルを使ってうまく原因と結果を推測するための条件について学びました（第5章）。次に，単回帰モデルでは外的条件の制御ができない場合の対処法として，共変量を追加した重回帰モデルを紹介し，その最小2乗法による推定方法とt検定やF検定といった回帰分析後の検定について学びました（第6章）。さらに，より複雑な政策効果を分析するうえで知っておいたほうが便利なダミー変数の使い方や誤差項分散の性質について学びました（第7章）。

　第3部では，外的条件がうまく制御できないときに因果関係に迫るためのさまざまな分析上の工夫について，ごく簡単に紹介しました。第8章では，計量経済学における実証研究において最もよく使われる操作変数法を紹介しました。第9章では，繰り返し調査によって集められたパネル・データを紹介し，パネル・データが使えるととても良い分析ができるようになることを学びました。第10章では，外的条件を制御する別の方法として，似た人を探してきて比べるマッチング法について紹介しました。第11章では，制度の変更や政策の実施といった「事件」の直前と直後を比べることで，事件の効果を測ろうとする

回帰不連続デザインの分析例を紹介しました。

自分で分析してみよう

　本書で扱った統計学的手法および計量経済学的手法を理解し，使えるようになるための最も良い方法は，実際に自らの手でデータを分析することです。車の運転に慣れるためには車を運転してみるのが最短の近道であるのと同じように，どれだけの回帰分析を自分で「回した」かがこれらの手法をマスターするうえで鍵となります。本書を読んでいて，難しいと感じたことも，実際に分析してみると理解できたりすることもたくさんあります。自分で分析を進める中で直面する問題や疑問を解決することによって，これらの分析手法をより深く理解できるようになることは間違いありません。

　本書では，できるだけ具体的なイメージを持ちながら計量経済学の手法に慣れ親しんでもらうために，労働経済学や教育経済学に関する分析例を使いながら説明をしました。まずは本書で紹介した分析例を自分で再現できるようになることを強くおすすめします。本書では，東京大学社会科学研究所のSSJデータアーカイブ (http://csrda.iss.u-tokyo.ac.jp/) の協力により，「東大社研パネル調査」の若年調査および壮年調査にランダムなノイズを入れた擬似的な個票データを作成し，それを本書のウェブサポートページからダウンロードして分析できるようになっています。まずはこれらのデータを使って，本書に出てきた分析結果を自分でも再現できるようになってください。また，練習問題の実証分析問題の解答はウェブサポートページから入手できます。自分でトライした後に，解答を使って確認してください。

データの入手方法

　幸いなことに，日本においても近年質の高い個票データの整備が進んできました。本書で作った演習用データは，「東大社研パネル調査」という追跡パネル調査をもとにして作られています。本書のウェブサポートページで公開しているデータには，もともとのデータにランダムなノイズを入れているので，分析の結果はある程度現実の傾向をつかんではいますが，必ずしもこれが元データを使った分析と同じになっているわけではありません。しかし，教員の指導を受けた大学院生や，卒業論文の執筆や大学外での論文コンテストなどへの応

募といった特定の研究目的での利用を考えている学部生であれば，SSJ データアーカイブのウェブサイトから利用申請すれば，元データを使うことができます。本書で出てきた分析に興味を持ち，研究してみたいと思ったならば，元データを入手して，ぜひ「本当のこと」を確認してみてください。

また，東京大学社会科学研究所の SSJ データアーカイブには，東大社研パネル調査をはじめとして，非常に多くの調査データが集められていて，その多くのデータが利用申請することで研究に使うことができるようになっています。アーカイブにどのようなデータが含まれているのかを眺めてみて，興味のあるものを見つけたら，ぜひ分析してみてください。

また，国勢調査や就業構造基本調査，家計調査といった日本政府の統計調査の質の高さは，世界的にも有名です。政府統計の個票データをそのまま使うのは難しいですが，ある程度集計されたデータは「政府統計の総合窓口 e-stat」(https://www.e-stat.go.jp/SG1/estat/eStatTopPortal.do) から入手できます。どのような調査が行われているのかを知るためにも，ぜひ一度このサイトを訪れてみてください。

このほかにもさまざまなデータの入手方法がありますが，そのいくつかについては本書のウェブサポートページで紹介していく予定です。

ソフトウェアの紹介

本書での分析には，Stata という統計ソフトを使いました。Stata の使い方については，まずは Google などを使って，「stata 入門」などと検索をしてみてください。すると，Stata の使い方を紹介した日本語の文書や資料をダウンロードできるページがたくさん出てきます。また，Stata 入門の日本語の教科書としては，

- 松浦寿幸『Stata によるデータ分析入門――経済分析の基礎からパネル・データ分析まで（第 2 版）』東京図書，2015 年
- 筒井淳也・平井裕久・水落正明・秋吉美都・坂本和靖・福田亘孝『Stata で計量経済学入門（第 2 版）』ミネルヴァ書房，2011 年

を紹介しておきます。

Stata を使う環境がない場合には，フリーソフトの gretl を使うこともできます。gretl の使い方については，

- 加藤久和『gretlで計量経済分析』日本評論社，2012年

を参照してください。

　Excelを使って分析してみたいという方は，Excelにアドインとして備わっている「分析ツール」を使えば第8章の操作変数法以外の分析は実行できます。操作変数法による推定も，少々面倒ではありますがいくつかの手順をふめば実行できます。Excelの使い方については，インターネットで「excel　回帰分析」とでも検索すれば，詳しく紹介したウェブページが大量に見つかりますので，自分に合ったものを探してみてください。また，フリーの統計解析ソフトであるR（アール）についても，ウェブで検索をすればいくらでも使い方についての解説を見つけることができます。Rで分析したいのであれば，インターネット上の情報が豊富に利用できますので，ぜひ活用してください。

これからの学習のために

　必要最小限のことを説明することを目的としている本書で扱った内容は，あくまでも政策評価を理解するための第一歩にすぎません。さらに理解を深めながらこれらの手法を駆使できるようになるためには，本書の内容を超えていく必要があります。

　統計学や計量経済学についての詳細な議論は参考文献にあたっていただければ幸いです。とくに統計学的手法については，

- 大屋幸輔『コア・テキスト統計学（第2版）』新世社，2011年

が本書の内容を補ううえで大変役に立ちます。また，経済分析への応用により重点をおいた統計学の教科書として，

- 豊田利久・大谷一博・小川一夫・長谷川光・谷崎久志『基本統計学（第3版）』東洋経済新報社，2010年

があります。さらに，マッチング法をはじめとする因果推論に重点をおいたより進んだ教科書として

- 星野崇宏『調査観察データの統計科学——因果推論・選択バイアス・データ融合』岩波書店，2009年

も紹介しておきます。

　本書で学んだ計量経済学的手法を復習しながら，さらに理解を深めたいという方には，

- 浅野晢・中村二朗『計量経済学（第2版）』有斐閣，2009年
- 北村行伸『ミクロ計量経済学入門』日本評論社，2009年

を紹介しておきます。また，パネル・データを使った分析をより深く学ぶためには，

- 樋口美雄・太田清・新保一成『入門 パネルデータによる経済分析』日本評論社，2006年

を紹介しておきます。

本書で出てきた関数や微分積分，最適化問題の解き方といった数学的手法について確認するためには，経済数学の入門書である

- 尾山大輔・安田洋祐編著『改訂版 経済学で出る数学——高校数学からきちんと攻める』日本評論社，2013年

が役に立つでしょう。

実証分析

計量経済学の手法をマスターし「実証家」をめざすのであれば，やはり地道な修行あるのみです。実証分析全般についてより幅広いトピックを扱った入門書として，

- 森田果『実証分析入門——データから「因果関係」を読み解く作法』日本評論社，2014年

は，言葉による直感的な説明も豊富です。また，政策評価に焦点を絞ったうえで，さらに進んだ最新の計量経済学手法についても説明のある，

- ヨシュア・アングリスト＝シュテファン・ピスケ『「ほとんど無害」な計量経済学——応用経済学のための実証分析ガイド』（大森義明・小原美紀・田中隆一・野口晴子訳）NTT出版，2013年

は，実証分析を進めるうえで直面する問題や疑問を解く鍵について，とても豊富な例を挙げながら説明してくれます。本書を読んで実際に実証分析をやってみようと思うのであれば，次に読む本としておすすめします。

索　引

● アルファベット

BLUE　→最良線形不偏推定量
D-in-D 法　→差の差の推定法
e（自然対数の底）　64
F 検定　154
F 分布　64, 70
i. i. d.（independent and identically distributed）　76, 82
OLS　→最小 2 乗法
p 値　94, 151
R^2　→決定係数
R_a^2　→自由度調整済み決定係数
RCT（Randomized Controlled Trial）　→無作為化比較試験（ランダム化比較実験）
RDD　→回帰不連続デザイン
t 検定　90
t 値（t 検定統計量）　90, 91
t 分布　64, 69, 70
　──表　92

● あ　行

一様分布（uniform distribution）　59
1 階差分法（first-differencing）　223
一括されたデータを使った最小 2 乗法（pooled OLS）　232
一致推定量（consistent estimator）　80, 81, 156
一致性（consistency）　78, 80, 85, 156, 191
因果関係（causal relationship）　2, 6, 28, 32, 99, 104, 105
因果効果（causal effect）　3, 7, 10, 28, 100, 110
エビデンスに基づいた政策（evidence-based policy）　4, 5

● か　行

回帰パラメター（regression parameter）　102, 106, 117
回帰不連続デザイン（regression discontinuity design：RDD）　254, 259
　　シャープ（sharp）な──　259, 261
　　ファジー（fuzzy）な──　259, 261
回帰分析（regression analysis）　106
回帰モデル（regression model）　119
階級（class）　17
外生変数（exogenous variable）　192, 193
外的条件（external condition, external factor）　7, 75
外的妥当性（external validity）　238
カイ 2 乗検定（chi-squared test）　157
カイ 2 乗分布（chi-squared distribution）　64, 67
ガウス（Johann Carl Friedrich Gauss）　146
ガウス＝マルコフ仮定（Gauss＝Markov assumption）　146, 176, 178
科学実験（scientific experiment）　7
確率（probability）　33
　──の公理（axiom）　34
確率関数（probability function）　44
確率収束（convergence in probability）　81
確率変数（random variable）　33, 42, 44
　──の共分散（covariance）　50
　──の相関係数（correlation coefficient）　51
　──の独立性（independence）　53
　──の分散と標準偏差（variance and standard deviation）　48
確率密度関数（probability density function）　60, 61
仮説（hypothesis）　86
仮説検定（hypothesis test）　86, 87, 94, 147
片側検定（one-sided test）　87, 151
傾きパラメター（slope parameter）　102
頑健性分析（robustness analysis）　241
観察データ（observational data）　10
関数（function）　45
完全な共線関係（perfect collinearity）　138
棄却（rejection）　86
基準グループ（reference group）　166
期待値（expectation）　33, 47, 48, 62
帰無仮説（null hypothesis）　86
教育の収益率（returns to education）　112, 133

強外生性（strict exogeneity） 230
共分散（covariance） 27, 62
共変量（covariates） 75, 100
共有サポートの仮定（assumption of common support） 242
極限（limit） 65
繰り返し期待値の法則（law of iterated expectations） 57, 108
クロスセクション（横断面）・データ（cross-sectional data） 16, 211
　繰り返し――（repeated cross-sectional data） 212
傾向スコア（propensity score） 243
係数パラメター（coefficient parameter） 102
計量経済学（econometrics） ⅱ, 10
決定係数（R squared：R^2） 118, 119, 135
欠落変数（omitted variable） 143
欠落変数バイアス（omitted variable bias） 140, 143
限界効果（marginal effect） 164
検定統計量（test statistics） 150
構造方程式（モデル）（structural equation） 206
効率性（efficiency） 84, 85, 156
誤差項（error term） 101
　――の正規性（normality of error term） 148, 149
固定効果（fixed effect） 232
固定効果モデル（fixed effect model） 232, 234
古典的線形モデルの仮定（assumption of classical linear model） 151
個票データ（individual data） 16
個別効果（individual effect） 222, 237
コントロール変数（control variable） 75, 100

● さ 行

再現可能性（reproducibility） 5
最小2乗推定量（OLS estimator） 118, 122, 191
　――の不偏性（unbiasedness） 122, 123, 126
　――の分散（variance） 124
最小2乗法（ordinary least squares：OLS） 106, 110, 117, 120
最小分散不偏推定量（minimum variance unbiased estimator） 85
最良線形不偏推定量（Best Linear Unbiased Estimator：BLUE） 146, 147, 149
差の差の推定法（Difference in Differences〔D-in-D〕法） 216
差の差の推定量（difference-in-differences estimator） 217
残差（residual） 117
残差2乗和の最小化問題（minimization problem of sum of squared residuals） 116, 117, 120
残差変動（sum of squared residuals） 119
識別（identification） 195
時系列データ（time series data） 17
自己選択（self-selection） 220
事象（event） 33
自然実験（natural experiment） 9, 221
自然対数（natural logarithm） 64, 68, 111
実験（experiment） 7
実現値（realized value） 33, 44
実証分析（empirical analysis） ⅱ
時点固定効果（time fixed effect） 223
重回帰分析（multiple regression analysis） 10, 100
重回帰モデル（multiple regression model） 131
集計データ（aggregate data） 16
従属変数（dependent variable） 102
自由度（degree of freedom） 67
自由度調整済み決定係数（adjusted R-squared：R_a^2） 136, 137
周辺確率関数（marginal probability function） 50
準実験（quasi-experiment） 9, 238
条件付き確率（conditional probability） 39, 63
条件付き確率関数（conditional probability function） 53, 54
条件付き期待値（conditional expectation） 32, 33, 53, 54, 63, 99
条件付き期待値関数（conditional expectation function） 103
条件付き独立の仮定（assumption of conditional independence） 242

索　引　● 271

条件付き分散（conditional variance） 57, 63
処置群（treatment group） 8, 217
人的資本の世代間移動度の計測（measurement of intergenerational human capital mobility） 141
真のパラメター（true parameter） 123
推定値（estimates） 26, 76
推定量（estimator） 76
スルツキー定理（Slutsky theorem） 152
正規分布（normal distribution） 64
制御（コントロール）（control） 7
政策的介入（policy intervention） 2
政策の効果（effect of policy） 2
積事象（intersection of events） 36, 38
積分（integration） 66
切片パラメター（intercept） 102
説明変数（explanatory variable） 102
セテリス・パリブス（ceteris paribus）・アプローチ 132
漸近的性質（asymptotic property） 156
線形確率モデル（linear probability model） 174
潜在的成果変数（potential outcome variable） 240
全事象（certain event） 35
全数調査（センサスまたは悉皆調査）（census survey） 22
層化抽出法（stratified sampling method） 25
相関関係（correlation） 4, 6, 99
相関係数（correlation coefficient） 27, 28
操作変数（instrumental variable） 192, 193, 197, 202
　弱い――（weak instrument） 203
操作変数法（instrumental variable method） 10, 192, 197, 260
相対度数（relative frequency） 17
総変動（total sum of squares） 119

● た 行

第1段階回帰式（first stage regression equation） 196
対照群（control group） 8, 217
対照実験（control experiment） 8
対数（logarithm） 68
大数の法則（law of large numbers） 79, 82

代表値（representative value） 19
大標本理論（large sample theory） 156
対立仮説（alternative hypothesis） 86
代理変数（proxy variable） 141
多重共線性（multicollinearity） 138, 145
多段抽出法（multistage sampling） 25
ダミー変数（dummy variable） 53, 99, 166, 177
単回帰分析（simple regression analysis） 100
単回帰モデル（simple regression model） 100
弾力性（elasticity） 112
抽出方法（サンプリング）（sampling） 24
中心極限定理（central limit theorem） 79, 82, 83, 151, 157
チョウ（Chow）検定 171
定数項（constant term） 102
定積分（definite integral） 66
データの一括〔プール〕（pooling） 213
導関数（derivative） 65
統計的手法（statistical method） 15
統計的推論（statistical inference） 23, 75, 106, 121
同時確率（joint probability） 38
同時確率関数（joint probability function） 50
同時確率密度関数（joint probability density function） 62
同時分布関数（joint distribution function） 62
独立（independent） 41
独立性（independence） 41, 63
独立変数（independent variable） 102
度数（frequency） 17
度数分布表（frequency distribution table） 17

● な 行

内生性（endogeneity） 192
内生変数（endogenous variable） 191
2乗項（squared term） 162
2段階最小2乗法（two stage least squared method：2SLS） 206, 260

● は 行

排反事象（mutually exclusive events） 35, 36
ハウスマン検定（Hausman test） 234
パネル・データ（panel data） 17, 211, 214
パラメター化（parameterization） 103
非実験的データ（non-experimental data） 10
ヒストグラム（histgram） 18
被説明変数（explained variable） 102
非線形確率モデル（non-linear probability model） 176
微分（differentiation） 65, 120
費用効果分析（cost-effectiveness analysis） 2, 15
標準化（standardization） 89
標準誤差（standard error） 149
　頑健な（robust）—— 180
標準正規分布（standard normal distribution） 64
標準偏差（standard deviation） 22
費用便益分析（cost-benefit analysis） 15
標本（サンプル）（sample） 23, 24, 26
標本空間（sample space） 33
標本サイズ（sample size） 23
標本分散（sample variance） 84, 85
標本平均（sample mean） 76
複合仮説（composite hypothesis） 170
複合仮説検定（composite hypothesis test） 64, 154
不偏推定量（unbiased estimator） 80, 85, 122
不偏性（unbiasedness） 22, 78, 79, 85, 122, 156
ブルーシュ＝ペーガン（Breusch-Pagan）検定 182, 185
プロビット・モデル（probit model） 176
分散（variance） 19, 62
分散均一（homoskedasticity） 124
分散不均一（heteroskedasticity） 179
分布（distribution） 17
分布収束（convergence in distribution） 83
平均（average または mean） 19, 48
平均差分法（demeaning） 229
平均処置効果（average treatment effect：ATE） 239
　処置群への——（ATE on treated） 239
偏微分（partial differentiation） 65
変量効果（random effect） 232, 234
変量効果モデル（random effect model） 232, 234
母集団（population） 22, 24, 25
母集団モデル（population model） 101
母分散（population variance） 84
母平均（population mean） 26
ホワイト（White）検定 182-185

● ま 行

マイクロ・データ（micro data） 16
マッチング法（matching） 9, 238, 240, 242
　カーネル（kernel）・—— 241
　完全（exact）—— 241
　傾向スコア（propensity score）・—— 243, 250
　最近傍（nearest neighbor）—— 241
　半径（radius）—— 241
マハラノビス距離（Mahalanobis distance） 241
マルコフ（Andrey〈Andrei〉Andreyevich Markov） 146
見せかけの相関（spurious correlation） 192
ミンサー（Jacob Mincer） 133
ミンサー方程式（Mincer equation） 133
無作為化（ランダム化）比較試験（実験）（randomized control trial：RCT） 8, 220, 238
無作為抽出（ランダム・サンプリング）法（random sampling） 24
モーメント（積率）条件（moment restrictions） 108
モーメント法（method of moment） 107, 109, 120

● や 行

有意水準（significance level） 93, 148
誘導形（reduced form） 196

● ら 行

離散確率変数（discrete random variable） 43, 45
離散変数（discrete variable） 58

索　引　● 273

両側検定（two-sided test）　87, 150
累積相対度数（cumulative relative frequency）　17
累積分布関数（cumulative distribution function）　46, 60
連続確率変数（continuous random variable）　43
連続変数（continuous variable）　59
ロジット・モデル（logit model）　176

● わ　行

和事象（union of events）　35, 36

計量経済学の第一歩――実証分析のススメ
First Steps in Econometrics:
An Encouragement of Empirical Analysis

2015年12月20日　初版第 1 刷発行
2024年12月15日　初版第14刷発行

著　者　田　中　隆　一

発行者　江　草　貞　治

発行所　株式会社　有　斐　閣
郵便番号 101-0051
東京都千代田区神田神保町 2-17
https://www.yuhikaku.co.jp/

印刷・大日本法令印刷株式会社／製本・牧製本印刷株式会社
© 2015, Ryuichi Tanaka. Printed in Japan
落丁・乱丁本はお取替えいたします。
★定価はカバーに表示してあります。
ISBN 978-4-641-15028-7

JCOPY　本書の無断複写（コピー）は、著作権法上での例外を除き、禁じられています。複写される場合は、そのつど事前に、(一社)出版者著作権管理機構（電話03-5244-5088, FAX03-5244-5089, e-mail:info@jcopy.or.jp）の許諾を得てください。

本書のコピー,スキャン,デジタル化等の無断複製は著作権法上での例外を除き禁じられています。本書を代行業者等の第三者に依頼してスキャンやデジタル化することは,たとえ個人や家庭内での利用でも著作権法違反です。